国之重器出版工程

网络强国建设

物联网在中国

数字货币与人民币国际化

Digital Currency and RMB Internationalization

郑润祥 主 编

陈 宝 李贻良 张子琴 副主编

電子工業出版社

Publishing House of Electronics Industry

北京 · BEIJING

内 容 简 介

本书基于国际视角，从国际货币历史发展的角度，对国际货币体系的形成和发展进行了多维度分析，以为人民币国际化提供借鉴。本书对人民币跨境使用和离岸金融市场建设进行了总结，提出人民币国际化应创新改革现有的国际货币秩序，国际货币治理应有中国方案。本书从科技进步的角度，对物联网、大数据、人工智能和区块链技术在金融货币领域的应用进行了研究和探讨，提出了数字货币有可能是超主权货币的新形态，也是人民币冲破现有体系的藩篱，人民币需另辟蹊径实现国际化的观点。

图书在版编目（CIP）数据

数字货币与人民币国际化 / 郑润祥主编. —北京：电子工业出版社，2021.1
（物联网在中国）
ISBN 978-7-121-40387-3

Ⅰ. ①数… Ⅱ. ①郑… Ⅲ. ①数字货币—研究②人民币—金融国际化—研究
Ⅳ. ①F713.361.3 ② F822

中国版本图书馆 CIP 数据核字（2021）第 006281 号

责任编辑：朱雨萌　　文字编辑：赵　娜
印　　刷：北京七彩京通数码快印有限公司
装　　订：北京七彩京通数码快印有限公司
出版发行：电子工业出版社
　　　　　北京市海淀区万寿路 173 信箱　邮编 100036
开　　本：720×1 000　1/16　印张：13.75　字数：260 千字
版　　次：2021 年 1 月第 1 版
印　　次：2024 年 1 月第 8 次印刷
定　　价：89.00 元

凡所购买电子工业出版社图书有缺损问题，请向购买书店调换。若书店售缺，请与本社发行部联系，联系及邮购电话：（010）88254888，88258888。

质量投诉请发邮件至 zlts@phei.com.cn，盗版侵权举报请发邮件至 dbqq@phei.com.cn。

本书咨询联系方式：zhuyumeng@phei.com.cn。

《物联网在中国》（二期）编委会

《国之重器出版工程》
编辑委员会

专家委员会委员（按姓氏笔画排列）：

于　全	中国工程院院士
王　越	中国科学院院士、中国工程院院士
王小谟	中国工程院院士
王少萍	“长江学者奖励计划”特聘教授
王建民	清华大学软件学院院长
王哲荣	中国工程院院士
尤肖虎	“长江学者奖励计划”特聘教授
邓玉林	国际宇航科学院院士
邓宗全	中国工程院院士
甘晓华	中国工程院院士
叶培建	人民科学家、中国科学院院士
朱英富	中国工程院院士
朵英贤	中国工程院院士
邬贺铨	中国工程院院士
刘大响	中国工程院院士
刘辛军	“长江学者奖励计划”特聘教授
刘怡昕	中国工程院院士
刘韵洁	中国工程院院士
孙逢春	中国工程院院士
苏东林	中国工程院院士
苏彦庆	“长江学者奖励计划”特聘教授
苏哲子	中国工程院院士
李寿平	国际宇航科学院院士

郑纬民　中国工程院院士
郑建华　中国科学院院士
屈贤明　国家制造强国建设战略咨询委员会委员、工业和信息化部智能制造专家咨询委员会副主任
项昌乐　中国工程院院士
赵沁平　中国工程院院士
郝　跃　中国科学院院士
柳百成　中国工程院院士
段海滨　“长江学者奖励计划”特聘教授
侯增广　国家杰出青年科学基金获得者
闻雪友　中国工程院院士
姜会林　中国工程院院士
徐德民　中国工程院院士
唐长红　中国工程院院士
黄　维　中国科学院院士
黄卫东　“长江学者奖励计划”特聘教授
黄先祥　中国工程院院士
康　锐　“长江学者奖励计划”特聘教授
董景辰　工业和信息化部智能制造专家咨询委员会委员
焦宗夏　“长江学者奖励计划”特聘教授
谭春林　航天系统开发总师

本书出版帮助与支持人

陈　宝　李贻良　穆志谦　杜　鹏　邹平座　祁春波

高益平　徐之敬　关朝长　陈志强　毛健荣　张大学

李　健　郑祺丰　李永宁　于小丽　温明笙　安国俊

张子琴　贡智宏　沈晓春

序 言

介绍数字货币的书很多，论述人民币国际化的文章也不少，但将两者融合在一起，此书首开先河。这是我应邀为此书作序的动因。

美国爆发金融危机后的 2009 年，中国开启了人民币国际化的进程。国际货币家族增加新成员，是稳定现代国际金融结构，提升“一带一路”沿线国家抗风险能力的必然。国际货币家族的多元化可以不用担心美元、欧元等货币在世界上的作用。中国传统文明解释竞争是“竞始择，争而和”，提供选择的多样性，并不意味着非此即彼的替代。

人民币国际化是一个循序渐进的过程，始于国际贸易进出口计价结算，进而国际投融资，终于资产存量储备，层次递进；人民币国际化是一个市场认可、接受的过程，供给与需求相呼应，不以人的主观意志而改变，市场说了算；人民币国际化是一个机遇伴随风险的过程，短期资本的做空冲击，既考验人民币职能不完全的脆弱性，又炼就了其“稳坐钓鱼台”的坚韧性。

同样是在 2009 年，国际货币生态圈出现了另一个物种——比特币。货币的发行是一个国家的主权，比特币作为无主权、无底层资产的“野生”物种，仅依靠区块链达成的技术上的共识，就吸引了全球投资者和投机者的目光，激起了一轮新的资本狂热，带来了区块链数字货币领域波澜起伏的“启蒙运动”。以比特币和以太币为代表的开源密码学资产浪潮震撼了整个世界，在技术、货币政策、社会影响及金融治理领域激起的这轮狂热，引起了各国货币当局的关注。货币发行、执行货币政策是各国中央银行的职责，保持货币币值稳定与促进经济增长一直是各国中央银行的头等大事。从人民币国际化开启，我们就一直按照货币国际化的普遍规律，坚持利率、汇率市场化改革，加强金融基础设施建设，以便人民币更好更快地融入国际货币生态体系。十多年来，人民币在国际化的道路上，始终作为一个追赶者，在强身健体、苦练内功，但人民币国际化的效果并不尽如人意。比特币仅依靠技术建立起来的信用，本是无本之木、无源之水，但在市场化激励机制的刺激下，竟突破了一个个主权货币的封锁线。这是人民币国际化道路上不能忽视的现象，我们可以借鉴货币领域这一技术变革，为人民币国际化提速。数字货币是密码技术在金融领域的一种实践，它并不改变货币的基本属性，只改变货币的载体形式和存储传输方式。我们欣喜地看到我国中央银行数字货币（DC/EP）已经上线测试，这一步确实值得肯定。中央银行数字货币既不同于比特币区块链去中心化的架构，也不同于我们在世界上比较领先的电子货币技术和应用，而是一种物联网时代全新的货币。数字货币可以从数字和货币两个维度去定义，是一种基于数字技术，依托网络传输和储存并以非物理形式存在的价值符号。技术进步在一定程度上可以提高制度的效率，但不能取代制度本身。货币制度是数字货币运行的生态系统，技术只是货币运行的保障基础。未来数字化人民币的推广应用既需要政府推动，更需要来自市场的动力。新的人民币数字货币体系应该发挥各方力量，协同创新，做成一个开放开源的系统，为数字货币的应用留出进一步开发的空间，不但应该调动财税、海关、外贸、银行、证券、基金行业进行应用，也应该调动市场推广方的积极性，运用市场化的奖励激励机制，优势互补，形成合力，为人民币国际化打开一扇新的大门。

本书的特色是结合国际货币制度的生态环境，介绍数字货币及DC/EP与人民币国际化的关系，主题新颖并具有重要的现实意义和一定的政策价值，蕴含了作者深厚的国际金融背景知识和几十年的金融工作经历。本书涵盖诸多研究课题的成果，并将新的观点提炼附注，可谓思想与实践的承前启后、继往开来！

穆志谦

2020 年 9 月

目 录

导论 ······ 001

上 篇

第 1 章 货币国际化理论概述 ······ 009

1.1 货币国际化理论 ······ 009

1.1.1 货币国际化的概念 ······ 009

1.1.2 货币国际化理论综述 ······ 011

1.2 离岸金融市场发展理论 ······ 018

1.2.1 离岸金融市场的定义及特征 ······ 019

1.2.2 离岸金融市场发展理论综述 ······ 022

1.3 货币国际化与离岸金融市场发展关系研究 ······ 024

1.3.1 观点一：离岸金融市场对货币国际化有推动作用 ······ 025

1.3.2 观点二：离岸金融市场不一定能有效促进货币国际化 ······ 026

1.3.3 人民币离岸金融市场发展现状和问题 ······ 032

1.3.4 离岸金融市场发展历史启示 ······ 033

第 2 章 国际货币体系的演化过程 ······ 036

2.1 国际货币体系发展脉络 ······ 036

2.1.1 以英镑为主导的金本位国际货币体系 ······ 036

2.1.2 以美元为主导的布雷顿森林体系 ······ 038

2.1.3 多元货币发展的牙买加体系 ······ 041

2.2 国际货币体系现状 ······ 043

2.2.1 全球外汇交易币种结构 …… 044
2.2.2 金融市场交易币种结构 …… 045
2.2.3 国际储备币种结构 …… 045
2.2.4 国际货币汇率制度 …… 048
2.2.5 后危机时代国际货币格局的启示 …… 049
2.3 未来国际货币体系的展望 …… 050
2.3.1 超主权货币方案 …… 050
2.3.2 储备货币多元化方案 …… 054
2.3.3 危机过后的主流方案 …… 055
第 3 章 货币国际化的国际经验 …… 058
3.1 世界主要货币的国际化过程 …… 058
3.1.1 英镑金本位制体系的兴衰 …… 058
3.1.2 美元霸权地位的建立 …… 060
3.1.3 日元国际化的曲折道路 …… 062
3.1.4 欧元区域货币国际化的过程 …… 065
3.1.5 超主权储备货币：特别提款权的国际化探索 …… 067
3.2 货币国际化的主要经验 …… 071
3.2.1 货币国际化的实现条件 …… 071
3.2.2 货币国际化的路径选择 …… 074
3.2.3 货币国际化进程中的政府作用 …… 078
3.3 离岸金融市场的发展经验与启示 …… 081
3.3.1 货币发行地的经济实力 …… 083
3.3.2 货币因素 …… 083
3.3.3 需要具备一定的金融市场发展基础 …… 083
3.3.4 金融监管因素 …… 084
3.3.5 特定的国际环境 …… 085
3.3.6 离岸金融市场的相对竞争力 …… 086
第 4 章 货币国际化影响因素及离/在岸金融市场的影响的实证分析 …… 087
4.1 货币国际化影响因素实证分析 …… 087
4.1.1 货币国际化的国家影响因素分析 …… 087
4.1.2 中国与其他国家影响货币国际化因素的综合分析 …… 092

4.2 离/在岸金融市场影响的理论探讨和案例分析 …… 098
4.2.1 离岸金融市场对在岸金融市场影响的理论探讨 …… 098
4.2.2 离岸金融市场发展中的典型案例 …… 101
4.2.3 对离岸金融业务的调控和监管 …… 103

第 5 章 人民币国际化的现状及影响因素 …… 106

5.1 人民币国际化的现状 …… 106
5.1.1 人民币跨境使用规模波动较大 …… 107
5.1.2 境外非居民持有境内人民币金融资产数量波动较大 …… 108
5.1.3 离岸金融市场人民币存款分化明显 …… 109
5.2 人民币国际化的影响因素 …… 110
5.2.1 宏观层面的影响因素 …… 111
5.2.2 技术层面的影响因素 …… 112

下 篇

第 6 章 数字货币概述 …… 123

6.1 数字货币诞生的技术基础 …… 123
6.1.1 信息技术与通信技术 …… 124
6.1.2 区块链技术 …… 125
6.1.3 物联网技术 …… 128
6.2 数字货币的概念及发展 …… 129
6.2.1 数字货币的定义 …… 130
6.2.2 数字货币在国际上的发展 …… 134
6.3 当前国际支付结算系统数字化发展 …… 136
6.3.1 数字货币的密码学技术（以比特币为例） …… 136
6.3.2 数字化的国际结算系统的发展 …… 138
6.4 数字货币发行条件下中央银行新的任务和作用 …… 139
6.4.1 掌控数字货币的发行量 …… 139
6.4.2 推动数字货币系统的持续创新 …… 142
6.4.3 保存超级账本 …… 143
6.5 数字货币对金融行业的影响 …… 143

第 7 章 国际货币数字化现状和趋势 …… 145

7.1 数字经济的基础作用与发展趋势 …… 145
7.1.1 数字经济的基础作用 …… 146
7.1.2 数字经济的发展趋势 …… 149
7.2 数字金融的现状与发展趋势 …… 149
7.2.1 数字金融的现状 …… 149
7.2.2 数字金融的发展趋势 …… 150
7.3 数字货币的探索与趋势 …… 151
7.3.1 货币数字化是历史发展的共识 …… 151
7.3.2 传统货币的使用惯性和兑换成本正在降低 …… 152
7.3.3 支付平台货币的信息化升级 …… 154
7.3.4 系统重要性平台的互操作性 …… 156
7.4 法定货币与私人货币之争 …… 157
7.4.1 法定货币与私人货币对比 …… 157
7.4.2 无现金社会中的 CBDC …… 158
7.5 数字货币有望重塑国际货币体系 …… 158
7.5.1 数字货币区 …… 159
7.5.2 社群网络冲击美元数字化 …… 160
7.5.3 国际合成数字货币的构想 …… 161

第 8 章 数字人民币国际化的探讨 …… 163

8.1 数字人民币技术解决方案 …… 163
8.1.1 DC/EP 的顶层设计 …… 164
8.1.2 DC/EP 的发行、流通、管理、回笼及投融资 …… 166
8.1.3 数字钱包/芯片卡 …… 168
8.1.4 DC/EP 的使用 …… 172
8.1.5 DC/EP 与区块链技术 …… 173
8.1.6 DC/EP 用于银行间结算 …… 174
8.2 数字化人民币在物联网支付应用中的展望 …… 175
8.2.1 物联网与物联网支付 …… 176
8.2.2 DC/EP 的设计特点及与物联网支付的互相促进 …… 178
8.2.3 物联网设备支持 DC/EP 的技术考量 …… 181

8.3 数字货币国际化的路径和场景 …… 183
8.3.1 跨境电子商务 …… 184
8.3.2 跨境移动支付场景 …… 184
8.3.3 资本项目可兑换 …… 185
8.3.4 货币互换中的应用 …… 186
8.3.5 离岸人民币的监测 …… 186
8.4 数字人民币跨境服务和国内监管的转型 …… 187
8.4.1 WTO 框架下的数字货币跨境金融服务环境 …… 187
8.4.2 数字化转型推动外汇监管向国际货币监管转型 …… 190
参考文献 …… 192
后记 …… 198

导　论

1. 本书的研究背景和意义

国际货币体系是经济全球化运行的重要基石，第二次世界大战之后形成的现有的国际货币体系在经历数次危机之后弊端显现。在1997年的亚洲金融危机中，中国坚持人民币不贬值的策略为人民币赢得了周边国家的信任。随着中国国力的快速提升及金融危机对美元国际地位的冲击，自2008年以来国际社会出现了改革国际货币体系的呼声。同时，由于2005年以来人民币对美元不断升值，而巨额出口顺差多以美元计价，中国面临汇率风险，要求改变计价货币的呼声在出口企业中也很普遍，于是推动人民币跨境使用成为水到渠成的事情，由此，中国在2009年顺势启动了人民币跨境贸易结算试点。由于人民币在周边国家与地区间的流通规模不断扩大，人民币的影响力也随之不断扩大。2017年，中国与29个周边国家的人民币跨境收付金额合计超过2万亿元，同比增长11.1%。离岸人民币市场已形成以中国香港和伦敦为主，新加坡、欧洲地区多点并行的局面。离岸金融市场上的人民币金融工具也日渐丰富，不仅使得非居民使用人民币的便利性得到了大幅度的提高，而且对于逐步实现人民币国际货币职能、形成人民币稳定有序的外部循环体系及实现人民币完全可自由兑换，都具有重要的推动作用。“沪港通”“深港通”、内地香港基金互认不断完善，“债券通”“沪伦通”等完善了离岸与在岸之间人民币的双向流通机制，提高了离岸人民币市场的活力，扩大了离岸人民币市场的广度和深度。

但随着人民币跨境使用进程的加速，中国金融体制内生的难题也逐渐凸显。推动人民币跨境使用主要是出于完善国际货币体系、克服美元体系不稳定的需要。近年来，中国的金融体制，包括利率、汇率、资本项目开放、金融市场培育和金融监管等各方面改革的提速，改变了原有的渐进模式，人民币国际化加速了金融体系改革开放的步伐。

随着全球数字经济的不断发展深化，以及数字货币和物联网的结合，我们看到了21世纪上半叶所呈现的万物互联新经济图景的曙光。从比特币在全球的野蛮生长，到Facebook的天秤币横空出世，无不对现有的国际货币治理体系产生了影响。数字货币天生超主权货币的基因，使其成为未来国际货币竞争的“新物种”。数字货币是建立在互联互通、万物互联基础之上的新的货币载体，适应了物联网支付的生态环境。同时，物联网支付也是适合数字货币的应用场景，两者相辅相成，能够构成互相促进的正向闭环，并有可能在国际支付结算等场景中大规模应用。数字货币结合物联网和区块链技术，能够高效地对大规模协作进行价值计量、价值分配、价值存储、价值结算，使得跨国的、公共事务的大规模协作成为可能。从数字货币的角度研究人民币国际化成为这个研究领域不能回避的重要内容。

中国对人民币国际化的研究文献，最早见于2005年的《人民币区域化战略研究》，随后相关机构和专家学者对人民币跨境使用的路径设计、政策规划、风险防范及与中国金融改革和发展的关系，以及人民币在跨境使用过程中发展人民币离岸市场等相关问题进行了全面深入的探讨。各种国际货币的国际化演变路径并不相同，或借助市场力量，或依据有利的外部环境，或依赖本国政府的强力推动。有的货币国际化过程一帆风顺，有的货币国际化道路一波三折。在货币国际化的进程中，离岸金融市场所起的作用也各有差异，有的货币通过离岸金融市场的发展加速了国际化进程，有的货币则因为离岸金融市场的不成功阻碍了其国际化的实现。此外，货币国际化为本国带来了可观的收益，但同时也带来了成本与风险。

作为国际化的追赶者，自2015年以来，由于国内外经济不确定因素增加，人民币国际化事实上有所放缓，人民币汇率贬值预期时有发生。自2018年以来，国际政治经济格局和国际货币体系面临巨大调整，人民币在原有的赛道继续追赶的国际环境已经发生变化。特别是当前国际局势错综复杂，新型冠状病毒肺炎疫情发展扑朔迷离，如何在变化的国际环境中加速人民币国际化的步伐，变被动追赶为主动进取，是我国金融货币领域的历史使命。

从2009年起，我国实施跨境贸易人民币结算试点，开启了人民币国际化的旅程。同样在2009年，比特币横空出世，在国际货币领域掀起了跌宕起伏的浪潮。比特币是一个另类小物种，其在国际上广泛的传播效率和接受程度，让我们看到了科技的力量。以技术和市场激励机制来支撑信用的比特币，引起了国际金融组织和各国货币当局的关注，很多国家中央银行开始探索法定货币的数字化问题。我国人民币电子化支付的快速发展，触动了中央银行货币发行的法律地位，如何在新的货币形态下不削弱中央银行货币政策的操作空间，应该成为中央银行数字货币发行的首要问题。同时，十年以来一直遵守规则推行的人民币国际化，其进展并不尽如人意。人民币的数字化在不打破国际货币基本运行规律的前提下，突破了人民币走出去的围栏，让我们看到了人民币国际化的光明。在数字经济发展的带动下，人民币国际化已进入新阶段，为获得必需的国际网络效应，需要全方位、高效的国际经济政策协调，尤其是与主要国家的政策协调，获得政府层面的支持。同时，发挥中国在国际组织中的作用，扩大人民币的国际影响力。目前要充分借助建立“人类命运共同体”和“一带一路”倡议来探讨人民币深入国际化的新思维、新路径。参与并主导国际电子商务中的数字化建设，推动物联网、移动支付、5G技术运用的全球标准制定，从技术层面引领国际货币体系改革，应用先进的科技手段加速人民币国际化进程。

在吸收前期研究成果的基础上，本书分上下两篇，上篇按照传统的金融理论，论述了国际货币演变过程中货币国际化与离岸金融市场发展的关系及历史经验，对货币国际化的决定因素进行了实证分析；从探讨人民币跨境使用与离岸金融市场建设的关系入手，分析人民币跨境使用与离岸金融市场发展及外汇管理的关系，并进行风险评估，旨在研究推动人民币跨境使用和建设人民币离岸市场的政策选择，寻找适合人民币跨境使用的路径，为正确处理人民币跨境使用与金融市场开放、资本项目管理、宏观经济调控等的关系提供借鉴。本书下篇运用了新近的金融科技和数字货币的研究成果，立足世界与中国经济不确定性增加、中美贸易摩擦不断加剧等背景，积极贯彻响应构建“人类命运共同体”和“一带一路”倡议，研究如何运用物联网、人工智能、云计算、区块链等现代科学技术为数字货币带来的发展契机，以加速推进人民币国际化。本书综合了前期大量相关课题研究的成果，在此对参与相关课题研究的人员表示感谢！

2. 本书的研究思路和研究方法

本书遵循和延续了前人的研究思路，通过梳理国际货币的发展理论、历史脉络和当前格局，比较分析了国际货币体系演变中主要货币的国际化进程，总结了货币国际化的经验与教训，阐述了数字经济和数字货币在国际上的最新发展情况，探讨了人民币数字货币在国际上的主要应用场景，分析了数字化给人民币国际化带来的机遇与挑战，研究了数字化货币在未来超主权国际货币诞生中的推动作用，提出了用数字化货币加速人民币国际化的技术路径和方案设计。

3. 本书的主要内容及结论

本书共8章。

第1章是对国际货币发展理论的综述。首先，在定义国际货币和货币国际化的基础上，从国际货币职能演进视角、最优货币区域划分标准及货币国际化对于一国货币的收益和成本分析三个方面梳理了货币国际化的相关理论；然后对离岸金融市场进行了严格定义，并从制度学派、金融创新、金融市场一体化、金融自由化等角度对离岸金融市场的产生和发展进行了解释。在此基础上介绍了货币国际化与离岸金融市场发展关系研究的两个主要学派的观点：一派认为离岸金融市场能够推动货币国际化进程，甚至是货币国际化的必要条件；另一派则认为离岸金融市场是货币国际化发展到一定程度的结果，并不一定能够有效推进货币国际化。

第2章主要是对国际货币格局发展历程的介绍，按照国际货币体系“一般等价物的金本位制—布雷顿森林体系—牙买加体系—后牙买加体系”的演变过程，探寻每种货币体系产生、发展、消亡的原因与影响。在每个阶段，重点研究了货币体系形成的原因、突出特点、国际储备构成及汇率制度安排等内容，以期能够为国际货币交替变化提供清晰的历史脉络，也为第3章主要货币国际化规律的总结与提炼提供历史背景。本章还通过贸易币种、金融市场交易、国际储备和汇率制度等指标详细介绍了当前国际货币格局，指出了后危机时代的国际货币体系正处于变革的关键时期，不少国家外汇储备的去美元化趋势、欧元的振兴受阻及新兴市场国家积极的货币合作，都使目前的国际货币格局面临新的重大变化。

第3章进一步研究了世界主要货币的国际化路径和离岸金融市场的发展历程，并对货币国际化的实现条件、模式选择及政府的作用进行了比较分析。主要货币的国际化路径说明，国际化模式可借鉴而不可复制：美元和英镑成为世界货币体系的核心有其特殊历史条件，在美元国际化进程中，离岸金融市场自发出现，并发挥了巨大的作用；日元国际化道路曲折；欧元通过明确的制度安排从区域化走向国际化。历史经验证明，货币国际化需要满足一定的前提条件，最主要的是强大的经济实力、稳定的币值、兑换的便利和发达开放的金融市场；货币具备实现国际化的必要条件并不代表货币国际化一定能取得成功，也没有固定的路径和模式可循；离岸金融市场的发展有其必然性，并交织在货币国际化的进程之中，是国际货币的运作场所，在一定条件下可以推动货币国际化进程，是货币国际化的路径之一。

第 4 章对货币国际化的影响因素和离岸金融市场的影响进行了实证研究和案例分析。一是构建了宏观评价指标体系，对中国与主要国际化货币国家指数进行了对比分析和综合评估，并通过 SWOT 分析，指出人民币跨境使用的优势、劣势，以及所面临的机遇和挑战。二是从利率政策、货币供应量、外汇储备和信贷控制等方面分析了离岸金融市场对在岸金融市场的影响，并引述 LIBOR 操纵案和泰国金融危机等典型案例，指出在国内外环境和配套政策尚不完善的情况下贸然加速国际化和过度放宽离在岸金融市场监管，可能会带来巨大的风险。

第 5 章总结了人民币国际化进程中的经验和教训，指出要从国家层面正确处理人民币国际化与资本项目可兑换的关系，正确处理中美贸易摩擦中金融市场开放、利率与汇率、政府与市场的各种关系，辩证地认识国际自由贸易回潮给人民币国际化带来的挑战和机遇，借助“一带一路”倡议，顺应数字货币发展的时代潮流，从货币互换、国际大宗商品人民币计价、交易银行、跨境电子商务等方面寻找突破。

第 6 章是对数字货币的概述。首先介绍了数字货币诞生的技术基础，包括信息通信技术、区块链和分布式账本技术、物联网技术。从数字货币的概念入手，论述了国际组织和各国对不同类型数字货币的态度和立场；介绍了国际支付结算系统的数字化发展趋势；对数字货币全面流通后中央银行的任务和作用，以及对金融行业的影响进行了分析。

第 7 章主要是对国际货币数字化现状和趋势的观察和介绍。首先，表明数字货币从属于数字经济，列举了数字经济在 10 个方面的发展趋势。其次，对数字金融的现状和发展趋势进行了分析和总结。最后，对数字货币化进行了探索，将法定货币与私人货币进行了对比，对数字货币的概念和合成数字货币的构想进行了阐述，对人民币未来国际化的前景进行了展望。

第 8 章是对数字人民币国际化的探讨。首先，全面介绍了数字化人民币的发行、流通管理和回笼投融资等全流程，揭开了中国人民银行数字货币的神秘面纱，让更多人了解中央银行数字货币的真实模样。其次，根据在数字经济和网络经济中商品流和货币流运动的一般规律，展望数字货币境内外流入流出的路径和境外流通可能的监测方式。最后，论述了数字人民币国际化对外汇监管的传统思维的影响。

4. 本书的主要特点

本书兼顾政策性和实务性的特点。其主要特色体现如下。

一是自然科学与社会科学相结合。本书顺应了金融货币理论逐渐科学化、数学化的发展趋势，利用科技进步引领生产方式的变化，促进生产力发展，使金融货币理论与新的生产方式相适应。将自然科学的前沿成果在金融货币领域进行应用，发挥金融科技对人民币国际化的推动作用。

二是普遍性与特殊性相结合。本书着眼于对主要货币国际化进程的比较分析，落脚于为人民币跨境及“一带一路”使用出谋划策。在比较分析的基础上重点研究和总结了对人民币跨境使用具有指导意义的内容。例如，怎样在有限资本管制的前提下推进人民币跨境使用，如何建设人民币离岸市场等。

三是历史性与现实性相结合。在全面回顾世界货币体系演变和各主要货币国际化历史过程的同时，注重对前沿性问题的研究，致力于反映当前国际货币格局演变的新动向，如人民币跨境使用现状、人民币离岸市场发展状况、人民币加入 SDR 货币篮子后的策略、数字货币的出现及人民币国际化和超主权货币的机遇。

四是理论性与实践性相结合。通过比较分析其他货币国际化，切实提出人民币跨境使用的可能推进方式，在创造和维持货币国际化必要条件、协助本币利用“网络外部性”向外扩张、流出/流入路径与货币职能跨境扩张规划及发展人民币离岸市场等方面，做出了具体的论述。特别是基于中国国情，探讨了如何准确把握离岸人民币的管理，如何建设人民币离岸市场，如何安排人民币流出/流入路径，如何利用“一带一路”重大历史机遇，如何借助数字经济研究利用数字货币来加快推进人民币国际化等重要问题。

上篇

第1章

货币国际化理论概述

货币国际化是指国别货币突破国界（区域）和主权的限制，在行使本币职能的基础上，在国际上发挥交易媒介、计价标准和价值储藏的部分或全部职能的过程。本章 1. 1 节是对货币国际化基本理论的综述，1. 2 节介绍了关于离岸金融市场产生和发展的理论，1. 3 节归纳了货币国际化与离岸金融市场发展关系的相关研究。

1.1 货币国际化理论

1.1.1 货币国际化的概念

20 世纪 70 年代以来，学术界、政府机构及国际组织对国际货币和货币国际化的具体内涵进行了深入的研究和探讨，并基本达成一致的意见。

关于什么是国际货币，西方学者多从货币职能的角度进行定义。其中，Cohen（1971）最早从货币职能的角度定义国际货币，认为国际货币的职能是货币的国内职能在国外的扩展，当私人部门和官方机构出于各种目的将一种货币的使用扩展到该货币发行国以外时，该货币即为“国际货币”。在 Cohen（1971）的研究基础上，部分学者对国际货币职能进行了进一步的细化和明确。Christian Thimann（2009）将货币的国际使用分为理论矩阵和实践矩阵，如表 1-1 所示。Hartmann（1998）根据私人部门和官方部门的使用情况对国际货币的职能进行了分类。他认为，作为交易媒介，国际货币在国际贸易和资本交易中被私人用于直接的货币交换及两个其他货币之间间接交换的媒介货币，也被官方部门用作外汇市场干预和平衡国际收支的工具；作为计价标准，国际货币用于商品贸易和金融交易的计价，并被官方部门用于确定汇率平价（作为汇率钉住的“驻锚”）；

作为价值储藏，国际货币在私人部门选择金融资产时运用，官方部门以所拥有的国际货币和以之计价的金融资产作为储备资产。

表 1-1　国际货币的私人和官方部门职能

理论矩阵	私人部门职能	官方部门职能
交易媒介	工具货币（用于国际贸易的结算和国际金融债务的偿还）	干预货币（用于外汇市场干预货币和国际结算融资货币）
计价标准	计价货币（用于国际金融工具和外贸交易的计价）	钉住货币（用于表示汇率关系和作为其他货币的锚）
价值储藏	投资、融资货币（用于存款、贷款和债券的计价）	储备货币（用于货币当局的国际储备）

资料来源：Christian Thimann（2009）。

在明确“国际货币”定义的基础上，学术界和政府机构对于货币国际化的具体内涵进行了探讨。学术界方面，Hartmann（1998）认为，“货币国际化”是指一种货币突破国别界线，在国际贸易和国际资本流动中行使交易媒介、计价标准和价值储藏等职能。Mundell（2003）认为，当货币流通范围超出法定流通区域，或者该货币的分数或倍数被其他地区模仿时，即实现了货币国际化。政府机构和国际组织方面基于推进相关货币国际化的现实考量，也对货币国际化的含义进行了界定。日本财政部（1999）将“日元国际化”定义为，“提高海外交易及国际融资中日元使用的比例，提高非居民持有的以日元计价的资产比例，特别是提高日元在国际货币制度中的作用，提高日元在经常交易、资本交易和外汇储备中的地位”国际货币基金组织（IMF）则将“货币国际化”定义为，“某国货币越过该国国界，在世界范围内自由兑换、交易和流通，最终成为国际货币的过程。”

基于上述分析，本书对“货币国际化”做出如下定义：货币国际化是国别货币（国家货币或区域货币）突破国界（区域）和主权的限制，在行使本币职能的基础上，在国际上发挥交易媒介、计价标准和价值储藏的部分或全部职能的过程。对于上述定义，我们特别强调“货币国际化”的三点内涵：一是从总体上看，货币国际化是一个长期的动态过程，不同货币的国际化程度存在差异；二是从区域上看，货币国际化的动态过程体现为国别货币逐渐突破区域和主权限制，在国际上发挥货币职能，因而在货币国际化的进程中不排除存在货币区域化阶段，即国别货币在成为国际货币之前，有可能在某个区域性范围内被其他国家部分乃至全部接受而成为区域货币；三是从货币职能上看，货币国际化的动态过程体现在某种货币在迈向国际货币的进程中，逐步发挥其交易媒介、计价标准、价值储藏的职能，而并非同步拥有这三大职能。

1.1.2 货币国际化理论综述

自 20 世纪 60 年代以来，西方学者开始关注和研究货币国际化问题。20 世纪 70 年代布雷顿森林体系崩溃后，国际货币体系中拥有绝对优势的关键制度货币——美元的统治地位逐渐弱化，德国的马克、日本的日元等货币的国际影响力日益增强，货币国际化问题引起了众多学者的关注。关于货币国际化的理论研究主要集中于三个方面：一是基于国际货币职能演进视角，对单一货币国际化进程中货币职能的变动进行规律性研究；二是围绕划分最优货币区的标准进行探讨，为建立区域化统一货币提供理论支持；三是对货币国际化的“收益-成本”进行分析，从不同角度思考一国货币成为国际货币后对于本国经济的正面与负面影响。

1. 基于货币职能演进视角的理论及研究

货币国际化实质上是货币职能的国际化。西方学者从货币职能的视角对货币国际化问题进行了大量的研究。现有的研究结果显示，包括交易媒介、价值储藏和计价标准在内的主要货币职能，在单一货币的国际化进程中体现出一定的规律性特征。

在交易媒介或价值储藏职能方面，Grassman (1973)利用相关数据进行的检验发现：发达国家制造业出口商在贸易中倾向于将本币作为交易币种，而忽略本币用于价值储藏目标的重要性。这一规律被称为 Grassman 法则，也被称为“生产者货币定价”（Producer Currency Pricing，PCP）。发达国家之间出现“生产者货币定价”的原因是生产者的固定成本在面对汇率波动时无法调整，制造业出口商在议价过程中主张使用本币定价的诱因远比进口商高。而 Tavlas (1996)针对出口产品种类的不同指出，出口商品差异化程度越高，出口商在和进口商谈判的过程中优势越大，越有利于采用“生产者货币定价”。Philippe Bacchetta (2001)进一步研究发现，对出口商来说，越高的出口份额，产品差异化程度越高，则出口商越可能采用出口国的货币（Local Currency Pricing）。一般认为，主权货币成为国际货币，主要是市场选择的结果。市场的微观主体如居民、企业和国际机构选择使用某主权货币也会基于汇率变化进行成本收益分析。国际贸易中选择不同的货币计价将影响利润。选择什么汇率计价不仅影响进出口商利润，而且由于汇率传导而影响物价水平。在汇率传递方面，理论研究认为，同质性商品在完全竞争的市场中，由于偏离一价定律很小，第一阶段（First-stage Passthrough）价格传递很迅速，所以计价货币（Trade Invoicing Currency）的选择无关紧要。但是对于差异商品（尤其是制造品），由于计价货币的黏性，计价货币显著影响了价格传导。Devereux 和 Engel (2003)研究发现当地货币计价（Local Currency Invoicing）抑制了汇率变化对消费物价的短期影响。

Rigobon (2010)估计，如果进口采用美元计价，则汇率变化对美元进口价格的长期传递有 17%的影响。Gopinathetal (2010)通过一个内生的货币选择模型解释了价格变化的长期传递是与计价货币选择有关的。公司选择使用当地货币还是生产者货币基于在价格固定期间的意愿价格传导幅度，有低意愿传递的公司选择当地货币，而有高意愿传递的公司选择生产者货币。

海外企业对人民币计价的选择是否遵从经典理论呢？中国银行人民币国际化课题组调研(2018)发现，境外企业不接受人民币计价的原因主要包括：28%认为人民币投资渠道有限，28%认为境外人民币来源不足，20%认为传统理论揭示的境内企业议价能力不足。这反映了我国在资本项目管制背景下人民币国际化的困难。

综合 Grassman 等人的研究成果，我们可得，在发达国家和发展中国家的双边贸易中，发达国家的货币占统治地位；在发达国家之间的贸易中，本币的重要性因出口国在全球贸易中所占比例不同而具有差异，经济规模越小的国家以本币作为交易货币出口的可能性越小。而在初级产品的交易领域中，由于其通常为大宗均质商品，在“信息传递的经济性”要求下，多采用单一货币。总而言之，在履行交易媒介和计价标准的职能时，由于议价能力、议价诱因、使用惯性和网络外部性的作用，国际货币体系体现的是一种天然垄断的倾向，即倾向于围绕一至几种货币为中心进行计价结算。

在价值储藏职能方面，从投资理论中的风险分散原理来看，理想状态的国际货币体系应倾向于多元化。Hayek (1970)和 Cooper (1986)认为，作为一种资产持有形式，货币的稳定性在很大程度上决定了该货币国际地位的变化。Williams (1968)、Kenen (1988)则指出，金融市场的自由化程度和金融部门的发展，是决定货币实现价值储藏职能程度的关键性因素。考察 1973—2009 年，即布雷顿森林体系解体前两年至 2008 年金融危机期间国际储备的币种结构，可以发现：美元资产所占比重一直稳定在 50%以上，即使在布雷顿森林体系解体之后依然占 75%以上，1977 年达到最高的 80.3%。经历过 1985 年以后的低潮，1990 年美元资产占比仅为 50.6%。随着苏联和东欧社会主义国家解体，美元占比不断提高，2009 年达到 62.1%。广场协议签订之后，日元国际化发展很快，1991 年达到 8.5%，但是从 20 世纪 90 年代开始，日本经济开始不景气，2009 年日元资产占比仅为 3%。欧元资产 1999 年 1 季度占 18.12%，最好的是 2009 年 3 季度的 28.02%，此后随着欧洲债务危机及美国经济复苏步伐放缓，2008 年 4 季度占 20.69%。美元、欧元这两种货币形式的资产占全球外汇储备比重的 80%以上。美元、欧元币值的稳定性和美国、欧洲市场较高的自由化程度，是支撑这两种货币成为主要储备货币的原因。如表 1-2 所示为 1973—2009 年储备货币的币种构成。

表 1-2 1973—2009 年储备货币的币种构成

单位：%

年 度	美 元	日 元	英 镑	瑞士法郎	欧 元	德国马克	法国法郎	荷 兰 盾	欧洲货币单位	其他货币
1973 年	76.1	0.1	5.6	1.4	n/a	7.1	1.1	0.5	n/a	8.1
1974 年	75.2	n/a	5.4	1.4	n/a	5.9	0.9	0.4	n/a	10.8
1975 年	79.4	0.5	3.9	1.6	n/a	6.3	1.2	0.6	n/a	6.5
1976 年	76.5	2	1.8	2.3	n/a	9	1.6	0.9	n/a	5.9
1977 年	80.3	2.5	1.8	2.3	n/a	9.3	1.3	0.9	n/a	1.6
1978 年	76	3.3	1.7	2.1	n/a	10.9	1.2	0.9	n/a	3.9
1979 年	73.2	3.6	1.8	2.4	n/a	12	1.3	1	n/a	4.8
1980 年	68.6	4.4	2.9	3.2	n/a	14.9	1.7	1.3	n/a	3
1981 年	71.4	4.2	2.1	2.7	n/a	12.7	1.3	1.1	n/a	4.4
1982 年	70.5	4.7	2.3	2.7	n/a	12.3	1	1.1	n/a	5.4
1983 年	71.1	4.9	2.5	2.3	n/a	11.7	0.8	0.8	n/a	6
1984 年	70	5.8	2.9	2	n/a	12.6	0.8	0.7	n/a	5.3
1985 年	55.3	7.3	2.7	2.1	n/a	13.9	0.8	0.9	n/a	5.4
1986 年	56.4	7.1	2.3	1.9	n/a	13.2	0.7	1	n/a	4.8
1987 年	55.7	6.9	2.1	1.8	n/a	13.3	0.8	1.2	n/a	4.6
1988 年	54.6	6.9	2.3	1.8	n/a	14.2	1	1	n/a	6.6
1989 年	51.3	7.2	2.3	1.4	n/a	17.8	1.4	1.1	n/a	6.7

续表

年度	美元	日元	英镑	瑞士法郎	欧元	德国马克	法国法郎	荷兰盾	欧洲货币单位	其他货币
1990年	50.6	8	3	1.2	n/a	16.8	2.4	1.1	9.7	7.1
1991年	51.3	8.5	3.3	1.2	n/a	15.4	3	1.1	10.2	6.2
1992年	55.3	7.6	3.1	1	n/a	13.3	2.7	0.7	9.7	6.5
1993年	56.6	7.7	3	1.1	n/a	13.7	2.3	0.7	8.2	6.8
1994年	53.1	7.8	2.8	0.6	n/a	15.3	2.5	0.7	7.7	9.5
1995年	59	6.8	2.1	0.3	n/a	15.8	2.4	0.3	8.5	4.8
1996年	62.1	6.7	2.7	0.3	n/a	14.7	1.8	0.2	7.1	4.3
1997年	65.2	5.8	2.6	0.3	n/a	14.5	1.4	0.4	6.1	3.8
1998年	69.3	6.2	2.7	0.3	n/a	13.8	1.6	0.3	1.3	4.5
1999年	71	6.4	2.9	0.2	17.9	n/a	n/a	n/a	n/a	1.6
2000年	71.1	6.1	2.8	0.3	18.3	n/a	n/a	n/a	n/a	1.5
2001年	71.5	5	2.7	0.3	19.2	n/a	n/a	n/a	n/a	1.3
2002年	67.1	4.4	2.8	0.4	23.8	n/a	n/a	n/a	n/a	1.6
2003年	65.9	3.9	2.8	0.2	25.2	n/a	n/a	n/a	n/a	2
2004年	65.9	3.8	3.4	0.2	24.8	n/a	n/a	n/a	n/a	1.9
2005年	66.9	3.6	3.6	0.1	24	n/a	n/a	n/a	n/a	1.7
2006年	65.5	3.1	4.4	0.2	25.1	n/a	n/a	n/a	n/a	1.8
2007年	64.1	2.9	4.7	0.2	26.3	n/a	n/a	n/a	n/a	1.8
2008年	64.1	3.1	4	0.1	26.4	n/a	n/a	n/a	n/a	2.2
2009年	62.1	3	4.3	0.1	27.4	n/a	n/a	n/a	n/a	3.1

数据来源：国际货币基金组织。

此外，传统观点认为，一种货币在其国际化进程中，三大职能的发挥存在一定的时间顺序，即货币国际化通常发端于国际间日益频繁的交易支付需求（交易媒介）；其后非居民的官方和私人部门使用该货币作为计价货币（计价标准）；最后出于交易的预防性需求等目的而持有该种货币作为储藏货币（价值储藏）。

2. 最优货币区理论

1961年，美国经济学家蒙代尔（Mundell）发表了《最优货币区理论》（*A Theory of Optimum Currency Areas*），提出以生产要素的流动性为标准划分最优货币区（Optimum Currency Areas，OCA）。该理论是欧洲货币一体化的理论基础，对欧元的形成发挥了不可忽视的推动作用。

蒙代尔认为，OCA 是受不对称冲击影响的一些地区所构成的一个经济区域，区域内部的劳动力和其他生产要素可以自由流动，而区域之外的要素流动存在障碍。区域内部国家或地区间的经济发展水平差异可通过生产要素流动自发调整，区域外部则可通过货币政策、汇率政策调节贸易关系，进而平衡国际收支，维护本区域微观经济效率，同时稳定宏观经济。蒙代尔强调，货币区域内的平衡机制在于生产要素的流动性，货币区域间的平衡机制则是弹性汇率。

自蒙代尔首先提出 OCA 的概念及其构成的经济标准后，不少经济学家对该理论进行了发展，探索了划分 OCA 的其他标准：Mckinnon 提出，以经济开放度（一国生产或消费活动中贸易品占社会总产品的比率）作为衡量标准，存在紧密外部经贸联系的开放型国家具有组成货币区的较大可能性，并且可以通过在区域内实行固定汇率达到稳定价格的目标；Kenen 提出以产品多样化为标准，产品具有高度多样化的国家可能成为货币区的理想参与者；Haberler 则将通货膨胀的相似性作为衡量标准，认为通货膨胀率接近的国家适于达成货币一体化，而货币政策、经济结构等方面的差异都可能导致通货膨胀率的差异，进而导致国际收支不平衡。

基于各种理论和实践，欧洲中央银行 Benoît Cœuré（2015）研究认为，支持一国货币成为国际货币的因素包括习惯形成、沉默成本、网络收益增加或缺乏可靠的替代方案。Robert Triffin 研究发现，美国 1870 年超过英国成为世界最大经济体，而美元在 1945 年才超过英镑成为领先的国际货币，滞后期 70 年。当然，一些研究认为其实美元是在 1920 年左右超越英镑的，因此滞后期只有 50 年左右，并没有传统理论认为的那么强大。一是经济规模，包括产出、贸易量；二是深度和流动性的金融市场，英镑的国际货币地位与英国作为最大经济体和伦敦的国际金融中心不可分离，而美元的国际货币地位与美国经济规模和纽约的世界金融中心紧密相关。三是可信任度，欧元的可信任度与欧洲中央银行的独立性紧密相关。

3. 货币国际化的“收益-成本”分析

一国主权货币超越国界使用，其本质是承担了世界公共物品的属性。货币国际化通常具有国际和国内的正、负两方面的效应，即在国内可为货币发行国带来诸多收益，同时也需要货币发行国付出一定的成本和代价。国际正效应是国际社会享受国际货币发行国币值稳定的同时，也要被国际货币发行国的经济周期、货币政策溢出效应所影响，受该国币值波动和货币贬值的伤害。

1）货币国际化的收益分析

（1）获得铸币税收益。铸币税一般是指货币的名义价值超过其生产成本的部分。国际化货币所获得的铸币税收益是一国因所发行的货币流通超越国界为他国持有而得到的净收益，源于发行国凭借货币发行成本所取得的与票面价值相当的财富。Cohen (1971)认为，货币国际化后获得的铸币税收益的多少取决于该货币在国际货币体系中的地位，如果是国际货币供给的垄断者，则所能获得的铸币税收益会相当可观。可以说，铸币税收益是货币国际化可以获得的最大收益。

时任中国人民银行副行长陈雨露等（2005）曾经对可计量的货币国际化利益进行了实证分析，认为货币国际化收益包括国际铸币税收益及运用其他国家持有本国外汇储备已获得的累计金融业净收益。研究认为截至2002年，美国已获得国际铸币税收益约6782亿美元，而美国运用其他国家美元外汇储备已获得的累计金融业净收益约为2748亿美元。美元国际化收益至此已累计高达9530（6782 +2748）亿美元。由表1-3可知，与美国的（Gross Domestic Product，GDP）相比，美国1981—2002年平均美元国际化带来的收益占GDP规模的0.66%，由此看出货币国际化带来的收益无疑是巨大的。

表1-3 美元国际化收益

时 间（年）	S_{ni} ①（单位：百万美元）	F_n ②（单位：百万美元）	G ③（单位：十亿美元）	GDP ④（单位：十亿美元）	G/GDP（%） ⑤=③/④
1981	15060	4704.61	19.76	3115.9	0.63
1982	7687	4470.6	12.16	3242.1	0.38
1983	4988	2362.51	7.35	3514.5	0.21
1984	407	2730.26	3.14	3902.4	0.8
1985	3217	2816.32	6.03	4180.7	0.14
1986	34638	3589.46	38.23	4422.2	0.86
1987	39248	4471.68	43.72	4692.6	0.93
1988	37524	5912.21	43.44	5049.6	0.86
1989	0	6499.46	6.5	5438.7	0.12
1990	53368	7178.18	60.55	5743.8	1.05
1991	3207	8444.52	11.65	5743.8	0.2

续表

时　间（年）	S_{ni}	F_n	G	GDP	G/GDP（%）
	①（单位：百万美元）	②（单位：百万美元）	③（单位：十亿美元）	④（单位：十亿美元）	⑤=③/④
1992	32611	8527.7	41.14	6244.4	0.66
1993	65094	10747.77	75.84	6558.1	1.16
1994	62336	11119.2	73.46	6947	1.06
1995	80440	16825.11	97.27	7265.4	1.34
1996	115660	20039.55	135.7	7661.6	1.77
1997	0	20098.52	20.1	8110.9	0.28
1998	0	21421.79	21.42	8510.7	0.25
1999	24812	20715.67	45.53	9299.2	0.49
2000	0	19670.47	19.67	9963.1	0.2
2001	0	20466.31	20.47	10100.8	0.2
2002	85551	20754.06	106.31	10480.8	1.01
平均值					0.66

注：1. S_{ni}：名义国际铸币税收益；

2. F_n：美国运用其他国家美元外汇储备进行投资的累计金融业净收益；

3. G：计量的货币国际化收益的理论构成；

4. 表中出现 0 的原因是以美元为官方国际储备的减少导致美国未能获得国际铸币税收益。

资料来源：《作为国家竞争战略的货币国际化：美元的经验证据——兼论人民币的国际化问题》，陈雨露等。

（2）有利于货币发行国国际贸易和对外投资的发展。货币国际化后，该货币被广泛应用于国际间计价、支付和结算。在货币发行国对外经济往来（如跨国贸易货款结算、资金借贷和本息偿还）中，可直接使用本币，为本国贸易商、投资者和消费者带来手续上的方便，还可少受或免受外汇风险的困扰。这有利于货币发行国对外贸易和投资规模的扩大，而货币发行国对外经济的发展又将促进该种货币国际地位的进一步提高。

（3）分散持有对外资产的风险。本币国际化意味着一国对外资产币种的结构更加分散化，外币资产的份额逐渐下降，本币资产的份额逐步上升；同时，持有对外资产的主体结构也将分散化，从以官方储备管理机构为主过渡到包括私营部门在内的各种机构组合。这将降低集中持有单一外国金融资产的风险。

（4）有利于发展金融市场，提高金融效率。本币被非居民持有，自然产生了非居民对本币的金融服务需求。由于国际货币之间的竞争在很大程度上取决于金融市场的竞争，要推进货币国际化，必然要求推动境内金融市场对外开放、规模扩大和效率提高。

（5）有助于提高货币发行国的国际地位。货币国际化通常伴随着该种货币在国际货币体系中的地位提高，同时也意味着货币发行国政治声望上升，在国际货币金融政策协调中所发挥的作用加强。

2）货币国际化的成本分析

（1）导致货币发行国资本跨境流动波动增加，受外部经济波动的影响加大，维持货币、汇率和金融稳定面临挑战。货币国际化使货币发行国的经济与世界经济的联系更加紧密，国内经济受国际经济波动的影响增大；同时由于货币壁垒的消除，他国的通货膨胀和经济危机可能随时传导到国内，在金融自由化的今天，这一点表现得尤为突出。由于非居民大量持有货币发行国的短期资产，其对国际货币的偏好变化将引起大量资本在国际间流动。而资本流动，尤其是游资将会冲击国内利率和汇率的稳定，从而对本国经济产生不利影响。

（2）影响货币发行国货币政策的效果，增加货币政策制定执行的难度。货币国际化之后，该货币作为发行国本币和作为国际货币的职能会时有冲突，而与国际金融一体化程度的增强将导致国内货币政策面临更严重的“内外均衡冲突”。例如，当货币发行国出现通货膨胀时，可通过提高利率进行调节，但境外货币也会因此随之回流，导致国内货币供给增加，货币政策失效；当国内出现通货紧缩时，降低利率又会使货币外流，国内货币供给减少，货币政策同样会失效。

麦肯锡著名经济学家 Richard Dobbsetal (2009)认为，美元在国际货币体系中的过度垄断地位虽然给美国带来了诸如铸币税（收益估计 100 亿美元）、外国人购买美国国债导致美元利率下降有利于美国人借债（净收益大约 900 亿美元）等，但是也存在很大的成本，如外资流入美国在 2008 年推高美元汇率 5%～8%（对美国造成净损失大约 300 亿～600 亿美元）。

1.2 离岸金融市场发展理论

离岸金融市场是金融市场主体通过专门的、脱离金融监管的离岸账户进行资金交易的市场，离岸金融业务是通过特殊的、免受监管的离岸账户办理的业务。离岸金融市场是金融自由化和全球金融一体化的产物，是当代国际金融发展史上的重要创新之一。它的出现，便利了国别货币在国际上的持有和使用，推动了货币国际化，促进了全球范围内低成本、高速度的资金流动体系的形成，为国际金融市场注入了新的活力。离岸金融市场的不断涌现和快速发展，连接起全世界的金融市场，使之形成了统一的国际金融市场。

1.2.1　离岸金融市场的定义及特征

1. 离岸金融市场的定义

离岸市场在国际金融市场上的地位举足轻重，但由于离岸市场的发展模式多元、金融创新不断，离岸金融的概念也持续发展。在发展的不同时期，离岸金融的含义有所不同。目前，关于离岸金融市场的界定并没有一个统一、公认的说法。

归纳国外对离岸金融市场的界定，有以下比较有代表性的观点。

传统的离岸金融（如欧洲货币市场）是指为非居民提供境外货币的借贷投资、贸易结算、外汇黄金买卖、保险服务及证券交易等的一种国际金融业务或服务，基本不受所在国法规和税制的限制。传统的离岸金融概念强调交易货币的境外性和交易主体的非居民性。

1981 年美国国际银行设施的设立，使离岸中的“岸”发生了本质变化，离岸不再等同于“境外”。离岸中的“岸”被更精确地描述为货币发行国在一定范围内的金融监管体系或金融运行体系。这样，区别在岸金融与离岸金融的依据从最初的货币发行国的边境或国界，发展到关于特定交易货币的不同金融监管体系和金融运行体系。

《银行家》杂志上的研究文章对离岸金融市场的定义也不统一，主要有如下观点：“为促进国际银行业务而设定的小型专门区域”，“可以财政中性的方式进行国际金融业务的地方”，“为避免政府当局限制和管制而进行的地域选择”，“吸引和促进国际资金的地方”。

《新帕尔格雷夫货币金融大辞典》对离岸金融市场的描述为：就其性质而言，不只是地理位置在境外。它包括两类：一是在外国一些特区中专门开设的银行，这些特区在法律、税制乃至管理当局的控制方面都比国内环境宽松；二是在国内特设的机构或金融自由区，实行单独的关税征管制度，本国及外国银行只要不在当地开展金融业务而是进行国际金融业务，一律免税，不予调控。

国内学术界普遍认为离岸金融市场是相对于在岸金融市场而言的，观点大致相同。主要有以下代表性的观点。

连平（2002）认为，离岸金融市场是指在高度自由化和国际化的金融管理体制和优惠的税收制度下，以自由兑换货币为工具，由非居民参与进行资金融通的市场。罗国强(2008)指出，离岸金融市场是指有关货币游离于货币发行国在境外所形成的、通常在非居民之间以离岸货币进行各种金融交易或资金融通的市场。受国际货币基金组织（International Monetary Fund，IMF）影响，韩龙（2001）认为，离岸金融市场是指在货币发行国国内金融循环系统或体系之外，通常在非居民之间以离岸货币进行各种金融交易或资金融通的市场。曾之明(2012)指出，离岸金融市场又称境外金融市场，是指在高度自由化和国际化的金融体制和优惠的税制条件下，在货币发行国境内或境外进行资金融通、基本不受所在地金融法规和税制限制的市场；其主要参与者为非居民，交易货币为可自由兑换货币。

上述定义均从某个角度出发描述离岸金融市场的特征，但都未揭示出其实质。与上述定义不同，我们认为，离岸账户是离岸金融市场的微观工具，是开展任何离岸金融服务的前提，所以离岸账户是离岸公司开展业务的必要工具之一。

离岸金融市场与在岸金融市场的关键区别就在于对账户的处理不同。

第一，离岸账户开立简便。金融监管当局对离岸账户的开立一般不会过多干预和限制。开立离岸账户一般只需要提供离岸机构注册地的全套注册副本或复印件，以及各个银行自己规定的其他文件，并不需要提供这些注册的证明文件及其他支持文件。

第二，离岸账户里的资金转移没有限制，离岸账户的外汇资金调拨自由。比如在中国，居民的任何一笔外汇资金的汇入和汇出都要向监管当局汇报其用途或原因。非居民（包括机构和个人）通过离岸账户（或境内银行）与境外发生的所有收付款，均无须进行国际收支统计间接申报；非居民账户间在境内的资金划转也无须进行国际收支统计间接申报；对于离岸账户的资金进出只需要统一使用一个交易编码来申报其资金用途，而无须具体列明。这凸显出了离岸账户的使用便利。

第三，离岸账户里的存款利率优惠，品种多样，而且存款利率和品种不受境内监管限制。除此之外，东道国对离岸账户内的存款还提供免征利息税的优惠。

从账户的角度可更好地理解离岸金融市场的内涵，即离岸金融市场是金融市场主体通过专门的、脱离金融监管的离岸账户进行资金交易的市场。离岸金融业务是指通过特殊的、免受监管的离岸账户办理的业务，主要包括为非居民提供的境外货币借贷或投资、贸易结算、外汇买卖、黄金买卖、保险服务和证券交易等金融业务和服务。因此，虽然从账户角度定义的离岸金融市场有境内离岸金融市场和境外离岸金融市场之分，但从当前中国发展离岸金融市场所面临的实际市场环境和监管条件来看，不大可能在境内发展出具备传统意义的离岸金融市场功能的离岸市场。

2. 离岸金融市场的特征

作为国际金融市场的重要组成部分，离岸金融市场具有以下关键特征。

离岸金融市场上的交易主体是非居民，以银行为主，银行同业间的资金拆借占业务总额的比重较大，属于典型的资金“批发市场”，流动性比较高；在传统的国际金融市场上，参与交易的则是居民和非居民，并不局限于银行间交易。

除避税港型离岸金融中心外，离岸金融市场的交易主体一般是银行、国际性跨国公司、政府机构和世界性组织，小型客户很难进入，因此其资金交易的规模巨大，交易品种、币种繁多，市场结构差异性大，金融创新极其活跃。

离岸金融市场基本上不受货币发行国的金融政策法规约束，也不受业务开展所在国的金融、外汇政策限制，在遵循国际惯例的基础上自成体系地进行管理和运营；而传统国际金融市场适用的政策和制度一般是市场所在国的金融和税收政策制度。

离岸金融市场具有宽松的经营环境和独特的利率体系。离岸银行一般不需缴纳法定存款准备金，规避了货币发行国的税收和监管，其经营成本低于货币发行国的国内银行，具有很强的竞争力；不受利率上限和存款保险的约束，以相对较高的利率吸收存款，以相对较低的利率发放贷款，从而形成独特的利率体系。

离岸金融市场具有宽松的经营环境的原因有两方面：一方面，离岸金融业务是在货币发行国境外进行交易，货币发行国监管当局鞭长莫及；另一方面，对交易所在地而言，其金融交易影响轻微或被隔离，并能带动市场所在地的就业和税收的增长，因此市场所在地政府一般也不会对离岸金融业务加以限制。

1.2.2　离岸金融市场发展理论综述

离岸金融市场虽然产生得晚，但发展很快，这是有其客观必然性的。对这种必然性，众多经济学相关理论从不同角度出发，做出了各自的解释。

1. 制度学派理论

根据新制度经济学理论，金融制度的均衡是指金融制度从总体上处于边际收益等于边际成本的状态，在这种状态下，参与金融交易活动的各金融主体均不具有改变现状的动机或力量。但由于政府管制会导致原有的金融制度安排成本并非最低，金融主体会产生改进现行制度、选择新制度以谋取收益最大化的动机。欧洲美元市场的飞速发展正是美国与其他各国金融管制不对称的结果。在美国，由于D条例、Q条例①的颁布实施，以及联邦存款保险机制等管制措施和随后而来的高通货膨胀，美国国内银行的经营成本急剧增加，所得收益大大减少，竞争力远远低于在欧洲货币市场营业的商业银行。资本的逐利性促使美国国内银行通过各种手段绕过国内管制，纷纷将国内资金用于欧洲美元市场，从而极大地推动了该市场的发展。

2. 金融创新理论

在西方经济学中，经济学家熊彼特（Schumpeter）首先在其理论中使用了“创新”一词。根据他对创新的描述，金融创新是在金融领域内发生的、包括各种金融要素的“新生产函数”的结合。它的存在是全球金融业发展的动力源泉。金融创新理论对离岸金融产生的原因主要有三种解释。一是西尔柏（Silber）的约束诱导理论。该理论从微观角度出发，认为金融企业进行创新的原因在于解脱和减轻加诸于企业的金融约束。在利润最大化的目标下，一旦外部环境变化导致约束条件改变，扣除创新成本之后出现了利润最大化机会，企业就有动力进行创新。欧洲美元就是一种典型的为回避约束而进行的金融创新。二是凯恩（Kane）的规避监管理论。他认为，许多形式的政府管理与控制，实际上与隐含的税收性质是一致的，可能成为金融机构获得盈利及拓展新的盈利机会的阻碍，因此金融机构必定会通过金融创新来进行规避。当金融创新危及金融稳定和货币政策的执行时，管理当局又有可能继续加强管制，从而由新的管制引发新的创新，形

① D条例（Regulation D）是由美国证券交易委员会制定的关于私募证券发售的规则，于1982年实施；Q条例是指美国联邦储备委员会按照字母顺序排列的一系列金融条例中的第Q项规定。

成一个互相推动的过程。东南亚金融危机后离岸金融的发展便是这样。三是希克斯（Hicks）和尼汉斯（Niehans）的交易成本理论。该理论认为，金融服务与金融创新是否具有实际价值是由交易成本决定的，降低交易成本是金融创新的主要动力。科技进步导致交易在效率提高的前提下实现成本降低，而金融创新是对科技进步导致的交易成本降低的反应。

3. 金融市场全球一体化理论

金融市场全球一体化是指国际金融市场之间、国内和国外市场之间联系日益紧密，互相影响和促进，逐渐形成统一的全球性金融市场。其表现为相同金融工具在不同金融市场上的价格趋近。国际清算银行在《近年来国际银行业的创新》中描述金融市场全球一体化和离岸金融市场的关系时指出："目前的金融市场全球一体化趋势要追溯到 20 世纪 60 年代真正的国际金融市场——欧洲货币市场和欧洲债券市场的产生和发展。"可见，金融全球一体化的发展是对离岸金融市场的直接呼唤：当全球一体化发展到一定阶段时，必然要求降低国家进入门槛或超越国家限制，实行全球范围内的要素资源市场化配置，表现在金融要素上，就是对离岸金融市场的需求。

4. 金融自由化理论

金融自由化源于供给学派的自由化理论。该理论以萨伊定律为理论和政策基础，否定了凯恩斯定律，主张让市场自动调节，反对政府干预经济活动。受这种思想的影响，加上以 20 世纪 30 年代经济条件为背景而制定的金融管制法规已不能适应世界经济的发展，各国政府都在不断修正金融政策，放松对金融的监管，形成了全球性金融自由化的趋势。与此同时，罗纳德・麦金农（Ronald Mckinnon）和爱德华・肖（Edward Shaw）以发展中国家为样本，提出的金融深化和金融压抑理论，也成为众多发展中国家以金融自由化为核心的系列金融改革的理论基础。离岸金融市场在 20 世纪 60 年代之后的迅速发展就是世界金融自由化趋势的早期表现。

综上，离岸金融的产生与发展是生产国际化、贸易国际化和资本国际化的产物。其本质是一种金融创新，是金融自由化的产物，是金融全球一体化的产物，也是现代科技与金融结合的产物。

1.3 货币国际化与离岸金融市场发展关系研究

中国人民银行《2018 年人民币国际化报告》中第一次在“第四部分”专门列出“离岸人民币市场发展”。这在一定程度上表明，中国人民银行已经重视通过离岸业务推进人民币国际化。中国人民银行《2019 年人民币国际化报告》显示：截至 2018 年年末，境外主要离岸市场人民币存款余额超过 1.2 万亿元（不包括银行同业存款）。其中，我国香港地区人民币存款余额为 6150 亿元，全球排名第 1 位，同比上升 10%，占香港地区全部存款余额的 5.4%，占外币存款的 10.8%；我国台湾地区人民币存款余额近 3000 亿元，全球排名第 2 位，同比下降 7.4%，占台湾地区全部存款的 3.9%，占外币存款的 23.2%；英国人民币存款超过 562 亿元，新加坡人民币存款近 500 亿元，分别位列全球第 3 位和第 4 位。

据不完全统计，截至 2018 年年末，境外主要离岸市场人民币贷款余额合计超过 3810 亿元，与 2017 年比较，降幅明显放缓。其中，新加坡人民币贷款余额为 1109 亿元，排名超过我国香港地区居全球第 1 位；我国香港地区人民币贷款余额为 1056 亿元，排名全球第 2 位；英国人民币贷款余额超过 492 亿元，排名全球第 3 位。

2018 年，离岸人民币债券市场回暖。据不完全统计，已建立清算行的国家和地区 2018 年共发行人民币债券 1719 亿元，同比增长 115.6%，其中，我国香港地区人民币债券发行全年为 419 亿元，比 2017 年增长近七成。截至 2018 年 12 月，已建立清算行的国家和地区人民币债券未偿付余额 4151 亿元，同比减少 18.5%；人民币大额存单发行余额为 1066 亿元，同比增长 1211%；人民币基金发行余额 262 亿元，同比增长 59.1%。

离岸金融市场是金融市场发展的高级阶段，它将各国金融市场体系连成一体，对经济全球化和贸易投资便利化起着重要的作用，在一定条件下也可推进货币国际化；但离岸金融市场也增加了金融市场的不稳定性。目前，理论上对货币国际化与离岸金融市场发展关系的研究主要存在两派观点：一派认为，发展离岸金融市场对实现货币国际化有推动作用，甚至是实现货币国际化的必要前提；另一派则认为，离岸金融市场是货币国际化发展到一定程度时，市场力量的自发结果，建立离岸金融市场不一定对推动货币国际化有明显效果。但是，现实中研究发现，离岸人民币资产的形成与进出口商的套利和套保对冲风险有关。

1.3.1　观点一：离岸金融市场对货币国际化有推动作用

从国际经验来看，通常只有在非居民对本币的接受程度较高，愿意在经济贸易交往中使用本币作为结算币种的情况下，本币在国际上作为计价结算货币才可能成为现实。离岸金融市场的存在，使得非居民能够很容易地通过外汇交易取得和出售该种货币，因而随着离岸市场的发展，货币的国际可接受性会大大提高。另外，以美元为代表的离岸市场的成功经验表明，离岸市场的发展是寻求避开或打破金融管制的过程，有助于实现货币的可兑换和国际化。历史案例说明，在多数情况下，离岸金融市场的建立、发展对扩大货币国际化的使用确实有推动作用。

中国人民银行货币政策委员会的一些学者认为，货币要成为主要国际货币，就必须发展离岸金融市场，主要理由有五个。

一是主要国际货币必须能在外汇市场上 24 小时进行交易。如果一种货币成为主要的国际贸易结算货币和对内与对外直接投资的货币，国外的贸易对手或投资/融资方需要在其认为方便、安全、低成本的金融市场上进行这种货币与其他货币之间的兑换、融资、结算、支付等活动。因此，要成为主要的国际贸易结算和投资货币，必须发展离岸的货币交易业务。

二是主要国际货币一定有大量第三方交易。一种货币要担当国际性的贸易和投资结算工具、国际商品的计价标准、投融资工具和外汇储备，在境外离岸市场进行的交易就为参与方提供了更大的便利性。国际化货币的这类国际性用途叫作“第三方使用”。由于便利性等原因，这类金融服务基本上都在离岸市场上发生。这些交易大部分与本国实体经济无关。例如，从美元外汇市场来看，与贸易和直接投资相关的外汇交易只占全部美元外汇交易的 5%，而根据不同的指标计算，在全球美元外汇交易中，有 1/2～3/4 属于“第三方交易”。

三是大量非居民要求在发行国境外持有该货币的资产。除便利化之外，当一国货币成为全球性的证券投资工具和储备货币时，对离岸市场的另一重要需求来自投资者对该国政治稳定、法律、税收和对隐私保护等制度的担心。例如，欧洲美元市场的经验表明，70%的非美国居民持有的美元都投资在美国境外的离岸市场。

四是货币在离岸金融中心“体外循环”，可避免货币政策调整对国内金融市场的冲击。例如，海外美元存款占美国国内 M2（广义货币供应量）比例为 30%～40%。这么大规模的外汇和相关的金融交易如果都必须转移到境内市场进行，就会导致不必要的大规模资金跨境流动。

五是离岸金融市场在金融体制上的优势使货币进一步国际化。境外离岸金融市场税收较低，没有存款准备金要求，不设利率管制，可使本国货币的金融产品和服务在离岸金融市场上更具竞争力。境外离岸金融市场之间相互进行交易，有助于离岸金融市场的壮大。

除此之外，一些学者通过对离岸金融市场可能产生风险的各种渠道进行分割性的分析，得出发展离岸金融市场风险基本可控的结论。还有部分学者忽视了目前国内金融体系相对落后的现实，认为可脱离国内金融市场的发展，先发展壮大境外人民币离岸市场；甚至有学者认为，可通过发展人民币离岸市场，倒逼国内加快金融体制变革。

1.3.2 观点二：离岸金融市场不一定能有效促进货币国际化

此种观点的支持者认为，历史经验表明，国际上多数离岸金融市场是在特殊政治经济环境下独立于货币发行国而产生的，是货币国际化发展到一定程度时由市场力量自发形成的。因此离岸金融市场是货币国际化的结果，而不是推动货币国际化的前提。在货币不具备国际化的需求前，发展离岸金融市场并不能有效促进货币国际化。例如，泰国在 1992 年设立曼谷离岸金融市场时，也曾鼓励离岸金融市场中的银行机构吸收非居民泰铢存款及向非居民发放泰铢贷款，但由于市场上对泰铢的需求较少，曼谷离岸金融市场的大部分业务以外汇为主，并没有起到扩大泰铢在国际上的使用范围的作用。

1. 发展离岸金融市场也会为货币发行国带来风险

发展离岸金融市场，并非只为货币发行国带来收益，也会产生风险。现行的国际货币体系放弃了布雷顿森林体系固定汇率制度、独立货币政策和资本管制三者的组合，改为独立货币政策、浮动汇率制度组合，即三元悖论，如图 1-1 所示。离岸金融市场是伴随着全球金融一体化、自由化浪潮得以迅速发展的。理论上浮动汇率搭配资本项目可兑换，既可保持货币政策的独立性，也不会产生大的跨境资金流动风险；但实际上由于各国经济金融发展程度不一，导致各国汇率和利率水平存在差异，加上各国利率、汇率的波动弹性不一，离/在岸市场之间会存在各种套利机会而不能及时进行调整，导致短期资本大规模跨境流动，从而产生较大的风险。

离岸金融市场产生的另一个风险，是离岸金融市场的发展会“倒逼”国内金融监管体系，可能导致监管缺位从而引发风险。

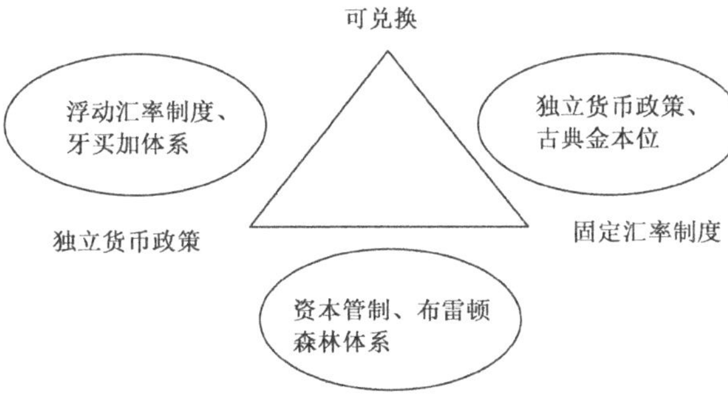

图 1-1　三元悖论

“三元悖论”（Trilemma），也被称为“不可能三角”，是由克鲁格曼在 20 世纪 60 年代提出的，是指一国在资本自由流动、汇率稳定和保持货币政策独立性三个目标中只能实现两个，而不可兼得。在布雷顿森林体系时代，主要经济体汇率与美元挂钩，美元汇率与黄金挂钩，货币政策独立，资本的跨国流动受到严格限制。布雷顿森林体系崩溃后，面对三元悖论，多数国家选择了资本项目开放和独立货币政策，放弃了固定汇率这一目标而采取浮动汇率制。当然也有例外，欧元区的成立就使得欧元区内部各成员国相当于放弃了货币政策自主性；而中国香港地区作为一个高度开放的小型经济体，选择了资本账户开放，允许资本自由流动，并通过将港币汇率与美元锚定选择了固定汇率制，但同时放弃了货币政策的独立性。三元悖论的这种论断是在开放经济条件下对国际货币体系的归纳，可以说从金本位体系到牙买加体系时期，这一原则都体现了高度有效性（Obstfeld & Taylor，2006）。

然而，近 30 年以来，国际金融市场间的联系变得越来越紧密，全球金融一体化的发展使主要经济体的金融市场的波动将会引起全球性避险情绪的一致性共振，进而导致全球风险溢价的同步变化，阻碍利差对汇率的调节作用，从而削弱浮动汇率国家货币政策的有效性，使得跨境资本流动呈现出全球金融周期性现象。基于此，雷伊（Rey）在 2013 年提出了“二元悖论”假说，认为在全球金融周期的背景下，货币政策可能完全失效，无论采取何种汇率安排，资本自由流动和货币政策独立性都不可兼得。至此，货币三元悖论的关注重点已经从最初蒙代尔三角中汇率制度的选择，转移到了对货币政策独立性和资本自由流动的讨论中。

1）中国目前的“三元悖论”现状及争论

（1）资本流动。

自 2001 年加入世界贸易组织（World Trade Organization，WTO）以来，我

国资本和金融账户逐步开放，跨境资本双向流动规模逐步扩大。然而，随着我国资本项目对外开放程度的不断提升，国内主流学者们提出资本流动存在高度顺周期特征，其流动方向往往与政府期望背离，难以控制，面对复杂多变的国际经济局势，此时加快资本开放并不明智（余永定等，2012；林毅夫，2013）。与此同时，自 2014 年 2 季度起我国出现持续性的资本净流出，2015 年结售汇逆差累计 4659 亿美元。中国人民银行紧急将现有的差别准备金动态调整和合意贷款管理机制升级为“宏观审慎评估体系”，然而，资本再度以对外直接投资的形式流出，导致 2016 年 1 季度中国的对外投资规模接近 2015 年全年；于是政府加强了对资本管制的管理，中国人民银行在 2017 年 5 月向人民币汇率中间价报价模型引入“逆周期因子”反向限制汇率浮动，终于使得 2017 年 1 季度资本转为净流入（刘金全，2018）。也就是说，目前我国政府调控的落脚点是资本管制而非汇率市场化。

根据 IMF 发布的《2018 年汇兑安排和汇兑限制年报》，我国目前的汇率制度是“Crawl-Like Arrangement”，即类似爬行的汇率安排。目前，我国依然没有实现可自由兑换的四大项目包括 14 个小项。

一是对无形交易和活期转账付款的控制（Controls on Payments for Invisible Transactions and Current Transfers）；二是出口和/或无形交易的收益中的调回本国要求（Proceeds from Exports and/or Invisible Transactions Repatriation Requirements）；三是资本交易中的 11 项，资本市场工具（Capital Market Securities）、货币市场工具（Money Market Instruments）、集合投资证券（Collective Investment Securities）、衍生工具和其他工具（Derivatives and Other Instruments）、商业信用证（Commercial Credits）、财政信用（Financial Credits）、担保、担保人和财务支持设施（Guarantees, Sureties, and Financial Backup Facilities）、直接投资控制（Controls on Direct Investment）、对直接投资清算的控制（Controls on Liquidation of Direct Investment）、房地产交易的控制（Controls on Real Estate transactions）、个人资本交易的控制（Controls on Personal Capital Transactions）；四是特定于商业银行和其他信贷机构（Provisions Specific to Commercial Banks and Other Credit Institutions）、机构投资者（Institutional Investors）。

但是，2018 年相关报告反映了 2017 年我国资本账户管制情况，2017 年我国放松了“对资本市场证券交易的管制”“对货币市场工具的管制”“对集体投资类证券的管制”“对衍生工具与其他工具的管制”“对金融信贷的管制”“对直接投资的管制”6 个大项的管制，有 9 个子项出现明显的变化。例如，放松了“非居民境内购买”。

同时，考虑到中国特殊的文化制度和国情，资本项目管制在实际操作中可能随着经济周期、执行力度存在较大差异。

（2）货币政策独立性。

长期以来，中国人民银行对货币政策的独立性都十分看重。我国的货币政策选择基本与经济波动同步。从 1993 年起，我国开始实行适度宽松或适度紧缩的货币政策以预防经济的剧烈波动。2008 年 9 月全球金融危机爆发，为避免波及中国市场，中国人民银行重新稳定汇率，于当年 11 月推出四万亿元刺激计划，远期外汇合约无本金交割后仅半年就恢复升值预期，在岸金融市场人民币汇率被管制，升值预期带动热钱涌入，影响了货币政策的独立性。在汇率被管制的情况下，企业结汇时将美元收入按固定汇率出售给商业银行，商业银行依照固定汇率将美元出售给中国人民银行，美元进入中国人民银行资产负债表成为外汇储备，人民币进入商业银行资产负债表，由此出现了被动的货币投放。为此，中国人民银行从 2004 年开始发行央票对冲外汇占款，在一定程度上维护了我国货币政策的独立性。2013 年 6 月后，我国停止了国内央票的发行。

（3）汇率制度。

改革开放以来，人民币汇率形成机制改革从最初的汇率双轨制，到有管理的浮动汇率制度，再到 2005 年开始实行“以市场为基础、参考一篮子货币调节、有管理的浮动汇率制度”，在此之后，人民币汇率呈持续升值的态势。根据中国人民银行的安排，从 2014 年 3 月 17 日起，人民币兑美元交易价格浮动上限由 1%进一步扩大至 2%。从实际走势来看，人民币兑美元汇率在 2014 年先贬后升再贬，走出了一个“N”字形，波峰波谷差高达 1481 个基点。2015 年是人民币汇率形成机制变革的一个重要年份，2015 年 12 月 11 日，中国外汇交易中心（China Foreign Exchange Trade System，CFETS）发布“CFETS 人民币汇率指数”，人民币汇率形成机制开始转向“参考一篮子货币、保持一篮子汇率基本稳定”。2018 年 10 月以来，中国人民银行在我国香港地区发行央票，以丰富香港高信用等级人民币金融产品，完善香港人民币收益率曲线，干预人民币离岸汇率水平。

无论是传统的“三元悖论”，还是近年来发展起来的“二元悖论”，都是为了理论研究和政策讨论而简化后的极端情形，在现实情况中，往往不是这样三选二、二选一的极端选择。通过部分牺牲货币政策独立性而保证汇率浮动不超出一定幅度，或者在某一较短的特定时段内放弃货币政策独立而暂时维持汇率稳定的实际选择并不罕见。易纲和汤弦（2001）提出“扩展三角”来分析这种中间制度，得出的结论是“当金融衍生工具不发达时，经济个体不能通过对冲来规避汇率风险，同时投机攻击也缺乏有效的放大杠杆”，中间汇率制度是可以存在的；而随着金融衍生工具的发展，中间汇率制度因为公众的道德风险行为会产生货币危机。他们进而指出，在资本完全流动时，中间汇率制度是不稳定的，最终的趋势是角点汇率制度占绝对优势地位，从而证明了所谓的汇率制度“角点解假设”。

结合上述分析，人民币加入特别提款权（Special Drawing Right，SDR）把我国的汇率制度向前推进了一步。我国政府按照经济周期、中美利差等因素适时调整资本项目管制、货币政策独立性、人民币汇率波动水平三者之间的开放水平和权重。

2）“三元悖论”背景下的人民币国际化

易纲（2015）指出，长期看我国资本市场对全球资本仍具有吸引力，从而能从基本面上支持人民币汇率的稳定。从汇率市场的广度和深度看，尽管人民币外汇市场的国际化广度和深度还不够，但多层次的外汇市场和较大的流动性规模等条件已经基本具备。从汇率弹性看，人民币单向升值的预期基本消失，双向浮动预期明显，中国人民银行的调控方向也正在逐步退出常态式外汇市场干预，使得整个市场供求起决定性作用并更加均衡，我国的外汇储备规模基本平稳，这是一项重要的市场化衡量指标。此外，目前国内市场主体持有人民币、美元和其他外币的选择更多，也基本具备藏汇于民的条件。自 2015 年以来，中国人民银行不断推出宏观审慎管理和资本管制工具，中国要在资本管制背景下实现人民币国际化，可供选择的路径就会受到一定的约束。

因此，在金融开放不可逆的条件下，资本项目开放应“放管结合”，“管”是为了防风险。可以针对短期资本流动设置风险管理措施，作为宏观审慎管理框架的一部分。实际中可能的做法有托宾税（陈雨露，王玉，2007；易纲，2015）。在防范风险为首要目标的前提下逐步推行人民币国际化的步伐，通过完善各种衍生产品和期货市场等套期保值工具的发展，提升资本市场的灵活度；充分促进人民币市场、香港离岸人民币的市场良性互动，提高市场间参与的广度和深度；借助数字货币这一新型货币形式发展的趋势，探究是否可借助数字货币与人民币相结合，以提升人民币国际化水平。

2. 离岸金融市场负面影响的经验教训

下面以日本和泰国离岸金融市场的发展经历为例，说明离岸金融市场可能并不能有效促进货币国际化，甚至还会对一国经济带来负面影响。

日本政府在 1986 年建立日本离岸金融市场(Japanese Offshore Market，JOM) 时，其设计是离岸业务与在岸业务分离；而在建立 JOM 前，日本在 1984 年已废除了外汇兑换限制，银行可以不受数量的限制，将外汇兑换成日元，或者吸收欧洲日元，将其运用于国内市场。正是这一管道的存在，令 JOM 离岸账户和在岸账户的分离失效。由于经过离岸账户向国内账户转账需要缴纳准备金，日本外汇银行在逐利动机下，将离岸筹集的资金（主要是外汇）贷给日本外汇银行在中国香港地区和新加坡的分行，分行再将这些资金贷给国内金融机构和企业，这些离岸资金以对外负债的形式被自由兑换为日元进入国内市场。上述做法使得 JOM 沦为“再贷款游戏”的场所，导致了日元国际化的倒退，而且大量外汇流入套利，对当时日本资产泡沫的形成起了推波助澜的作用。

20 世纪 80 年代后期，泰国经济一直保持两位数的高速增长率，外汇储备充裕，泰铢不断升值，利率也较高。泰国政府认为，这是推行国内金融自由化改革的好时机，于是泰国政府 1992 年 5 月放开资本项目管制，设立曼谷离岸金融市场。其初衷是开发泰国的国际贷款业务，降低筹措国际贷款的资金成本。但曼谷国际银行设施（Bankok International Banking Facilities，BIBF）设立后，绝大部分业务均为吸收外币存款并在泰国发放贷款。由于泰国的外资流入结构十分脆弱，具有高流动性和投机性的非居民存款和证券投资在外资流入中占了较大比重，而且在实行固定汇率的同时，泰国当局又允许非居民设立泰铢账户进行证券投资和套利活动，从而为索罗斯等投机者进行泰铢投机抛售创造了条件，成为引发泰国金融危机的重要原因。

总结日本、泰国建立离岸金融市场的教训，主要是违反了“三元悖论”关于汇率稳定、资本项目开放和独立货币政策三者不能共存这一原则。马骏具体总结了日本、泰国建立离岸金融市场的教训：在本币持续升值时，必须严格控制离岸市场对境内的渗透（汇率稳定与资本项目开放）；当在岸与离岸市场之间本币利率有巨大差异时，向境内的回流必须严格管制（独立货币政策与资本项目开放）；短期外债占外债的比重必须严格控制在安全线以下（资本项目开放与汇率稳定）；在外汇储备很低的情况下，应该严格控制在岸市场向离岸市场的渗透，防止投机者通过离岸市场做空本币（资本项目开放与汇率稳定）；在经常性顺差或逆差占 GDP 比重很大的情况下，需要谨慎发展离岸市场（资本项目开放与汇率稳定）；在境内出现明显的资产泡沫的阶段，尤其需要严格控制离岸市场对在岸市场的渗透（资本项目开放与独立货币政策）。

总而言之，离岸金融市场的建立通常是在货币已具备国际化潜力的前提下市场自发形成的结果。在存在货币国际化需求的前提下发展离岸金融市场对货币国际化可以起到重要的推动作用。这是因为，货币的使用网络和惯性是推动货币国际化的重要因素，而离岸金融市场的最大作用就是建立和扩大货币使用网络，增加货币在国际上使用的需求，突破货币国际化的瓶颈。而在货币本身不具备国际化的需求之前，发展离岸金融市场不仅不能有效促进货币国际化，反而可能因为离岸金融市场本身的缺陷为国内经济带来负面影响，从而阻碍货币国际化的实现。

1.3.3 人民币离岸金融市场发展现状和问题

1994—2005 年：1994 年之前，中国境内市场有两个人民币汇率——官方汇率和市场汇率，当时两者价差很大。1993 年年底，官方美元/人民币汇率为 5.8，而市场汇率为 8.7。1994 年 1 月 1 日，双重汇率制度结束，两个人民币汇率合为一体。

2005—2008 年中期：人民币汇率的灵活性增强。2005 年 7 月 21 日，在中国人民银行推出有管理的浮动汇率制度之后，美元/人民币从 8.2765 升值 2.1% 至 8.1100。在新制度下，中央银行放松了人民币与单一货币——美元的挂钩，并引入“一篮子货币”作为新参考。

2008 年中期至 2010 年：2008 年中期全球金融危机爆发，人民币与美元重新挂钩。这是在危机期间保护中国国际贸易的措施，美元/人民币受限制在 6.81～6.85 这个窄幅区间内。

2010—2018 年 8 月：人民币改革重新开始。在金融危机之后，人民币汇率的灵活性再次上升。2012 年 4 月 16 日，人民币兑美元汇率日波动区间从 0.5% 扩大至 1%，2014 年 3 月 17 日进一步扩大到 2%。

2018 年 8 月至今：人民币与美元脱钩并再次以“一篮子货币”作为参考。2015 年 8 月 11 日，中国人民银行宣布开始新一轮人民币汇率改革，将人民币每日定盘价（人民币汇率中间价）下调-1.82%至 6.2298。2015 年 12 月 11 日，中国人民银行推出了 CFETS 人民币汇率指数，这是人民币价格的重要参考。

近几年，离岸人民币市场已形成以中国香港为主，伦敦、新加坡、欧洲及东南亚地区多点并行的格局。

由于中国资本账户的管制特点，人民币外汇供给主要通过经常账户进出口商的套利避险行为实现。因此，离岸人民币和在岸人民币汇率偏离程度由海外人民币存款供给/需求和升值/贬值预期决定。Kent Troutman 和 Joseph E. Gagnon（2014）研究发现，在 2010 年中期到 2014 年早期，离岸人民币资产的形成主要与进出口商对冲风险和套利有关。离岸人民币与外币的可自由兑换导致离岸人民币汇率偏离在岸人民币汇率。当外国投资者看好人民币未来升值预期时，他们会推高离岸人民币汇率，因此溢价交易在岸人民币。这给了中国进口商在海外用人民币支付进口货款的动力，因为其可以按照面值转换在岸人民币为离岸人民币，离岸人民币可以购买更多的其他外汇。

中国出口商有动力接受离岸人民币支付，但离岸人民币折价与在岸人民币交易很少发生。中国进口商对出口商的超额贸易结算，是由于离岸人民币溢价，这是离岸人民币增长的动力。供给方面的提高满足了海外人民币的需求，同时阻止了离岸人民币溢价。

但是，2015 年以来，中央银行干预减小了离岸汇率和在岸汇率的价差。资本管制使得离岸汇率和在岸汇率不一致。外国居民可以自由购买离岸人民币，但是购买在岸人民币受到限制。如果外国人看好在岸人民币价值，他们只能买入离岸人民币，使得离岸人民币溢价在岸人民币。相反，外国人看跌人民币，他们卖出离岸人民币，使得离岸人民币折价在岸人民币。2010 年中期到 2014 年早期，离岸人民币稍微溢价在岸人民币 0.1%。

2016 年 2 月，中国人民银行宣布取消外国私人机构购买境内人民币债券的限制，这在很大程度上降低了人民币离岸汇率和在岸汇率的价差。同时，人民币加入 SDR 后，IMF 也注意到"一篮子货币"中人民币存在所谓离岸价格和在岸价格的不一致，为此中国人民银行宣布缩小该范围。

2017 年，离岸人民币兑美元累计升值 7%，人民币兑美元 1 年期无本金交割远期（Non-de-liverable Forwards，NDF）累计升值 7.4%，其隐含贬值率由年初最高的 5.48%下降至年末的 2.27%，人民币贬值预期明显降低。

1.3.4　离岸金融市场发展历史启示

从历史维度深入分析，各地离岸金融市场的正反历史经验为发展人民币离岸市场提供了很多有益的启示，发展人民币离岸市场还有不少地方值得探讨和深思。

1. 发展人民币离岸市场可协调资本项目未实现全面可兑换、金融市场和金融体系建设未完善与推动人民币跨境使用业务发展之间的矛盾

根据日本的例子，在国内金融市场仍存在较多管制的情况下，发展离岸金融市场可在一定程度上缓解国内金融体系管制与推动货币国际化之间的矛盾。

具体到中国的情况，一些在国内并不具备开展条件的金融业务，可在离岸金融市场中先行先试，当局仍可通过监测离岸金融业务发展的动态，分析并预测该业务在国内金融市场推出的影响，为推动人民币跨境使用业务的发展和推进金融改革提供试验田。

2. 发展人民币离岸市场需要国内金融体系的发展跟进

总结历史经验，只有在资本项目已基本实现可兑换，货币发行地金融体系能支持离岸金融市场运作的情况下，建立货币离岸金融市场才能最有效地推动货币国际化。

中国目前金融体系发展仍相对落后，从严格意义上说，境内仍未能建立一个国际性的金融中心。在国内金融体系存在约束的情况下，推进离岸人民币金融市场建设将在支付清算、兑换交易、头寸管理、套期保值等方面遭遇瓶颈。

中国决策者通过创新，在发展人民币离岸市场上进行了多方面的尝试。例如，中国香港、澳门清算行模式的建立，就在一定程度上解决了国内支付清算体系不支持离岸人民币结算的问题（主要是中外清算系统中文指令与英文指令的转换问题），也初步实现了通过清算行对境外人民币兑换总量进行间接控制，该模式应属于国际上的独创。

3. 通过市场自发推动模式发展离岸金融市场效果较佳

20 世纪 70 年代市场自发形成的欧洲日元市场（包括伦敦、中国香港、新加坡、纽约等地，以伦敦为核心市场），其推动日元国际化的效用较日本政府主推的日本离岸金融市场要好。例如，在 2010 年，日本离岸金融市场的离岸日元存款余额约为 2520 亿美元，但欧洲日元市场的日元存款规模为 7299 亿美元。

20 世纪 60 年代，新加坡和中国香港均在发展离岸美元金融业务。新加坡采用的是政府强力推动模式，中国香港采用的是市场选择模式，结果金融界普遍较乐意在中国香港宽松的环境下从事美元离岸业务，令中国香港后来居上，在美元离岸金融业务中超越新加坡。

上述历史经验的启示是：在政府的强力推动下，集中力量发展某地区的人民币离岸市场，其效果可能不如让市场自发选择人民币离岸市场的地点。

4. 发展离岸金融市场，境内金融市场需要为离岸金融市场提供足够的流动性和回流渠道支持

从业务规模来看，美元离岸金融市场经历了两次迅猛发展：第一次是欧洲国家将出口所得美元存入美元离岸金融市场，第二次是石油输出国将“石油美元”存入美元金融市场。这两次迅猛发展对应的均是美国国际收支大额逆差，说明美元流动性的大规模输出是美元离岸金融市场迅速发展的前提。美国发达的国内金融市场为离岸美元提供了充足的回流渠道和全面高效的保值增值工具，这也是美元离岸金融市场迅速发展的基础之一。

5. 应高度重视和防范发展人民币离岸市场可能产生的风险

在当今的国际经济金融环境下，金融危机频发似已成为常态，建立人民币离岸市场，会增加风险传染和冲击的管道，加上目前境内外存在较大利差，人民币跨境使用主要靠套利活动驱动，风险就更高。

6. 在监管机制上，离岸和在岸人民币金融市场应维持联动

从防范风险的角度来看，离岸和在岸人民币之间的资金流动应受到严格限制。为有效防范风险，应从现阶段起就加强离岸和在岸监管机构的协调联动。

第2章

国际货币体系的演化过程

国际货币格局主要是指在一定时间内，国际货币之间依托其母国的经济实力、政治力量、金融力量、军事力量等因素，在货币职能方面进行竞争，基于力量对比而形成的一种相对稳定的状态。Emmanuel Farhi 和 Matteo Maggiori（2016）认为国际货币体系由储备资产的供给和需求、汇率区、国际货币制度组成。国际货币格局的改变，归根到底体现的是各国综合国力的变化。基于中国国力的迅速提升、美国反全球化的最新政策，以及美元、欧元在当今国际货币体系中的公信力下降，人民币有责任在国际货币格局中承担更重要的角色。本章 2.1 节介绍了国际货币体系发展脉络，2.2 节分析了当前国际货币体系现状，2.3 节对未来国际货币体系做了展望。

2.1 国际货币体系发展脉络

本节将着重介绍金本位体系、布雷顿森林体系、牙买加体系三大国际货币体系，描述以主权货币为主导的国际货币格局的演变及不同时期货币格局的特点，并总结不同时期主权货币发展成国际货币的根本动因。

2.1.1 以英镑为主导的金本位国际货币体系

1. 金本位制体系的形成

从历史上看，国际金本位制的确立并非国际协议的结果，而是由当时的交易制度、交易习惯和主要国家国内法规缓慢发展形成的结果。随着国际贸易的扩大，参与贸易的各国需要统一、稳定的交易媒介进行计价及结算，而黄金以其天然的优势和内在的价值被不同国家的人们所接受，并在全世界流通。

具体来说，金本位制体系下包括金币本位制、金块本位制和金汇兑本位制三种形态的自然演变。金币本位制是最典型的金本位制，自由铸造、自由兑换及黄金自由输出/输入是其三大特点。1819 年，英国国会颁布《恢复条令》，确定英镑与黄金按固定比例兑换，这标志着英国正式采用金本位制。其后的 1871 年，德国发行马克作为本位货币，实行金本位制；1873 年，美国实际采用金本位制；1897 年，俄国、日本相继采用金本位制。至 19 世纪末，国际金本位制体系已基本确立。但随着生产力的快速提升和全球贸易的迅猛增长，黄金在产量和存量上的不足逐渐凸显，极大地削弱了金铸币流通的基础。第一次世界大战爆发后，由于军费开支猛烈增长，各国纷纷发行不兑现的纸币，禁止黄金自由输出，金币本位制随之告终。随后出现的金块本位制和金汇兑本位制，实际上是两种不健全的变相金本位制。在这两种制度下，黄金均为货币本位，但只规定货币单位的含金量，不铸造黄金，实行银行券流通。所不同的是，在金块本位制下，银行券可按规定的含金量在国内兑换金块，但在数额和用途上受到限制；而在金汇兑本位制下，银行券在国内不兑换金块，只规定其与实行金块本位制或金币本位制的国家货币的兑换比率，先兑换成外汇后再兑换黄金。

2. 金本位制体系的特点

1）英镑代替黄金成为国际货币体系的核心

英国是最早确立金本位制的国家，也是当时世界上最大的经济强国。工业革命在英国的率先开始和完成大大提升了英国的国际地位，英国用商品和炮舰在全球范围内建立了“日不落帝国”。1850 年，英国的铁产量超过了世界上其余所有国家铁产量的总和；煤和棉布产量分别占世界总产量的 2/3 和 1/2 以上。1860 年，世界的出口有 1/3 涌向英国。19 世纪后期，源自英国的对外投资占世界全部投资的 40%，世界贸易的 60%都以英镑定价、结算和融资。英格兰银行通过当时广为流行的以英镑计价的票据贴现控制着国际汇兑，英镑则通过英国在海外的扩张，在国内、殖民地及全球范围内大量流通，成为真正的纸质黄金。在世界各地，英镑可以方便地完成计价与结算，英镑持有人可以随时向英国中央银行兑现黄金。因此，国际金本位制的基础是黄金，但实际上英镑代替黄金执行了国际货币的各种职能，成为国际货币体系的核心。

2）汇率由各国货币含金量决定，国际收支实现自动调节

在金本位制下，黄金发挥着国际储备货币和保障外汇市场运行的职能，各

国货币间的汇率由其各自的含金量比例决定，通过黄金的自由流动实现国际收支的自动调节。到 1914 年第一次世界大战的时候，全世界有 59 个国家实行金本位制。英国、美国、法国、德国等主要国家货币的汇率平价自 1880 年至第一次世界大战前的 35 年内，一直未发生变动，国际货币体系相对稳定。由于黄金自身明显的供给劣势，在实行金汇兑本位制的国家，其国际储备除黄金外，还有一定比重的外汇（主要是英镑）。外汇在必要时可兑换成黄金，黄金是最后的支付手段。

3. 金本位制的作用及消亡

金本位制从 19 世纪初到 20 世纪中后期，一共实行了 100 多年。作为最先出现的国际货币制度，金本位制在一定时期内保证了各国贸易的稳定，对世界经济的稳定发展功不可没。但由于世界经济的高速发展，黄金的开采和产量逐渐跟不上经济发展的速度；同时，绝大部分的黄金储备为少数强国所占有，削弱了其他国家的货币制度基础，银行券大量发行破坏了自由兑换原则。从 1873 年开始，欧洲出现了 20 余年的大萧条，英国经济逐步衰退，英镑的地位开始动摇。第一次世界大战的爆发，使得金本位制被迫中断。战后，为了缓解浮动汇率风险，规范国际经贸秩序，金本位制得以恢复。然而黄金的不足、高估的英镑导致英国黄金大量流失，国际收支发生巨大困难，英国经济受到致命的打击。1931 年，英格兰银行再也无法承诺英镑与黄金的兑换，宣布放弃金本位制，禁止黄金出口，实行英镑贬值。在 1929—1933 年的世界性经济危机的冲击下，金汇兑本位制也逐渐被放弃，各国纷纷开始实行不兑现的信用货币制度。

2.1.2 以美元为主导的布雷顿森林体系

1. 布雷顿森林体系的形成

国际金本位制彻底崩溃后，各国在国内经济危机尖锐化时期，纷纷采取外汇管制、限制黄金汇兑和黄金出口等措施，并形成了愈演愈烈的“货币战”，国际货币秩序因此遭到了巨大破坏。而各国经济力量对比在第二次世界大战后也发生了明显变化。如表 2-1 所示为主要工业化国家劳动生产率比较，如表 2-2 所示为主要工业化国家经济实力比较，美国拥有超出资本主义世界一半以上的工业生产能力、1/3 以上的出口和 3/4 的黄金储备，成为当时世界上唯一的超级经济大国。

第二次世界大战后，世界主要经济强国规划重新建立国际货币秩序，美国和英国分别提出了“怀特计划”和“凯恩斯计划”，但由于国家综合实力的差距，美国占了上风。1944 年 7 月，44 个国家或政府的经济特使聚集在美国新罕布什尔州的布雷顿森林，通过了《国际货币基金协定》，决定成立国际复兴开发银行（世界银行）、IMF 及全球性的贸易组织。布雷顿森林体系首次以国际法规的形式建立了国际货币合作体系。凭借第二次世界大战后美国的全球经济、军事霸主地位，美元取代英镑充当了世界货币的角色，新的国际货币格局得以形成。

表 2-1　主要工业化国家劳动生产率（每工作小时国内生产总值）比较

（单位：%）

年份	英国	美国	日本	德国	法国
1913—1950 年	1.6	2.5	1.9	0.6	1.9
1950—1973 年	3.1	2.7	7.7	6.0	5.1
1973—1992 年	2.2	1.1	3.1	2.7	2.7

资料来源：《世界经济二百年回顾》（麦迪森）。

表 2-2　主要工业化国家经济实力比较（主要工业化国家国内生产总值相对于美国的比重）

单位：%

年份	英国	美国	日本	德国	法国
1950 年	0.22	1	0.10	0.14	0.14
1960 年	0.21	1	0.16	0.22	0.15
1975 年	0.19	1	0.33	0.23	0.19
1985 年	0.17	1	0.40	0.22	0.19
1990 年	0.17	1	0.53	0.26	0.21
2000 年	0.15	1	0.49	0.19	0.13
2003 年	0.15	1	0.39	0.20	0.14

资料来源：Andrew Walter. World Power and World Money：the Role of the Hegemony and International Monetary Order。

2. 布雷顿森林体系的特点

1）“双挂钩”确立了美元在世界货币体系中的核心地位

布雷顿森林体系主要包括两个方面：第一，美元与黄金直接挂钩；第二，其他货币与美元挂钩，即同美元保持固定汇率关系。该体系确立了美元执行类似于古典金本位制下黄金所执行的功能。美国承担各国中央银行按黄金官价用美元兑换黄金的义务，其他国家的货币则按金平价或固定比价与美元挂钩，各国货币与美元的法定平价一经 IMF 确认便不可更改，一旦突破规定的幅度，各国中央银行必须进行干预。

布雷顿森林体系实际上是一种国际金汇兑本位制，又称“美元-黄金”本位制。它使美元成了黄金的“等价物”，各国货币只有通过美元才能同黄金发生关系。在这一点上，布雷顿森林体系中美元的储备地位比传统金本位制中英镑的储备地位更高。布雷顿森林体系中黄金与美元的兑换只限于美国货币机构与外国中央银行之间，这使国际贸易中黄金退出了流通领域。对成员国而言，只要美国“双挂钩”承诺可靠，布雷顿森林体系就接近于只有一种世界储备货币。

2）成立了 IMF 和世界银行

在健全制度保障的同时，布雷顿森林体系的另一大特色是建立了两个对世界经济格局有着深远影响的永久性国际金融机构：IMF 和世界银行（国际复兴开发银行和国际开发协会）。这两个机构的建立进一步保障了以美元为主导的布雷顿森林体系得以实施。当时，由于美国的超强实力，国际货币基金组织和世界银行的设立、主要规则的制定和实施都以美国的意志为主。美国对一切重大决策都有绝对的控制权，而美元作为唯一的可自由兑换货币，其重要性无与伦比。

3）美元成为最主要的储备货币，建立了可调整的固定汇率制度

在布雷顿森林体系下，美元直接与黄金挂钩，各国确认 35 美元折合一盎司黄金的官价，各国政府或中央银行可以随时用美元向美国政府按照官价兑换黄金。双挂钩使美元处于等同黄金的地位，成为各国外汇储备中最主要的国际储备货币。在汇率方面，布雷顿森林体系实行的是一种可调整的固定汇率制度。《国际货币基金协定》对各国货币汇价规定了较小的波动幅度，即市场汇价波动不得超过平价上下各 1%。各国有责任把它们的货币汇率维持在这一波动范围内。若成员国法定汇率的变动超过 10%，就必须得到 IMF 的批准。该制度结合了固定汇率和弹性汇率的特点，较国际金本位制更为灵活，被称为“可调整的钉住汇率制度”。此外，布雷顿森林体系的国际收支调节手段主要有：第一，向 IMF 的短期资金融通；第二，动用 SDR 以平衡国际收支；第三，只有在一国发生根本性收支失衡时，才能动用汇率调整手段。

3. 布雷顿森林体系的作用及崩溃

从客观的角度来看，布雷顿森林体系是第二次世界大战后各国经济恢复的最优选择。这一体系结束了第二次世界大战前货币金融领域的混乱局面，维持了第二次世界大战后世界货币体系的正常运转。美元充当了世界储备货币，为经济增长奠定了基础，在相对稳定的情况下扩大了世界贸易。此外，国际货币基金组织和世界银行的活动对世界经济的恢复和发展也起到了一定的积极作用。

然而，布雷顿森林体系在建立之初就存在着严重的缺陷，即“特里芬难题”：一方面，在固定汇率制度下，各国均要累积外汇储备来干预外汇市场，维持汇率稳定，世界外汇储备总量的增长有赖于美国向世界提供的美元供给，在当时各国对资本项目普遍实行管制的情况下，这要求美国在经常项目上处于逆差地位；另一方面，作为储备货币发行者，美国有责任在国际收支上保持顺差来维持各国对美元储备的信心，从而使美元处于两难境地。1950—1974 年，美国国际收支连年巨额逆差，“美元荒”渐变为“美元灾”。1971 年 8 月 15 日，尼克松政府宣布实行“新经济政策”，停止履行外国政府或中央银行用美元向美国兑换黄金的义务。这意味着美元与黄金脱钩，支撑国际货币制度的两大支柱有一根已经倒塌；1971—1973 年，美元接连贬值。对此，欧洲共同市场 9 国于 1973 年 3 月在巴黎举行会议，德国、法国等国家决定对美元实行“联合浮动”，支撑国际货币制度的另一大支柱“固定汇率制度”也完全崩溃。至此，布雷顿森林体系彻底瓦解。

2.1.3　多元货币发展的牙买加体系

1. 牙买加体系的形成

布雷顿森林体系崩溃后，国际货币金融秩序一度极其动荡。对此，IMF 下属的“临时委员会”于 1976 年 1 月在牙买加举行会议，并就国际货币体系若干问题达成了著名的《牙买加协议》。1978 年，《国际货币基金组织协定第二次修正案》正式生效，以自由浮动为标志的牙买加体系正式启动。在牙买加体系下，美元世界头号货币的地位已经大大削弱，但仍是国际贸易中最主要的计价单位、支付手段和价值储藏手段，没有任何其他形式的国际储备资产可以取代美元的这种特殊地位。各主要国际货币之间选择加强合作，以维护国际货币体系的稳定。

2. 牙买加体系的特点

1）国际储备仍以美元为中心，但美元地位不断下降

在牙买加体系下，形成了以美元为中心的多元化国际储备体系，但美元的绝对主导地位不断削弱，英镑、马克、日元等货币及 SDR 的地位逐步加强，黄金非货币化并淡出国际货币范畴。从国际计价单位、支付手段和价值储藏手段看，美元仍居于主导货币地位，多数国家仍将美元作为钉住货币，国际贸易、国际结算、国际金融市场仍以美元作为主要计价交易货币，而且在各国外汇储备中美元仍是最主要的储备货币。但随着西欧和日本经济的迅猛发展，如西德马克、日元等在国际贸易计价、结算的使用范围及在各国外汇储备中的比重也在不断扩大和提高。与此同时，国际货币基金组织发行的复合货币——SDR，也被广泛应用于国际计价、支付和价值储藏中，而且随着会员国的基金份额的增加，SDR 的国际储备地位也不断加强。由于《牙买加协议》规定黄金非货币化，黄金的国际货币功能趋于消失。

2）以浮动汇率制度为主，国际收支调节手段进一步多样化

《牙买加协议》将浮动汇率合法化，允许会员自由选择任何汇率制度，各国的汇率安排呈现多样化的格局。其中国际上最主要的货币均实行浮动管理，各主要国家中央银行时常干预外汇市场，但按协议规定，各国的汇率政策应受到 IMF 的管理和监督。在牙买加体系下，国际收支的调节主要通过汇率、利率、外汇储备、国际金融市场和国际金融机构等多种渠道进行。各国根据自身经济发展模式、发展水平及政策目标的不同，可选择单一或多种调节手段，这在一定程度上缓和了布雷顿森林体系下国际收支调节手段的不足，以及调节机制失灵的困难。

3）国际货币格局相对垄断，加强政策的国际协调

在牙买加体系下，国际货币多元化，美元享有相对垄断的地位。而随着美元不断贬值，从维持国际货币体系稳定出发，各主要货币和主要国家积极地开展了多项合作。20 世纪 70 年代，美国面临巨额的国际收支逆差和经济滞胀，转向压低美元汇率的政策。这一政策在实施初期起到了促进美国国内投资、提高生产率的作用；但由于主要贸易国汇率政策未能配合，导致美国出现高利率、高汇率和高贸易赤字。面对这一情况，各大国从共同利益出发，积极联合起来，干预外汇市场，压低美元汇率。1985 年 9 月，美国、法国、德国、日本、英国五国签署《广场协议》，协调货币政策，帮助美元软着陆。1987 年 2 月，七国财长及中央银行行长在巴黎卢浮宫达成协议，采取联合措施，阻止美元贬值，保持美

元汇率的相对稳定。1985 年的《广场协议》和 1987 年的《卢浮宫协议》，充分体现出国际间，尤其是西方七国之间在国际货币金融领域的合作意图。

3. 牙买加体系的作用

牙买加体系稳定了国际货币体系：一是基本摆脱了布雷顿森林体系下基准货币与依附国家相互牵连的弊端，为国际经济提供了多种清偿货币，解决了储备货币供不应求的矛盾，在一定程度上缓解了“特里芬难题”；二是灵活的汇率制度更能适应经济形势多变的状况；三是多种国际收支调节机制并行，相互补充，更能满足调节各国发展环境、基础和模式悬殊的状况。但该体系的不足也很明显：一是在牙买加体系下，美国仍享受着向其他国家征收铸币税的特权，而且国际清偿力的增长机制并非以促进世界经济稳定增长为目标；二是汇率频繁波动，增加了汇率风险，对国际贸易投资产生了消极影响；三是在牙买加体系下，国际收支调节机制仍不健全，IMF 贷款能力有限。

综上，特定国际货币体系的形成离不开经济、政治和军事的保证。无论是金本位制下的英镑还是布雷顿森林体系下的美元，其国际货币地位均形成于经济、金融、政治、军事力量的强大，同时也衰败于经济、政治和军事力量的衰落。牙买加体系虽然以浮动汇率和多种储备为标志，然而美元不可替代的地位主要来源于其经济实力。

上述三种国际货币体系的更迭带来的启示是：一国货币如欲成为世界主导货币，离不开经济的强大、坚定清晰的国家意志和完善的金融体系。

2.2 国际货币体系现状

如果说 20 世纪七八十年代的货币体系是以美元为中心的国际货币多元化和以自由浮动为特点的牙买加体系，20 世纪 90 年代后期至今的货币体系，则是以货币多元化为标志的“后牙买加体系”。特别是欧洲共同体（以下简称欧共体）的成立及 1999 年欧元的发行，使得欧元成为能够与美元抗争的另一个重要的国际化货币，并进入国际货币体系。“后牙买加体系”的特点是：各国货币之间的联系机制多样化，浮动汇率和固定汇率并存；美元在国际储备中仍一枝独秀，欧元在国际货币体系中起伏波动，人民币加入国际化进程；汇率争端不断升级，金融危机频发；各国加快了数字货币的研究开发。

下面以全球外汇交易币种结构、金融市场交易币种结构、国际储备币种结构等为主要考察变量分析当前国际货币格局。

2.2.1 全球外汇交易币种结构

全球外汇交易币种的主要构成仍是美元、日元、欧元和英镑（见表 2-3），美元地位依然稳固。

表 2-3 全球外汇交易的币种结构

单位：%

时间	1989 年	1992 年	1995 年	1998 年	2001 年	2004 年	2007 年	2010 年	2013 年	2016 年
美元	45.0	41.0	41.6	43.6	44.9	44.0	42.8	42.4	43.5	43.8
日元	13.5	11.7	12.0	10.1	11.8	10.4	8.6	9.5	11.5	10.8
欧元	16.5	27.6	29.9	26.3	19.0	18.7	18.5	19.5	16.7	15.7
英镑	7.5	6.8	4.7	5.5	6.5	8.2	7.4	6.4	5.9	6.4
其他	17.5	12.9	11.8	14.5	17.8	18.7	22.7	22.2	22.4	23.3

注：该数据每年 4 月公布。

资料来源：BIS Statistics Explorer https://stats.bis.org/statx/toc/DER.html。

一方面，当前国际贸易中的许多大宗资源仍以美元计价，如石油、黄金等。许多国家在国际贸易和国际投资过程中，用美元替代本国货币的交易标准、计价标准和价值储藏等功能，甚至有国家自愿放弃本国主权货币而启用美元，如厄瓜多尔、萨尔瓦多和危地马拉分别于 2000 年 1 月、2001 年 1 月和 2001 年 5 月实行了完全美元化。

2007 年美国爆发次贷危机后，美元遭到了前所未有的信任危机，"去美元化"的压力有所增大。例如，2007 年，俄罗斯成立了圣彼得堡石油交易所，并用卢布作为石油的交易计算与结算货币；2008 年，海湾产油大国伊朗宣布放弃美元，出口石油开始使用欧元、日元作为结算货币；2008 年 10 月，巴西和阿根廷实行双边贸易本币结算制度；印度正在与多个国家探讨建立以卢比计价的贸易机制的可能性，以稳定卢比汇率；2018 年，美国单方面退出伊核协议，并重启对伊朗的制裁之后，欧洲多国建立起一套全新的结算机制"贸易互换支持工具"（Instrument for Supporting Trade Exchanges，INSTEX），旨在绕过美国的金融制裁，确保欧洲和伊朗之间最基本的双边贸易不受影响。

尽管当前以美元为主导的国际货币体系有其内在的缺陷，但不能将"去美元化"简单理解为只要脱离美元，一切问题就会迎刃而解。在一定时期内，少数国家或局部地区缩小美元的使用范围当属正常，但由于尚未有其他货币可替代美元，因此让国际社会集体脱离美元并非务实的选择。美元在较长的一段时间内仍将占据国际货币体系的核心地位。

另一方面，随着欧元区贸易额的扩大，促进了国际间欧元的使用和流通，扩大了欧元的影响力，以欧元计价并统计有关数据的做法越来越普遍。欧元区成员国与区外贸易的 50%~60%使用欧元结算，其中在欧元区和其他欧盟国家中的增长比较明显，而在其他国家中的增长相对较少。从全球看，欧元在国际贸易结算中的使用约占 1/4；在外汇市场上，2019 年欧元在全球外汇市场上的交易份额为 32%（双边计算），仅次于美元（约 88%），居世界第二位。这一份额高于欧元区成员国原货币所占份额的总和。此外，欧元区贸易顺差，而美国巨额贸易逆差，两者之间鲜明的反差，对稳定和提高欧元的国际地位产生了积极作用。

相比较而言，在交易和支付职能上，英镑和日元的占比远落后于美元和欧元。

2.2.2　金融市场交易币种结构

美元在金融市场交易中的占比逐渐下滑。欧元启动后，欧元区所有的资本市场、货币市场和衍生品市场都以欧元挂牌，金融市场进一步统一扩容。欧元的面世使欧元区内汇率风险消失，交易成本下降，买卖差价缩小，金融稳定性提高，金融市场广度、深度都得到了扩展。

根据国际清算银行统计，2018 年，欧元场外利率掉期市场的总市值为 3.7 万亿美元，而相应的美元市场规模仅为 1.8 万亿美元。如果从未清偿国际债券的余额来看，以欧元为面值的未清偿国际债券余额不断增长，而以美元和日元为面值的未清偿国际债券余额则相对下降。如图 2-1 所示为欧元、美元债券发行额及占国际债券发行额的比重。非银行借贷者提供的贷款总额中，分别以美元、欧元计价的贷款数量都有所上升，但以美元计价的贷款占主要份额。所以，欧元的竞争并没有从根本上改变美元的地位，美元仍然是国际债券市场上的主要融资货币。欧元区资本市场的广度、深度和流动性同美国相比，还有一定差距。美国证券市场不仅在规模上是欧洲市场之和的两倍左右，而且市场一体化程度也比欧元区高很多。从金融体系的发展程度来看，美元的竞争实力远远超过欧元。

2.2.3　国际储备币种结构

从世界范围看，美元国际储备货币地位持续下降，但仍是最主要的储备币种，欧元的比重呈现出波动性，在整个国际储备中黄金和 SDR 的比重上升。

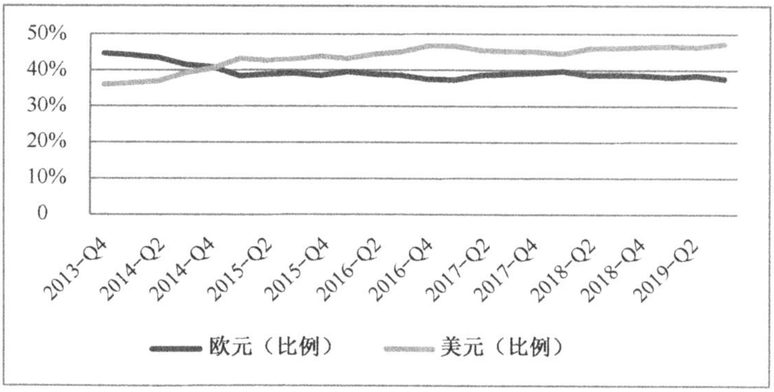

注：2000—2017 年为每年 12 月数据，2018 年为 3 月数据。

图 2-1　欧元、美元债券发行额及二者占国际债券发行额的比重（单位:百万美元）

资料来源：BIS Statistics Warehouse；

https://stats.bis.org/#ppq=SEC_OUTST_IDS_BY_CUR;pv=15~8~0,0,0~both；

https://stats.bis.org/statx/srs/table/e2?m=USD。

根据 IMF 统计的数据，欧元在全球外汇储备中所占的比重经历了一个由少变多再减少，而后又增加的过程，欧元比重由 1999 年的 13.86%增至 2004 年的约 17.48%，然后不断下降至 2013 年的 12.89%，随后逐渐增加到 2018 年的 19.44%。如表 2-4 所示为世界总体各种货币可识别官方外汇持有总额比重。与欧元建立联系汇率制的 50 多个国家的外汇储备大多是欧元。一些中东、亚洲及俄罗斯等国家和地区的中央银行着眼于实行储备货币多元化和减少汇率波动风险，考虑和着手调整外汇储备结构，将部分美元转为欧元。从 2016 年开始，人民币开始出现在全球外汇储备中，并逐年增长。

表 2-4　世界总体各种货币可识别官方外汇持有总额比重(%)

年份	1995年	1996年	1997年	1998年	1999年	2000年	2001年	2002年	2003年	2004年	2005年	2006年	2007年	2008年	2009年	2010年	2011年	2012年	2013年	2014年	2015年	2016年	2017年	2018年
美元	43.91	48.53	51.28	54.06	54.98	55.78	54.78	49.60	48.10	46.40	43.78	41.13	39.27	36.54	34.88	34.63	34.67	34.17	32.64	38.22	44.63	51.36	54.88	57.96
欧元	n/a	n/a	n/a	n/a	13.86	14.34	14.69	17.64	18.40	17.48	15.72	15.81	16.07	15.02	15.55	14.33	13.52	13.37	12.89	12.44	13.00	15.04	17.64	19.44
日元	5.04	5.25	4.55	4.87	4.93	4.76	3.86	3.69	3.25	3.03	2.61	2.19	1.95	1.99	1.63	2.04	2.00	2.27	2.04	2.08	2.55	3.11	4.29	4.89
瑞士法郎	0.25	0.24	0.27	0.26	0.18	0.21	0.19	0.30	0.17	0.12	0.10	0.11	0.10	0.08	0.06	0.07	0.04	0.12	0.14	0.14	0.18	0.13	0.16	0.14
英镑	1.57	2.10	2.03	2.08	2.24	2.16	2.07	2.18	2.10	2.47	2.47	2.86	2.97	2.42	2.39	2.19	2.12	2.25	2.12	2.17	3.20	3.41	3.97	4.16

续表

年份	1995年	1996年	1997年	1998年	1999年	2000年	2001年	2002年	2003年	2004年	2005年	2006年	2007年	2008年	2009年	2010年	2011年	2012年	2013年	2014年	2015年	2016年	2017年	2018年
人民币	n/a	n/a	n/a	n/a	n/a	n/a	n/a	n/a	n/a	n/a	n/a	n/a	n/a	n/a	n/a	n/a	n/a	n/a	n/a	n/a	n/a	0.84	1.08	1.78
其他币种	3.63	3.51	3.04	3.51	1.24	1.17	1.00	1.18	1.47	1.32	1.15	1.14	1.13	1.26	1.62	2.38	2.95	1.79	1.49	1.64	1.92	1.84	2.14	2.33

资料来源：IMF,Currency Composition of Official Foreign Exchange Reserves (COFER)。

http://data.imf.org/?sk=E6A5F467-C14B-4AA8-9F6D-5A09EC4E62A4&sId=1408243036575。

IMF 统计的发达经济体官方外汇储备中美元占比达到 50%以上，但其趋势是不断下降的。相反欧元、日元和英镑的比重相对稳定。如表 2-5 所示为发达经济体各种可识别官方外汇持有总额比重。

表 2-5　发达经济体各种可识别官方外汇持有总额比重（%）

年份	1995年	1996年	1997年	1998年	1999年	2000年	2001年	2002年	2003年	2004年	2005年	2006年	2007年	2008年	2009年	2010年	2011年	2012年	2013年	2014年	2015年
美元	44.25	51.58	54.99	60.39	62.76	63.31	63.42	58.79	59.05	59.21	60.54	59.79	58.26	58.99	56.72	56.74	58.58	55.46	54.92	56.67	57.55
欧元	n/a	n/a	n/a	n/a	16.28	16.72	17.09	20.69	20.44	20.27	18.73	19.70	21.67	20.72	22.34	21.03	19.86	21.69	22.10	20.18	19.30
日元	5.78	6.37	5.64	6.42	6.52	6.61	5.46	4.78	4.55	4.36	4.14	3.72	3.50	3.73	3.40	3.87	3.86	4.45	4.05	4.02	4.22
瑞士法郎	0.15	0.14	0.22	0.22	0.12	0.26	0.27	0.46	0.23	0.16	0.16	0.20	0.19	0.16	0.16	0.17	0.08	0.23	0.34	0.36	0.40
英镑	1.71	2.55	2.43	2.54	2.71	2.54	2.41	2.50	2.06	2.33	2.39	2.85	3.10	2.35	2.41	2.18	2.23	2.68	2.67	2.60	2.77
其他币种	4.74	4.68	4.06	4.84	1.51	1.35	1.24	1.46	1.85	1.90	1.74	1.82	2.09	2.39	2.51	3.74	4.19	2.67	2.23	2.42	2.37

注：IMF 网站数据截止到 2015 年，2015 年以后不再适用。

资料来源：IMF, Currency Composition of Official Foreign Exchange Reserves（COFER）。

如表 2-6 所示为新兴经济体和发展中国家各种可识别官方外汇持有总额。可以看出，美元在 1995—2001 年处于绝对主导地位，占总额的 40%以上，从 2001 年开始逐步降低，到 2013 年，美元资产储备已经下降到 21.72%。虽然 2014 年开始略有回升，但是相比 2000 年之前的占比，美元的绝对主导地位已经不复存在。美元资产的不断下降，首先反映了这些新兴经济体和发展中国家贸易对手国的不断多元化，其次反映了美元资产价值的下降，同时也反映出了欧元资产的储备基本稳中有降。

表 2-6　新兴经济体和发展中国家各种可识别官方外汇持有总额（%）

年份	1995年	1996年	1997每年	1998年	1999年	2000年	2001年	2002年	2003年	2004年	2005年	2006年	2007年	2008年	2009年	2010年	2011年	2012年	2013年	2014年	2015年
美元	43.22	42.83	45.03	43.53	41.61	42.87	41.20	35.67	32.52	30.39	28.06	26.91	28.27	24.84	23.43	23.35	22.48	23.21	21.72	28.96	29.13
欧元	n/a	n/a	n/a	n/a	9.70	10.27	10.93	13.01	15.49	14.00	12.90	12.84	12.83	12.05	11.99	10.91	10.28	9.09	8.39	8.56	7.87
日元	3.51	3.18	2.71	2.28	2.21	1.57	1.36	2.02	1.41	1.37	1.16	1.02	1.06	1.08	0.70	1.10	1.05	1.15	1.05	1.11	1.22
瑞士法郎	0.45	0.41	0.36	0.33	0.28	0.13	0.06	0.07	0.07	0.07	0.03	0.04	0.04	0.04	0.01	0.02	0.03	0.06	0.04	0.03	0.03
英镑	1.29	1.26	1.36	1.30	1.42	1.50	1.54	1.70	2.17	2.65	2.54	2.86	2.89	2.45	2.37	2.20	2.07	2.02	1.86	1.96	1.99
其他币种	1.34	1.32	1.33	1.31	0.77	0.86	0.64	0.75	0.93	0.61	0.59	0.62	0.57	0.67	1.15	1.68	2.32	1.33	1.12	1.24	1.27

注：IMF 网站数据截止到 2015 年，2015 年后不再适用。

资料来源：IMF, Currency Composition of Official Foreign Exchange Reserves（COFER）。

2.2.4　国际货币汇率制度

后牙买加体系的一个重要特征是汇率制度的多样化甚至极端化。总体而言，大多数发达国家（如美国、日本和欧元区）实行的是浮动汇率制度，而中国和其他许多发展中国家选择的是固定汇率制度（包括有管理的浮动汇率制度），拉丁美洲某些国家甚至直接美元化。按照 IMF 2018 年的分类，当前各国的汇率制度总体分为十类：无独立法定货币的汇率安排（Exchange Arrangements With No Separate Legal Tender）、货币局制度（Currency Board Arrangements）、传统盯住安排（Conventional Pegge Arrangements）、稳定化安排（Stabilized Arrangement）、爬行盯住（Crawling Peg）、类似爬行安排（Crawl-like Arrangement）、水平带盯住(Pegged Exchange Rate Within Horizontal Bands）、其他有管理的安排（Other Managed Arrangement）、浮动（Floating）、自由浮动（Free Floating）。

影响一国汇率制度选择的因素有很多。通常来说，经济规模较大的发达国家经济较为独立，资本管制较少，倾向于实行自由浮动汇率；而经济规模较小的发展中国家，往往经济结构较为单一，保护其内外部经济平衡的能力较弱，因此，为防止汇率变动对经济造成冲击，倾向于实行固定汇率。截至 2019 年，世界上采用自由浮动制度的国家和地区有欧盟、英国、美国、日本、加拿大、澳大利亚，甚至包括墨西哥。采用有管理浮动汇率的国家有印度、巴西、韩国、俄罗斯、南非。显然，中国的汇率安排相对保守。

2.2.5　后危机时代国际货币格局的启示

牙买加体系倡导的自由汇率及放松管制，给予了各国更多的自主权；但不断扩大的金融市场和不断增长的市场规模，也使国际投机活动不断升级，并埋下了危机隐患。事实证明，自牙买加体系建立以来，国际各主要货币汇率大幅波动，国际间资本加速流动，各国宏观经济失衡加剧，金融危机、货币动荡和经济失衡已经成为世界经济增长的严重阻碍。自 20 世纪 90 年代以来，各类金融危机频发，特别是发端于 2007 年美国次贷危机的国际金融危机，令世界经济遭遇数十年来最大的“寒流”；加之 2020 年新冠肺炎疫情全球肆虐，美国联邦储备系统（以下简称美联储）无上限的货币宽松政策，充分暴露了国际货币体系的诸多弊端。首先，作为储备货币的美元，其发行不受任何限制，美国几乎可以不受约束地向世界倾销其货币，但美元价值却因汇率的浮动而得不到保障。其次，现行国际货币体系是建立在维护少数发达国家利益基础上的制度安排，新兴经济体国家缺乏平等的参与权和决策权。美国在利用货币特权向其他国家征收铸币税的同时，又借助金融创新将风险扩散到全球，其他国家只能被动接受。最后，调节机制有一定的局限性。IMF 对美国和欧洲几乎不具备监督和约束的能力，从而无法保证主要国际货币币值的稳定，也不利于世界经济的稳定发展。

金融危机的频发引发了人们对现行国际货币体系的反思，尤其是美国为了刺激国内经济，连续启动量化宽松的货币政策，严重削弱了美元的国家信用。而中国、巴西、俄罗斯等新兴经济体经济发展迅速，国际地位日益提升，东亚、海湾、拉美等区域货币合作也取得不同程度的进展，从而促使越来越多的新兴国家呼吁稳步推进国际货币体系多元化，采取多种储备货币，构建相对稳定的汇率决定机制，维护世界金融市场安全。国际经济金融格局中各种力量的此消彼长为国际货币体系改革提供了难得的历史机遇。

根据 IMF 统计的数据，美元占可识别官方外汇持有总额的比重从 1995 年至今发生了较大的波动，从 20 世纪 90 年代中期到 2013 年，美元占可识别官方外汇持有总额比重不断下降，从最高的 55.78%下降至 2013 年的 32.64%，经历了比较大的跌幅。从 2013 年到 2018 年，美元占比又恢复到高水平，达到 57.96%。

如图 2-2 所示为美元占可识别官方外汇持有总额比重的变化。由图可知，美元在外汇交易中所占规模一直处于一个相对稳定的区间，而美元债券发行额占国际债券发行额的比重逐渐增长（见图 2-1）。在向非银行借贷者提供的贷款总额中，以美元计价的贷款近年来以较快的速度增加，且数额相比以欧元计价的贷款呈现出领先趋势。

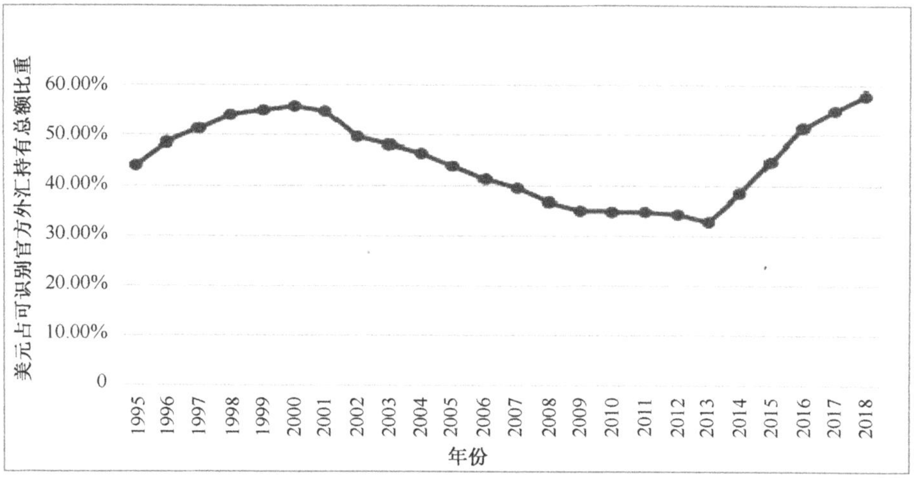

图 2-2　美元占可识别官方外汇持有总额比重的变化

2.3　未来国际货币体系的展望

1944 年的布雷顿森林体系的核心目标是培育经济和金融的稳定与发展，一定程度上使美元霸权彻底取代英镑。2008 年发端于美国的次贷危机引发了改革国际货币体系的呼声。回顾历史，我们发现，危机之后，国际经济、金融领域的改革都是按照美国方案推进的，因此美国学者的国际影响力和话语权十分强大。关于未来国际货币体系中会出现何种主导的国际货币，有三种观点：一是美元替代品，可能有 SDR、一揽子货币、回归金本位制、比特币、法定数字货币；二是非美元的主权国家货币，如人民币可能扮演更加重要的角色和地位，欧元可能获得较大的份额；三是主要国际储备货币继续依靠美元，但应加强国际经济金融政策合作，加强各国宏观审慎监管。

2.3.1　超主权货币方案

2009 年，时任中国人民银行行长周小川发表了《关于改革国际货币体系的思考》一文，主要从国际储备货币的地位思考，认为国际储备货币的币值首先应有一个稳定的基准和明确的发行规则以保证供给的有序；其次，国际储备货币的供给总量还应能及时、灵活地根据需求的变化进行增减调节；最后，这种调节必须超脱于任何一国的经济状况和利益。十年过去了，虽然关于提高 SDR 地位的呼声很大，但欧美发达国家对此反应冷淡。此外，我国外汇储备中的 SDR 2009 年增加 111 亿美元，2012—2014 年一直在减少，2015—2017 年开始增持。2015 年 6 月我国储备资产中 SDR 只有 105.46 亿美元，2019 年 4 月外汇储备中的 SDR 也只有 107.08 亿美元，增加很少，如表 2-7 所示。

表 2-7　中国国际收支平衡表中的外汇储备

单位：亿美元

年份	储备资产	货币黄金	SDR	在 IMF 的储备头寸	外汇储备	其他储备资产
1982 年	-42	0	1	0	-43	0
1983 年	-27	0	-1	-2	-19	-5
1984 年	5	0	-1	-1	7	0
1985 年	54	0	-1	-1	56	0
1986 年	17	0	-1	0	12	7
1987 年	-17	0	-1	-1	-15	-1
1988 年	-5	0	1	0	-4	-1
1989 年	-22	0	0	0	-22	-1
1990 年	-61	0	0	0	-55	-5
1991 年	-111	0	0	0	-106	-5
1992 年	21	0	2	-3	23	0
1993 年	-18	0	-1	1	-18	0
1994 年	-305	0	-1	-1	-304	0
1995 年	-225	0	0	-5	-220	0
1996 年	-317	0	0	-2	-315	0
1997 年	-357	0	0	-9	-349	0
1998 年	-64	0	-1	-13	-51	0
1999 年	-85	0	0	13	-97	0
2000 年	-105	0	-1	4	-109	0
2001 年	-473	0	-1	-7	-466	0
2002 年	-755	0	-1	-11	-742	0
2003 年	-1061	0	-1	-1	-1060	0

续表

年份	储备资产	货币黄金	特别提款权	在国际货币基金组织的储备头寸	外汇储备	其他储备资产
2004 年	-1901	0	-2	5	-1904	0
2005 年	-2506	0	0	19	-2526	0
2006 年	-2848	0	2	3	-2853	0
2007 年	-4607	0	-1	2	-4609	0
2008 年	-4795	0	0	-12	-4783	0
2009 年	-4003	-49	-111	-23	-3821	0
2010 年	-4717	0	-1	-21	-4696	0
2011 年	-3,878	0	5	-34	-3848	0
2012 年	-966	0	5	16	-987	0
2013 年	-4314	0	2	11	-4327	0
2014 年	-1178	0	1	10	-1188	0
2015 年	3429	0	-3	9	3423	0
2016 年	4437	0	3	-53	4487	0
2017 年	-915	0	-7	22	-930	0
2018 年	-189	0	0	-7	-182	0

数据来源：中国国际收支平衡表。

不仅如此，所有国家和国际组织持有的 SDR 变化也不大，如表 2-8 所示。可以看出，1959 年 SDR 提高较大，增加了 55%，1992 年比 1991 年提高 45%。但 2009 年以来提高不大，说明中国的倡议没有得到国际上的普遍认同。

表 2-8　1950—2016 年所有国家和组织持有的 SDR

年份	（SDR 记账单位）	年份	（SDR 记账单位）	年份	（SDR 记账单位）
1950 年	5533500000	1957 年	6763990000	1964 年	12608030000
1951 年	5730590000	1958 年	6740160000	1965 年	13620820000
1952 年	5682670000	1959 年	10459330000	1966 年	17695310000
1953 年	6229650000	1960 年	10948100000	1967 年	17748500000
1954 年	6181170000	1961 年	11545290000	1968 年	18928760000
1955 年	6114260000	1962 年	11590000000	1969 年	18830430000
1956 年	6089300000	1963 年	11714340000	1970 年	24485950000

续表

年份	（SDR 记账单位）	年份	（SDR 记账单位）	年份	（SDR 记账单位）
1971 年	23599590000	1987 年	96155570000	2003 年	211399639851.00
1972 年	23558450000	1988 年	93120650000	2004 年	213070432584.00
1973 年	23891260000	1989 年	90298120000	2005 年	213353979525.00
1974 年	25752590000	1990 年	91286350000	2006 年	209041177978.00
1975 年	28734500000	1991 年	92571180000	2007 年	209623178022.00
1976 年	30759860000	1992 年	134588305000.00	2008 年	209791425850.00
1977 年	32364890000	1993 年	140284425000.00	2009 年	218539901168.00
1978 年	40823230000	1994 年	141648949616.00	2010 年	233043952997.00
1979 年	39112400000	1995 年	145506806017.00	2011 年	261075607872.00
1980 年	55448620000	1996 年	143386708042.00	2012 年	267992611780.00
1981 年	58976100000	1997 年	144744336276.00	2013 年	271969597076.00
1982 年	62683320000	1998 年	149407951936.00	2014 年	269126264548.00
1983 年	91099560000	1999 年	206472119267.00	2015 年	260834212388.00
1984 年	95336040000	2000 年	206331658619.00	2016 年	475506394261.00
1985 年	97513580000	2001 年	209032375035.00		
1986 年	98487600000	2002 年	210270540061.00		

数据来源：国际货币基金组织。

虽然 SDR 存在问题，但是 IMF 的 Alfred Kammer (2017)提出了几种 SDR，获得了 IMF 的认同。

一是官方 SDR（Official SDR，O-SDR），是由 IMF 官方分配的 SDR，仅由指定官方部门持有。O-SDR 的好处是降低了对储备的预防性需求，便于外部调整，降低了储备发行者的政策风险。但是，O-SDR 在实施过程中面临的挑战有无目标的流动性分配和道德风险。

二是市场 (Market SDR，M-SDR)，是指市场上以 SDR 计价的金融工具。M-SDR 不牵涉 O-SDR，可随时由任何一方持有和发行，无论私人还是官方部门，无须 IMF 批准，且发行利率、结算货币也由发行方决定。M-SDR 的好处是分散收益，降低了汇率和利率风险，降低了储备发行者的政策风险。但是，M-SDR 在实施中的挑战有不充足的规模和流动性、落后的生态系统、篮子挑战风险。

三是记账 SDR（Unit-SDR，U-SDR），将 SDR 作为记账单位，其好处是在国际交易中价格稳定，强化了贸易对汇率的调整，平滑了估值变化。

2.3.2 储备货币多元化方案

2008 年金融危机以来，人民币加速了国际化进程。一些学者认为，中国方案的核心是储备货币多元化，而不是超主权货币方案。尤其是随着人民币加入 SDR，这种趋势更加明显。IMF 和日本一桥大学的 Akira Ariyoshi (2017)总结了国际使用主权国家货币的问题，包括可能面临的汇率管制、汇率变化的不可预测、发行国银行体系失灵及依赖发行国的货币政策等具体如表 2-9 所示。

表 2-9 主权国家货币国际使用面临的问题

特点	国内机制	国际使用的潜在问题
普遍接受性	主权保证强制执行；网络外部性	可能的汇率管制；可能的大范围信誉丧失
价值稳定	货币政策价格稳定； 银行监管	汇率波动（实际回报率的差异和不可预测性）
准入和流动性	银行监管；最后贷款人；直升机“撒钱”（财政政策）	对发行国的准入；银行体系；可能的系统失灵；提供对国际用户的最终贷款人功能
长期供给	货币供给增长支持经济增长	依赖发行国的货币政策

资料来源：Akira Ariyoshi (2017)。

关于国际货币体系如何保证国际货币的使用，Akira Ariyoshi (2017)给出了一个框架，如表 2-10 所示。他认为现有框架能保证国际货币使用的因素主要有自由兑换、汇率稳定、发行国经济金融稳定、处理美元份额下降等。

表 2-10 国际货币体系如何保证国际货币的使用

特点	布雷顿森林体系	多元国际货币体系（美元主导）	
		确保功能的机制	需要的机构/系统支持
普遍接受性	经常账户；可兑换行；黄金支持（IMF 条款）	作为主权货币的一般可接受性； 完全可兑换	避免可兑换的限制

续表

特点	布雷顿森林体系	多元国际货币体系（美元主导）	
		确保功能的机制	需要的机构/系统支持
价值稳定	美元钉住黄金；各国货币钉住美元-调整钉住；要求 IMF 批准	市场纪律；发行机构自身利益	避免双边汇率过度波动；防止竞争性贬值
准入和流动性	资本项目管制；经常账户赤字和有限借贷；BOP 危机时向 IMF 借款	通过全球金融体系市场开放	保持对国际和美国银行体系的准入；维护发行国和全球金融市场的稳定；提供最终贷款人功能
长期供给	依靠美国 BOP 赤字（"特里芬"两难问题）	（相对）国家货币政策	处理美国经济规模相对于国际用途的下降

资料来源：Akira Ariyoshi (2017)。

一些经济学家认为，由于国际储备货币单一造成国际货币体系脆弱，导致国际流动性短缺，产生了过度特权，过度的资本流动诱发了储备货币发行国较弱的财政纪律。他们建议从二元货币体系过渡到三元货币体系。

IMF 的 Camilo E. Tovar 和 Tania Mohd Nor (2018)研究了未来国际货币体系从美元、欧元的二元体系到美元、人民币和欧元的三级体系，估计在未来全球 GDP 中，美元体系占 40%，人民币体系占 30%，欧元占 20%。未来决定人民币成为国际货币的主要因素包括中国的经济规模（最主要的影响因素）、经常账户盈余（可能与推进人民币国际使用负相关）和中国债务（阻止了人民币的扩张）。

2.3.3　危机过后的主流方案

目前，国际学术界主流学者和 IMF 认为，引发金融危机的核心原因是过度储蓄、安全资产过度需求、过度的金融弹性。因此，改革国际货币体系应从各国货币互换、宏观审慎监管、维护金融稳定的角度展开。

第一个比较流行的观点是过度储蓄（Excess Saving）。现有的国际货币体系不能防止破坏性的经常账户失衡，因此产生了趋势性的安全资产结构性不足，即超额储蓄和对安全资产的超额需求（Excess Saving and Excess Demand for Safe Assets）。即在债权国家和债务国家存在调整的不对称，给予国际货币体系通货紧缩或收缩的偏好（Deflationary or Contractionary Bias to the System）：债务人紧缩开支，而债权人没有压力减少盈余。其类似于 Keynes (1941)的观点。

第二个流行的观点是安全资产过度需求（Excess Demand for Safe Assets）。现有的国际货币体系放大了安全资产的不足，其产生了巨大的保护性对外汇储备的需求。 Fahrietal (2011)和 Landau (2013)认为其又强化了美元作为世界主要储备货币的地位，由于各个国家建立过度的预防性余额，因此产生了潜在的通货紧缩力量。该理论虽然也强调国内财政状况的可持续性，但最终强调经常账户的中心地位。

第三个主要观点是 Claudio Borio (2014)提出过度财务弹性观点（Excess Financial Elasticity）。认为现有的国际货币体系扩大了国内政策过度金融弹性，恶化了防止金融不平衡的能力，产生了一种特大型金融周期（Outsize Financial Cycles），导致严重的金融危机和宏观错配，不能克服金融体系的顺周期性。过度金融弹性观点重点在金融而不是经常账户失衡，认为是体系的持续扩张而不是收缩性偏倚（Contractionary Bias），不能调整国内政策和国际政策合作产生的风险。

危机之后各国政策层面的共识是目前的国际货币体系是建立在不可持续的经常账户失衡基础上的，因此经常账户失衡成为 G20 讨论的重点。BIS 报告认为，现有国际货币体系主要的不足是恶化了国内货币政策的脆弱性与财务框架（金融制度），即提高了财政失衡的风险。就是说不可持续的信贷和资产泡沫过度扩张了资产负债表，导致金融危机和严重的宏观经济损害。而这种不平衡如果同时发生在大经济体，需要从全球货币政策宽松和跨境融资获得力量。换个说法，这个体系展示了过度财务弹性（Excess Financial Elasticity）。主要包括如下因素：一是主要货币（美元）超越了民族国家；二是汇率有限的绝缘性，因此在利率政策设计上应防止与主要货币国家（如美国）过大的利差；三是穿越国界和货币全球流动的金融资本产生巨大的波动，改变了全球金融生态条件。为此，解决方案是调整国内货币政策框架，加强国际合作，需要超越本位主义（Going Beyond the Own-House-in-Order Doctrine）。

表 2-11 展示了国际货币体系的过去与现在。

表 2-11　国际货币体系的过去与现在

	布雷顿森林体系	现　在
货币锚	外部：最终是黄金	内部：国内任务（例如价格稳定）
汇率	固定但可以调整	混合（中心浮动）
主要货币	事实上是美元	美元主导（较少排他）
资本流动	有限制	混合（较宽的中心无限制）

资料来源： BIS　Annual Economic Report ，28 June 2015。

Jaime Caruana (2015)也认为，现有的国际货币体系不能防止金融不平衡在国内和国际的积累，流动性超越国界溢出导致金融不平衡，因此中央银行的货币政策要考虑金融稳定，内部化各种政策相互作用，加强国际合作。

目前看来，修补方案似乎是主流，提出主张包括：一是调整本国各个领域一揽子政策，包括货币政策、宏观审慎和税收政策；二是维护地球村秩序，事实上内在化个别国家政策的外部性。

第3章

货币国际化的国际经验

总结主要国际货币国际化的经验和演变历程，可为人民币的跨境使用和进一步国际化提供经验及借鉴。尽管各主要货币实现国际化的过程各有特点，导致货币国际化并没有一套完整、具体的模式可以参照，但通过比较各主要货币国际化的历史经验，分析其共同点和不同点，我们仍可归纳总结出货币国际化的重要规律。本章3.1节分析了世界主要货币的国际化过程，3.2节研究了货币国际化的主要经验，3.3节专门介绍了离岸金融市场的发展经验与启示。

3.1 世界主要货币的国际化过程

在国际货币体系的演变中，不同时期不同国际货币体系的特点迥异，并对货币国际化路径产生了重大影响。从历史维度看，英镑和美元分别是金本位制体系和布雷顿森林体系中的支柱货币，这与金本位制体系和布雷顿森林体系的制度安排相适应；日元、欧元则在《牙买加协议》签订后的世界经济中发挥着越来越重要的作用。从现实维度看，在现有国际货币体系下，英镑、美元、欧元、日元占据着全球外汇储备的主导地位，并在外汇交易中发挥着决定性作用。综合上述两个维度，本书梳理了这四种货币的国际化路径和特点，最后对SDR和超主权储备货币的产生和演进过程进行了阐述。

3.1.1 英镑金本位制体系的兴衰

1. 英镑国际化经历的阶段

英镑是最早登上历史舞台的国际化货币。在金本位制体系下，英镑依靠殖民地扩张和对外贸易，一跃成为全球的核心储备和结算货币，并在19世纪中期达到鼎盛阶段。随着英国国力的衰败，第二次世界大战后英镑逐渐回归为一般的国际化货币，但在英联邦等国家和地区依然发挥着重要的作用。具体而言，英镑国际化经历了三个阶段。

1）第一阶段——地位强盛阶段（19 世纪初至 19 世纪 70 年代）

在正式采用金本位制体系后的半个多世纪内，英国的生产力得到迅速发展，综合国力不断增强。一方面，英国通过巨额的贸易顺差积累了大量的黄金储备；另一方面，伦敦位居当时的世界贸易和金融中心，因贸易顺差回流英国的资金又通过伦敦的金融活动成为对外投融资的资金来源。英格兰银行通过当时广为流行的以英镑计价的票据贴现，控制着国际汇兑，在实际上操纵和领导着国际金本位制系统。英镑在国际上的地位达到鼎盛时期，与黄金拥有同等地位。

2）第二阶段——地位削弱阶段（19 世纪 70 年代至 20 世纪 30 年代）

英国的强盛地位在 1873—1896 年的欧洲经济大萧条中逐渐削弱，英镑的地位也随之开始动摇。1914 年第一次世界大战爆发，各帝国主义国家为准备战争，掠夺大量的国内外黄金，使得金本位制体系被迫中断，各国货币币值变化无常。为了缓解浮动汇率风险，包括英国在内的主要资本主义国家相继建立起金块本位制体系。然而，在恢复金本位制体系的过程中，由于英镑被严重高估，导致英国的国际收支困难，黄金大量流失，英国经济因此遭受了致命的打击。到了 1931 年，英格兰银行再也无法承诺英镑与黄金的兑换，不得不宣布放弃金本位制体系。从此，英镑称霸世界的时代一去不复返。

3）第三阶段——回归普通国际货币阶段（20 世纪 30 年代至今）

第二次世界大战以后，美元取代了英镑的地位。但英镑并没有完全退出国际货币舞台，而是仍作为一种重要的国际货币，在国际经贸中特别是在英联邦国家中扮演着重要角色。而且，伦敦仍然是重要的国际金融中心之一。

2. 英镑实现国际化的条件

从上述发展历程可以得出，英镑实现国际化的条件主要包括以下两个。

1）英国的殖民地扩张是英镑实现国际化的基本条件

工业革命的完成大大提升了英国的经济实力，并促使其寻找和开拓国外市场，从而为英镑走出国门，在全世界实现其国际货币配置资源的功能提供了基本条件。

2）金本位制的国际货币体系是英镑实现国际化的推动力

英国是最早实行金本位制的国家。1816 年，英国颁布《金本位制度法案》，并于 1819 年正式采用金本位制。在英国强大的经济金融实力的影响下，其后的半个多世纪中，世界各主要工业国相继采用了金本位制体系。而拥有当时全球最多黄金储备的英国，通过在海外的扩张，令英镑在国内、殖民地及全球范围内大量流通，成为当时唯一与黄金拥有同等地位的兑现纸币。英镑在国际范围内成为黄金的替代物，并伴随着黄金在世界范围内的使用实现了其国际化的目标。

3.1.2 美元霸权地位的建立

1. 美元国际化的发展阶段

第二次世界大战后，布雷顿森林体系建立，该体系将美元与黄金挂钩，实现了美元成为国际核心货币的目标。在美元国际化过程中，美国政府发挥了重要作用。至今，美元依托美国世界超级大国的地位，依然在现有的国际货币体系下发挥着核心货币的作用。具体而言，美元国际化的演变也可以分为三个阶段。

1）第一阶段——成长阶段（18 世纪中期至 20 世纪 30 年代）

18 世纪下半叶，伴随着货币体系的统一和科技水平的提高，美国的经济实力迅速提升。但是，渐趋衰落的英镑在国际货币体系中仍处于核心地位，国际贸易结算和官方储备都以英镑为主。因此，在第一次世界大战爆发之前，美元的地位一直没有超过英镑。

2）第二阶段——鼎盛阶段（20 世纪 30 年代至 20 世纪 70 年代）

在 20 世纪的前 40 年里，靠战争发财的美国拥有了大量资金和黄金，其经济实力进一步增强。1944 年，布雷顿森林体系的确立，标志着美国正式从英国手里接管了世界经济的主导权，为美元达到国际化的最高程度奠定了法律和制度基础。同时，第二次世界大战后的世界经济金融环境也为美元国际化创造了诸多有利条件：一是美国允许美元可自由兑换和跨境流动，这与实行严格外汇管制的欧洲国家形成鲜明对照；二是美国经济的持续发展和低通货膨胀率使美元成为全球范围内的硬通货，而同期的欧洲各国则处在物资奇缺带来的高通胀阶段；三是“马歇尔计划”和“道奇计划”等政策的实施，使得美元资本大量流入欧洲和日本，并取代了英镑，确立了资本输出第一货币的地位；四是跨国银行的迅速发展，使得在任何地方均可以便利地兑换美元或以美元兑换其他货币。美元因此在世界范围内大量流通并被广泛地作为计价单位。美元取代英镑成为世界主导货币，达到鼎盛阶段。

3）第三阶段——继续发展阶段（20 世纪 70 年代至今）

布雷顿森林体系崩溃之后，各国为了规避储备资产的风险，纷纷改变了把国际清偿力寄托于单一国家货币的做法，国际货币体系开始出现多元化。美元的国际地位有所下降，尤其是 2008 年国际金融危机的发生，使得美元的霸权地位进一步受到削弱。但毋庸置疑，美元仍然占据着国际货币体系的核心地位。一是美元仍是国际贸易和国际金融市场的主要计价货币和交易媒介。对大多数国际贸易来说，美元仍然是主要计价单位，特别是石油、粮食、黄金等初级产品贸易目前依然主要以美元支付。二是美元仍是重要的价值储存货币。根据 IMF 数据，截至 2019 年年末，美元占全球外汇储备的比例为 60%左右，位居第一，依然占据着外汇储备的主导地位。

2. 美元国际化的条件

单纯从经济金融视角看，美元实现国际化的条件主要包括以下四个。

1）强大的经济实力是美元实现国际化的基础条件

在两次世界大战之间，美国实现了从世界头号工业大国向世界头号经济大国的转变。战争极大地刺激了国内外市场对美国产品的需求，美国的工农业生产能力得到了充分发挥。与此同时，英国的国力则呈现显著的衰落态势。美元替代英镑成为核心货币的背后，是美国和英国经济实力的较量。

2）两次世界大战的爆发是美元实现国际化的重大契机

两次世界大战的爆发，令远离主战场的美元成为最安全、币值最稳定的国际货币。第一次世界大战爆发之后，由于大部分欧洲国家货币价值不稳定，而且存在外汇管制和汇率低估，使得按固定价格保持与黄金兑换的美元更具吸引力，国际贸易更多以美元计价，以减少交易风险。第二次世界大战爆发之后，欧洲各国元气大伤，而美国经济高速增长，二者的反差使得美元在国际储备货币中所占的比例持续攀升。

3）布雷顿森林体系是美元实现国际化的制度安排

1944 年，布雷顿森林体系的确立，在制度安排上为美元核心国际货币地位的确立开辟了道路。该体系通过“双挂钩”模式，确立了美元执行类似于古典金本位制体系下黄金所执行的功能。美元成了黄金的“等价物”，各国货币只有通过美元才能同黄金发生关系。从此，美元成了国际货币体系中的核心货币。

4）境外美元离岸金融市场的发展，极大地促进了美元的国际化进程

美元离岸金融市场（欧洲美元市场）是“冷战”和规避美国金融监管的产物。它的存在，一方面令美元在国际贸易和投资中能够更加便利地充当交易和结算货币；另一方面在客观上为美国兼顾国内经济政策目标和美元国际化提供了空间。

3.1.3 日元国际化的曲折道路

布雷顿森林体系崩溃后，日本经济的持续高速发展为日元国际化奠定了坚实的基础。但在日元国际化的进程中，日本政府的宏观经济政策出现失误，同时，日元国际化的策略过于强调以保护国内金融体系为前提，导致日本经济陷入“迷失的十年”。经济实力的下降及政策不当，导致日元国际化进展缓慢。日元国际化的曲折道路给人民币的跨境使用带来了诸多启示。

1. 日元国际化的发展阶段

日元国际化大致经历了以下四个阶段。

1）第一阶段——起步阶段（1970—1979 年）

20 世纪 70 年代后期，日本经常项目收支顺差急剧增加，日元兑美元汇率升值，日本在资本交易自由化及国内金融自由化方面面临的压力增大；同时，世界各国对日元的需求也大幅增加。在国内外呼吁日元国际化的背景下，1978 年 12 月，日本大藏省提出了“正视日元国际化，使日元和德国马克一起发挥国际通货部分补充机能”的方针，并采取了“大幅度放松欧洲日元债发行方面的限制”和“促进日元在太平洋地区流通”等政策措施。

在此阶段，日元成为 IMF 的 SDR“一篮子”货币；尼日利亚、沙特阿拉伯、马来西亚等国开始将日元作为外汇储备货币之一；国际金融机构和外国政府发行日元计价的债券增多；日本政府和银行开始向发展中国家发放日元贷款，在进出口贸易中试行日元计价。

2）第二阶段——被动推进阶段（1980—1997 年）

20 世纪 80 年代至 90 年代初，是日元国际化的第二阶段。这一阶段的标志性文件有日本大藏省于 1980 年 12 月颁布的新《外汇法》、1984 年大藏省发布的《日元美元委员会报告书》和 1985 年外汇审议局发表的《关于日元的国际化》等。这些文件的出台，使“日元国际化”被正式提上议事日程，日本国内和国际社会对日元国际化的关注出现了一个新的高潮，日元国际化程度达到鼎盛阶段。

1990 年，在日本进口和出口额中，按日元结算的比重分别为 14.5%和 37.5%，较 1980 年分别提高了 12.1%和 8.1%；在世界各国的外汇储备中，日元的比重升至 8.0%，超过了英镑 3.0%的比重。但在此阶段，随着日本对西方各国贸易顺差的持续扩大，日元面临的升值压力不断增加，导致了 1985 年 9 月旨在降低美元兑日元和欧洲货币比价的广场协议的签署。

3）第三阶段——以区域化推动日元国际化发展阶段（1997—2000 年）

从 20 世纪 90 年代开始，由于日本经济陷入停滞，日元国际化处于明显衰落的状态。国际贸易中按日元结算的比重、各国外汇储备中的日元比重及银行对外资产中日元资产的比重，均出现了不同幅度的下降。针对这些问题，日本重新审视了日元国际化的战略方针，决定将日元区域化作为其新的战略重点，开始谋求其在亚洲地区的经济领导地位，对亚洲货币体系的建立表现出极大的热情。但由于日本与其他亚洲国家在经济发展阶段、历史文化上存在着不协调，日本政府利用区域化推动日元国际化的策略并不太成功。

4）第四阶段——日元套利交易推动阶段（2000 年以后）

经历“迷失的十年”后，进入 21 世纪的日本经济依然疲弱。对此，日本政府调整了振兴经济的策略，放弃了以财政政策为主、货币政策为辅的刺激政策，改行以货币政策为主、财政政策为辅的政策来刺激经济复苏。日本中央银行不断降息，直至货币市场利率已降至接近零利率的极限；后又改为运用量化宽松手段，通过扩大中央银行的资产负债表来实行宽松的货币政策。在资金充裕、成本极低、日本国内又缺乏投资机会的情况下，部分金融机构和日本国民借入大量的日元，在境外市场寻觅套利机会。这种套利交易令日元在外汇市场上的交易量不断增加，从而间接推进了日元交易媒介职能的国际化进程。

2. 日元国际化的条件

从日元国际化的发展历程看，可以得出日元实现其国际化的条件主要包括以下几个。

1）日本经济的持续、高速、稳定增长是日元实现国际化的基础条件

第二次世界大战后，日本经济实力持续增强。日本的年均经济增长率在 1955—1970 年 15 年间达到 9.6%，并在 20 世纪 70 年代初成为世界第二经济大国。日本国际地位和影响力的大幅上升，为日元国际化奠定了坚实的经济基础。

2）布雷顿森林体系的解体是日元实现国际化的推动力

1973 年第一次石油危机的爆发，导致布雷顿森林体系彻底崩溃，各国货币

转向浮动汇率制，黄金与美元的脱钩使得多元化的国际储备成为现实。而日元凭借日本迅速壮大的经济实力，在国际货币体系中崭露头角；同时，日元持续大幅升值，作为国际硬通货的地位不断上升，国际货币市场对日元的需求持续增加。应该说，布雷顿森林体系的解体加快了日元国际化的步伐。

3）资本管制的逐渐放松是日元实现国际化的重要保障

在 20 世纪 80 年代之前，日本资本自由化的程度较低，日本的《外汇法》对其国内外市场进行了分割，限制了日本国内和海外之间的金融交易。1980 年 12 月，日本政府修改了《外汇法》，日元经常项目基本上实现了可兑换，对日元资本项目的可兑换也由原则上限制兑换过渡为原则上放开管制。日元国际化在资本管制逐渐放松的基础上得以有序发展。

Junko Shimizu (2017)认为，日元国际化和人民币国际化也存在不同的战略路径，中国是在不放弃资本账户管制的情况下推进人民币国际化，而日本是渐进地在其国内制度变革的同时进行日元国际化。如表 3-1 所示为日元和人民币国际化路径的比较。

表 3-1　日元和人民币国际化路径比较

人民币国际化路径	日元国际化路径
2009 年起，与各国签订双边货币互换协议	1960 年，对非居民开放日元账户
2009 年人民币贸易结算试点； 离岸人民币市场	1980 年，《外汇和外贸管制法》修正案出台
与非美元货币直接人民币交易	1984 年取消真实需求
官方人民币结算银行	1988 年对《外汇和外贸管制法》进行进一步修正
快速、激进地推进国际化	渐进、次序地推进国际化
跨境贸易结算	可兑换和资本账户开放
人民币升值的强烈预期	日本经济长期停滞

资料来源：Junko Shimizu (2017)。

日元国际化不成功的原因主要包括：日本的外汇和资本账户自由化政策导致国际交易增加；外汇和资本账户自由化给日本公司提供了更多的操作和财务对称机会，规模较大的日本公司宁愿选择美元作为贸易结算货币，这些公司的亚洲子公司的出口只要目的地是美国，就选择美元计价，公司内部交易通过使用美元，可以很容易地将货币风险从亚洲子公司转移到总部（有效的货币风险管理）；20 世纪 90 年代的经济停滞阻碍了日元国际化。

3.1.4　欧元区域货币国际化的过程

1. 欧元的诞生

欧元的诞生是欧盟进行区域经济一体化后，区内各国协调与合作的成果，大约经历了半个世纪的历程，是货币国际化的一种独特模式。

1957 年 3 月 25 日，法国、德国、意大利、比利时、荷兰和卢森堡 6 国首脑和部长签署了《罗马条约》。该条约确立了欧共体的基本框架，确定了在欧洲建成共同市场的目标，并要求各成员国高度重视共同市场的经济、汇率及货币政策的协调，成了欧共体的纲领性文件。

1970 年 10 月，欧共体内部提案《维尔纳报告》获得通过，该提案首次以官方文件形式提出在欧洲实现单一货币的构想。虽然该提案当时因受货币危机、国际石油危机等的影响而未能完整实施，但为欧元的诞生确定了方向，成为后来欧共体及欧洲货币体系的建设蓝本。

在采用固定汇率制和以美元为主导货币的布雷顿森林体系崩溃后，欧洲各国努力促进一体化发展，减少对美元的依赖，加快了欧洲货币一体化的进程。1978 年 12 月，欧洲理事会通过了关于建立欧洲货币体系（European Monetary System，EMS）的《不来梅决议》。该体系创建了欧洲货币单位（European Currency Unit，ECU）和欧共体汇率机制。ECU 作为一种准货币，不仅可以作为欧共体成员国之间的计价单位，还可作为交易媒介和价值储藏手段，与成员国货币共同流通。欧共体汇率机制规定了各国货币之间的固定汇率，各国货币对美元实行联合浮动。

在一系列法规制度的制定和改进中，《马斯特里赫特条约》（以下简称《马约》）应运而生，确定了欧洲经济和货币联盟（Economic and Monetary Union of the European Union，EMU）的详细方案。该方案将 ECU 作为准平行货币，进一步扩大了其使用范围，并提出要加快金融市场一体化进程，加强财政政策、货币政策、汇率政策的配合。它不仅再次确立了分三阶段实施 EMU 的时间表，而且第一次宣布欧洲人最终要结成政治联盟，并对此做了前所未有的详尽规定，成为欧共体建成的里程碑式纲领。这一系列及时且完善的制度体系有效地保证了欧洲一体化建设的成功，也为欧洲货币体系的建成铺平了道路。

2. 欧元区建立的三个阶段

按照欧洲货币一体化的发展程度，欧元区的建立可以分为以下三个阶段。

1）第一阶段——执行共同的汇率机制时期（1958—1978 年）

1958 年，欧洲各国货币在经常项目下实现了完全可兑换。这时，各国货币之间汇率波动过大的问题浮出了水面（根据布雷顿森林体系的规定，最高可能达到 4%）。为解决这一问题，欧洲各国签订了《欧洲货币协定》。《欧洲货币协定》规定，欧洲各国货币与美元的汇率波动由布雷顿森林体系规定的 1%降低至 0.75%。

到 20 世纪 60 年代后半期，美国的通货膨胀率不断攀升。此时，布雷顿森林体系受到冲击，各国与美元汇率的浮动范围也由 2%扩大到《史密森协定》中规定的 4.5%。为应对这一变化导致的欧洲各国货币之间 9%的汇率波动，欧洲各国采取了“隧道浮动”的方法。1972 年，欧洲委员会的决议和欧洲共同体各中央银行签订的《巴塞尔协议》规定，欧共体各国货币与美元的浮动范围为±2.25%。上述措施在布雷顿森林体系下的实施效果并不理想，但是为欧洲各国的货币合作打下了基础。

2）第二阶段——建立 EMS 时期（1979—1990 年）

欧洲货币合作的实质性进展是从 1970 年 10 月推出的《维尔纳报告》开始的。该报告要求逐步缩小欧共体各成员国货币汇率波动的幅度，建立货币储备共同基金，促进资本自由流动，创建欧共体内部计价单位——欧洲计算单位（European Unit of Account，EUA）。尽管由于 20 世纪 70 年代初期的各种经济混乱，EUA 最终未能得以实行，但是该报告的思想为欧元的诞生确定了方向。

1978 年 12 月，欧洲理事会通过了关于建立 EMS 协定的《不来梅决议》。EMS 最主要的内容就是创建 ECU 和欧共体国家之间的汇率机制。实践证明，EMS 的运作为欧元的诞生积累了宝贵的经验，并使欧共体各国间自由贸易不断扩大，促进了欧共体各国的经济增长。

3）第三阶段——欧元正式诞生（1990 年至今）

在这一阶段的前期，欧共体密集出台了多项政策保证 EMU 的实现。一是 1989 年 6 月通过了《关于欧共体经济和货币联盟的报告》，决定从 1990 年 7 月 1 日起分三个阶段实施 EMU；二是 1992 年签署了《马斯特里赫特条约》，确定了 EMU 的详细方案；三是 1994 年成立了欧洲货币机构，并于 1998 年组建了欧洲中央银行，为 ECU 的平稳运行及结构政策和地区政策的协调确立了组织上的保证。

1999 年 1 月 1 日欧元启动，但设有两年的过渡时间。在过渡期间，欧元仍只是一种记账货币，与成员国货币同时流通。直到 2002 年 3 月欧元才全面进入流通领域，正式成为唯一的非主权国家的单一货币。

从欧洲货币合作的发展历程可以看出，欧洲货币合作遵循的是由计价单位向 EUA 再向 ECU 的渐进发展路径，最后达到了实行统一的区域货币制度——欧元的目标。目前看来，欧元已成为最重要的国际货币之一。据统计，在全球外汇储备中，欧元所占比重已从 1999 年的 14.0%上升到 2019 年年底的 20.54%。但是，由于国际中心货币的惯性以及欧元区政治、经济、军事等方面的综合实力仍弱于美国，使得欧元始终处于落后于美元的位置。

可以说，欧元是欧元区各国政府之间基于共同的政治、经济利益和相近的文化背景进行经济政策协调的产物。欧元背后拥有欧元区各国巨大的经济贸易总量，是目前世界上最成功、最有影响力的超越国家主权流通的货币，对其他区域货币的形成极具参考价值。欧元是完全按照“时间表”规划推进的；作为信用货币，欧元的国际化进程也是最短的——其从诞生之初就作为一种国际货币而存在。但由于欧元区各国政府普遍存在的“搭便车心理”，从而加剧了欧元的震荡，减弱了其作为全球核心货币的地位，尤其是欧元区债务危机的爆发直接显示出欧元货币体系存在的这一内在缺陷。目前，欧元区各国的财政政策无法与货币政策有效匹配：一方面，欧洲中央银行作为欧元区唯一的货币发行当局和货币政策当局，负责制定欧元区货币政策，并确定相应的欧元发行规模和节奏；而另一方面，却有 16 家独立的财政政策当局在制定只针对本国的财政政策，规划本国的预算赤字。当财政政策与货币政策不一致时，能够短期刺激本国经济发展的财政政策必然要凌驾于欧元统一的货币政策之上。例如，欧元区创立之初所设立的 3%的财政赤字红线和 60%的债务目标，被各国缓缓突破，其约束力荡然无存。

截至 2018 年年末，虽然欧元稳固地保持了国际货币体系中第二大国际货币的角色，但无论从国际债务（美元 62.2%、欧元 23.4%）、国际贷款（美元 56.3%、欧元 23.2%）、外汇周转（美元 43.8%、欧元 15.7%）还是外汇储备（美元 62.7%、欧元 20.1%）看，作为全球第二大国际货币的欧元较美元的差距都很大。欧元只是在全球支付货币（美元 39.9%、欧元 35.7%）方面接近美元。

3.1.5　超主权储备货币：特别提款权的国际化探索

当一国货币成为全世界初级产品定价货币、贸易结算货币和储备货币后，国际货币体系必然会面对“特里芬难题”。布雷顿森林体系建立后，美元成为全球主要结算和储备货币，为解决“特里芬难题”引发的流动性不足等问题，IMF 创设了超主权货币单位——SDR。但受使用范围和分配机制的制约，SDR 并未能充分发挥作用，因而需要进一步探索和完善包括 SDR 在内的超主权储备货币制度。本节介绍了 SDR 的创立背景和发展过程，并针对 SDR 发展中遇到的障碍提出了相关建议。

1. SDR 的设立

1）SDR 创立的背景

1960 年，美国耶鲁大学教授特里芬提出了著名的“特里芬难题”，即“依靠一国或少数国家的货币组成主要国际储备货币，并以此来确保国际货币体系的运行，这样的体系是不健全的、脆弱的”。在这种情况下，要么国际储备的增长无法保证，要么人们对储备货币的信心丧失，最终都将导致该体系的崩溃。而第二次世界大战后建立的布雷顿森林体系是典型的以单一主权货币作为国际储备货币的国际货币体系，因而不可避免地遇到了“特里芬难题”。人们对以美元为中心的国际货币体系产生了质疑，包括 IMF 在内的国际组织、各国政要、金融官员及一大批学者提议建立国际储备资产。这个任务的执行落在了 IMF 的头上。

1967 年 9 月，IMF 理事会通过了《基于基金组织特别提款权的融资便利纲要》，并督促执行董事会着手修订《国际货币基金组织协定》。从 1968 年 4 月到 1969 年 7 月，经过执行董事会、理事会及各成员国的批准，修订后的《国际货币基金组织协定》正式生效，并最终在 1969 年 8 月推出了 SDR。

2）SDR 的发展进程

SDR 的发展可以从“货币篮子及其定值的变化和 SDR 的分配两个方面进行阐述。

（1）货币篮子及其定值的变化。

SDR 自 1969 年创设以来，作为其定制标准的“货币篮子”经历了四个阶段。

第一阶段——单一货币篮子阶段（1969—1974 年）。第一个货币篮子实际上只有美元。在创立之初，SDR 的价值等于 0.888671 盎司的黄金，这恰好与 1 美元等值，因此当时也将 SDR 称作“纸黄金”。但在 20 世纪 60 年代末 70 年代初，美元开始泛滥，美元兑黄金不断贬值，西方主要国家的货币纷纷与美元脱钩，SDR 用黄金定值的基础不复存在。

第二阶段——16 种货币组成“贸易货币篮子”(1974—1980 年)。为保证 SDR 作为储备资产稳定的购买力，IMF 决定 SDR 与黄金脱钩，改以“一篮子”货币作为 SDR 定价的基础。当时入选“货币篮子”的货币标准是截至 1972 年的前 5 年中，在世界商品和劳务出口总额中占 1%以上的成员国的货币。根据这个标准，美元、马克、日元、法国法郎、英镑、意大利里拉、荷兰盾、加元、比利时法郎、瑞士克朗、澳元、丹麦克朗、西班牙比塞塔、挪威克朗、奥地利先令、南非兰特 16 国货币入选。这就是 SDR 发展历程中的第二个货币篮子——“贸易货币篮子”。

第三阶段——5 种货币组成“可自由使用货币篮子”(1980—2001 年)。1980 年 9 月 18 日，为简化 SDR 的定值方法和便利利率的计算，IMF 宣布将 SDR 货币篮子简化为 5 种最大的“可自由使用的货币”。“可自由使用的货币”的标准是在国际支付中广泛使用；在主要外汇市场上广泛交易。当时最大的 5 种货币是美元、德国马克、法国法郎、日元和英镑。这个货币篮子称作“可自由使用货币篮子”。

第四阶段——4 种货币组成“可自由使用的货币或联盟货币”(2001 年至今)。1999 年欧元启动，德国马克和法国法郎并入欧元。IMF 执行董事会把货币联盟的货币纳入“可自由使用的货币”范围内，并决定 SDR 的货币篮子由美元、欧元、日元和英镑四种货币组成。2015 年 11 月 30 日，IMF 主席拉加德宣布将人民币纳入 IMF 的 SDR 货币篮子，决议于 2016 年 10 月 1 日生效。对于各种货币在 SDR 中的权重，IMF 每 5 年进行一次调整，以反映世界经济发展的变化。从 1981 年开始，SDR 货币篮子中各种货币的权重如表 3-2 所示。截至 2019 年 5 月，IMF SDR 的最新权重为美元 41.73%、欧元 30.93%、人民币 10.92%、日元 8.33%、英镑 8.09%。

表 3-2 SDR 货币篮子中各种货币的权重（1981—2019 年）

单位：%

年份 / 币种	1981—1985 年	1986—1990 年	1991—1995 年	1996—2000 年	2001—2005 年	2006—2010 年	2011—2016 年	2019 年
美元	42	42	40	39	45	44	41.9	41.73
欧元	n/a	n/a	n/a	n/a	29	34	37.4	30.93
马克	19	19	21	21	n/a	n/a	n/a	n/a
法郎	13	13	11	11	n/a	n/a	n/a	n/a

续表

币种＼年份	1981—1985年	1986—1990年	1991—1995年	1996—2000年	2001—2005年	2006—2010年	2011—2016年	2019年
日元	13	13	17	18	15	11	11.3	8.33
英镑	13	13	11	11	11	11	9.4	8.09
人民币	n/a	n/a	n/a	n/a	n/a	n/a	n/a	10.92

资料来源：IMF, Currency Weights in SDR Basket。

（2）SDR 的分配。

SDR 的分配过程就是 SDR 的创造与供给过程，有两种分配方式。一种是周期性分配，IMF 根据世界经济发展的实际情况，每隔一段时期（5 年）决定是否对 SDR 进行分配。另一种是特殊分配。例如，1997 年 9 月，IMF 理事会决定对《国际货币基金组织协定》进行第四次修改以增发 SDR，不过直至目前，这一方案仍没有达到 85%以上的投票。

SDR 从创立到现在，共进行过两轮周期性分配。一次是在 20 世纪 70 年代初，IMF 分别在 1970 年、1971 年、1972 年分三次共分配了 93 亿 SDR；另外一次是在 1980 年前后，到 1981 年，IMF 将 SDR 的数量提高到了 214 亿 SDR。不过在此后近 30 年里，IMF 再也没有分配过 SDR，致使 SDR 在全球储备货币中的比例越来越低。

2. SDR 发展过程中遇到的障碍

SDR 主要存在以下两个问题。

1）用途有限

SDR 只在官方机构之间使用，本身无内在价值，是一种单纯依靠 IMF 机构信用而流通的资产，因此，人们对它的接受程度不高。

2）分配机制不合理

SDR 在分配上的不合理体现在两个方面。一是分配数量不足。从 SDR 创立之初到现在只分配了两次，总计金额不过 214 亿多单位的 SDR，与庞大的国际经济往来所需要的资金相比，这一数额根本微不足道。二是分配结构不合理。SDR 的分配主要以各国的份额作为依据。从表 3-3 来看，30 个发达经济体占据了 SDR 分配总额的近 70%，且其持有的 SDR 明显大于其分配比例；而发展中国家仅占 SDR 分配总额的 30%，其持有的 SDR 由于小于其分配比例，不得不向发达国家支付一定的利息。

表 3-3　SDR 的持有与分配（2009 年 3 月 31 日）

国家类型	SDR 分配	SDR 持有
发达国家	69%	76%
其中：美国	23%	32%
发展中国家	31%	24%

资料来源：IMF, General and Special SDR Allocations。

超主权储备货币的探索由来已久。20 世纪 40 年代在“凯恩斯计划”中就曾提出采用 30 种有代表性的商品作为定值基础建立国际货币单位“Bancor”的设想；而早在布雷顿森林体系的缺陷暴露之初，IMF 就创设了 SDR，以缓解主权货币作为储备货币的内在风险。但由于分配机制和使用范围上的限制，SDR 的作用至今没有能够得到充分发挥。

2007 年美国次贷危机的爆发和蔓延，反映出以美元作为国际货币体系单一主权储备货币的缺陷。为解决当前国际货币体系的突出问题，各国政府和经济学家纷纷再次将研究视角聚焦于超主权储备货币。时任中国人民银行行长周小川于 2009 年发表了《关于改革国际货币体系的思考》一文，提出了拓宽 SDR 使用范围，进一步完善分配机制，各国的部分外汇储备由 IMF 负责管理，最终逐步用 SDR 替换现有储备货币的建议。该文章在国际上引起了巨大的反响，使用超主权货币作为储备货币成为改革国际货币体系的一个选项。

3.2　货币国际化的主要经验

前述四种货币国际化的历史经验告诉我们：第一，货币实现国际化需满足一定的前提条件，其中最主要的是货币在持有使用上具备比较优势，并能维持非居民对该货币的信心；第二，货币具备实现国际化的必要条件并不代表货币国际化一定能取得成功；第三，货币实现国际化没有固定的路径和模式可循，欧元的国际化尤其独特；第四，货币国际化产生的效应也不尽相同，单从货币三大职能跨境扩展的角度来看，英镑、美元、欧元的国际化比较成功，而日元的国际化过程则比较曲折。

3.2.1　货币国际化的实现条件

四种货币国际化历史的共同点可归纳为：货币需在持有使用成本、风险和收益方面具备竞争优势，才有发展成为国际货币的可能。具体来说，货币国际化的实现条件主要包括以下六点。

1. 货币发行地具备稳定的政治环境

正如蒙代尔所说，“强有力的政治力量创造了强有力的货币”。政治稳定是实现货币国际化的重要前提，是货币信心的重要来源。长期政局稳定是前文四种国际化货币发行地共同具备的特征。单从英镑、美元国际化的历史来看，货币发行国成为国际政治体系的核心是该国货币成为国际核心货币的前提。这是因为，要建立和维护货币的核心地位，货币发行国需要具有压倒其他强国的政治影响力和政治议价能力，而只有处于国际政治体系核心的国家才有这样的实力。

2. 货币发行地具备较强的经贸实力

首先，货币发行地需具备较大的经济贸易规模。根据理论研究，经济贸易规模越大，货币越被交易对手所熟知，货币被用作计价单位的可能性就越大。特别是同质化的国际初级产品交易，一般选择个别交易量最大的地区作为交易中心，并选择该地货币作为计价货币，以降低交易成本。前文四种货币国际化的进程也印证了上述观点：英国在工业革命前后已成为国际贸易中心；美国在第二次世界大战后一直是世界经济、贸易和金融中心，目前世界上初级产品交易大多使用美元计价。根据 2006 年的数据，美国、欧盟、日本、英国的 GDP 占全球 GDP 的比重分别为 27.3%、21.9%、9.1%和 5.0%，可见经济规模与货币国际化的程度有密切的联系（Thimann，2008）。

其次，在推进货币国际化期间，货币发行地需保持较高的经济增长率。经济增长速度快，表明该地投资机会多，投资回报率高，以本币定价的金融资产对非居民的吸引力也就更高；另外，经济增长快，货币存在升值的潜力，也会提高货币对非居民的吸引力。这一点可以从日元的国际化历程中得到印证。

最后，货币发行地需要具备较先进的经贸结构。按照交易计价货币选择理论，发达国家与发展中国家之间的贸易，倾向于采用发达国家的货币作为计价结算货币；发达国家之间的贸易，则倾向于采用产品销售地的货币计价。因此，假如货币发行地具备先进的生产水平，其出口到较落后地区的产品使用本币结算的可能性就会较大。前文四种货币发行地的产业结构比较先进，产品结构以具竞争力的差异化产品居多，因此其出口企业在对外贸易议价中争取以本币计价的能力较强。例如，2002—2004 年，在美国的出口产品中，高达 95%是以美元计价的；相反，日本的出口产品以市场竞争激烈的电子产品为主，出口地主要为欧美地区，因此日本企业争取以日元计价的议价能力就显得不足，因此 2002—2004 年，在日本的出口产品中，只有 41%是以日元计价的（Takatoshi，2010）。

3. 货币具备稳定的价值

由于货币的对外价值（汇率）涉及外币购买力的相对变动，因此所谓“货币具备稳定的价值”专指货币对内价值保持稳定，即货币发行地需保持稳定且较低的通货膨胀率，以确保货币币值稳定。

根据货币理论，稳定的币值是货币成为计价、交易、储藏手段的关键因素。因为交易货币若存在较高且波动的通货膨胀率，将增加交易信息确认和有效计算商品与金融资产买卖价的成本。换言之，较高的通货膨胀率将模糊价格的信息，使其难以准确传递价格信号，令交易者难以区分价格变动是供求引发的还是通胀引发的。例如，在 19 世纪，英国以其庞大的黄金储备确保了英镑是当时世界唯一可与黄金完全自由兑换的货币，从而确保了英镑币值的稳定，这是英镑实现货币国际化的关键。

币值稳定是货币国际化的核心前提条件。在当今国际货币体系下，国际化货币基本都采用浮动汇率，在汇率浮动的同时能保持币值相对稳定的货币会在国际货币竞争中取得优势。

4. 货币发行地具备发达开放的金融体系

货币要充当国际货币，其发行地的金融体系需要具备一个有广度（可供交易的金融产品较多）和深度（发达的二级市场）、相对较高收益和相对不受管制的金融体系，才能使货币为非居民所持有，使用该货币提供的短期流动性和长期资本，增加其使用该货币的需求。例如，19 世纪下半叶，英国作为世界金融中心，其发达便利的贸易票据贴现市场成为英镑实现其国际核心货币地位的重要条件；相反，日本国内的金融市场比较封闭，交易限制较多，交易活动不活跃，因而大大限制了日元国际化的进程。

5. 货币发行地当局不反对货币国际化

在条件成熟、风险可控的前提下，推进货币国际化对货币发行国来说是利大于弊的。但在西方国家，中央银行的货币政策或多或少受选民意向的影响，倾向于专注解决选民关注的国内经济问题。因此，从历史上看，并不是所有满足条件的国家（地区）政府当局均热衷于将其货币国际化，部分国家（地区）甚至采取了限制措施。在政府部门限制其货币国际化的情况下，货币国际化就难以实现。例如，瑞士一直采取限制瑞士法郎国际化的做法，以避免对其发达的国际金融业务造成冲击。

6. 货币发行地获得经贸伙伴的支持和配合

货币国际化是货币发行地与世界各地互动的结果。国际货币之间存在着既合作又竞争的复杂关系。货币发行地与其主要贸易伙伴国（地区）的货币假如存在竞争关系，会大大增加其货币国际化的难度。从前文四种货币实现国际化的进程来看，获得经贸关系密切的伙伴国支持从而为其国际化提供互动平台，是一个重要的条件。例如，19 世纪下半叶英镑国际核心货币地位的取得，与德国仿效英国采用金本位制有密切的关系；第二次世界大战后，美元也是在取得西欧国家对其核心地位的支持后，才取代英镑成为国际核心货币的；在非欧盟成员的欧洲国家与欧盟的贸易中，目前大部分使用欧元交易；而日元的国际化原本打算通过日本与亚洲国家紧密的经贸关系来推进，但由于亚洲各国经济、金融发展水平的差异和历史文化等原因，对日元的国际化普遍持比较冷淡的态度，从而增加了日元国际化的困难。

3.2.2 货币国际化的路径选择

满足上述货币国际化六个前提条件的货币，就具备了实现国际化的潜力，但要将非居民对货币的潜在需求转化为现实，则货币发行地还需要建立便利、高效和具有吸引力的货币流出和回流机制，以满足非居民的需求。下文主要从货币国际化的路径安排角度对前文四种货币国际化的进程进行比较分析。

1. 货币国际化流出/流入路径的安排

在英镑、美元、欧元和日元这四种货币国际化过程中，对货币流出/流入的路径安排可分为三类。

1）国际货币体系的制度安排路径——英镑、美元

英镑和美元实现国际化，主要是国际货币体系制度安排的结果，在这种制度安排下，英国和美国承担的是类似世界中央银行的角色。

英镑在 19 世纪、美元在第二次世界大战后的做法正是如此。19 世纪英国的做法是：一方面，向海外殖民地输出英镑资本，借助伦敦国际金融中心的地位，

通过对海外的直接投资和贸易融资输出英镑；另一方面，输出的英镑又通过工业设备等产品的出口或殖民地非居民债务人在伦敦的存款来实现回流和国际收支平衡。同样，美国通过对欧洲的“马歇尔计划”和对日本的“道奇计划”进行资本输出，取代英国成为资本输出第一大国，并通过美国工业品对欧洲、日本的出口实现美元回流。

2）区域货币整合路径——欧元

欧元国际化的历史脉络可追溯至 1971 年布雷顿森林体系的解体。布雷顿森林体系解体后，为应对汇率波动对经济的冲击，欧洲各国努力促进一体化发展，减少对美元的依赖，加快欧洲货币一体化的进程。从 1978 年欧洲货币体系建立，到 1999 年欧元正式启动，再到 2002 年欧元正式流通，欧盟通过区域合作实现了货币整合。欧元的国际化是非常独特的——其从诞生之日起就取得了国际化的地位。对欧洲大国（如德国、法国）来说，欧元的国际化其实是把这些国家原主权货币跨境流入/流出路径“接管”成为欧元的流入/流出路径，并通过金融市场整合的规模效应扩大欧元在国际上的流通。而对欧盟中货币国际化程度较低的国家来说，欧元的推出实际上使其搭上了货币国际化的“便车”。

3）以经常项目和政府贷款为主渠道推动货币国际化——日本

日元国际化战略以同时推进日元在资本项目和经常项目的国际化为目标，但在实际操作中，为保护日本的金融业，维护日本金融市场的稳定，日本政府主要通过向发展中国家发放日元贷款、提供日元援助来输出日元，同时在进出口贸易中试行日元计价的方式来推进日元国际化，并在日元国际化的初期取得了一定的成效。

但此后，日本政府对资本项目和金融市场的封闭，限制了日元国际化的进一步发展。日本在推进资本项目日元国际化时，虽出台了一系列放宽资本项目管制、开放金融市场的措施，但实际上其金融业仍比较封闭，正如第 2 章所述，在日元国际化进程中，日本政府担心日元国际化将对其国内金融体系和金融市场造成过大的负面冲击，因而在设计推进资本项目日元国际化政策措施时，主要以推动欧洲日元交易自由化为主，走单一、功能性的货币国际化道路，竭力限定日元国际化的内外分割，以隔离日元国际化对国内金融体系和金融市场的负面影响。从日元国际化的成果来看，日本金融市场相对封闭落后限制了日元的跨境流动，也限制了日元国际化的进展。

分析比较四种主要货币国际化的路径，可知货币国际化的路径分为两大类：一是以资本和金融为主渠道推动货币国际化（英镑、美元、欧元），二是以经常项目为主渠道（日元）推动货币国际化。前者成效比后者大。这是因为，货币的跨境流动和货币的国际化，其本质上是一种金融现象。在国际化的初期，贸易进出口的结算需求能够带动货币跨境使用的快速发展，但从长期看，缺乏金融领域的支持将使货币国际化的发展后继乏力。

2. 货币职能跨境扩张的模式比较

在四种货币国际化进程中，货币职能跨境扩张的模式主要有以下两种。

1）超级大国模式——英镑和美元

英镑、美元货币职能的扩张模式称为超级大国模式。在这种模式下，货币发行地利用其在政治、经济、军事、贸易和金融领域的绝对领先地位，在货币三大职能跨境扩张上均处于国际货币体系的核心地位，在带有天然垄断性质的货币职能环节，如在交易媒介和国际储备职能上，超级大国货币的领先地位尤为显著。

回顾19世纪英镑国际化的历史，英镑主要是通过其国际贸易金融的超级大国地位累积黄金储备，确保英镑可自由兑换黄金这一模式来获得国际化货币地位的。一方面，英国通过武力开拓势力范围，在其殖民地和附属国推行英镑的流通，从而推进英镑国际化；另一方面，通过伦敦的英镑贸易融资和票据贴现业务，控制着国际金融活动。从19世纪下半叶起，英镑在计价单位、交易媒介和价值储藏手段上同时实现了货币职能的跨境扩展。因此，与其说是英镑实现了国际化，还不如说是世界各国自发选择了可自由兑换黄金的英镑作为核心货币。

第二次世界大战对欧洲的经济金融体系造成了严重破坏，西欧国家急需进行战后重建，对资本项目实行管制，金融市场的限制比美国多。因此，第二次世界大战后美国在经济、军事、贸易和金融方面得以迅速发展，成为超级大国，“美元和黄金一样好”成为共识。美元作为国际计价单位、交易媒介和价值储藏手段，全面超越了英镑成为核心货币。在美国的主导下，体现美国利益的布雷顿森林体系的成立进一步从制度上确立了美元的核心地位，也使美元作为主要国际储备手段的地位进一步得以强化。布雷顿森林体系对各国货币对美元挂钩的规定，间接成为对其他货币国际化的约束。例如，发展中国家的货币多为不可兑换货币，其汇率多与美元挂钩，那么在发展中国家之间、发展中国家与发达国家之间的涉外交易中，为方便套算汇率进行报价，美元自然占据了计价货币的主导地位。在货币计价职能上，国际大宗商品交易（如石油、黄金）主要以美元计价；在交易媒介上，2006年年底，外汇市场上美元的交易量占比43.2%，是排在第一位的主要交易工具货币，远高于排第二位的欧元（占比为 18.5%）；在价值储藏手段方面，2006 年年底，美元在国际储备中的份额为 64.7%，远远高于其他国际化货币。

2）货币职能不平衡的跨境扩张——欧元和日元

欧元启动的初期效应其实是降低原欧洲主权货币在履行国际货币职能中的比重。这是因为，欧元启动后，原欧洲国家之间的交易和储备不再是国际交易和国际储备。因此，在 1999—2000 年，美元在国际储备中的比重反而轻微上升。但在此之后，欧洲市场的整合提高了欧元的议价力和吸引力，欧元在履行国际货币职能中的比重逐步回升至欧元启动前的平均水平，在个别环节，欧元甚至超越美元。

但整体来看，欧元货币职能的扩张并不平衡。其中，比较欧元启动前后其履行国际货币职能在各国的平均比重可知，欧元作为贸易计价手段，其比重有所上升，特别是在欧盟与其中、东欧各国的贸易交易中比重升幅尤为显著。此外，受惠于非欧盟欧洲国家的发债需求，在国际债券市场，欧元作为计价手段其比重已超越美元。2006 年年末，以欧元计价的国际债券余额占市场总额的 47%，而美元为 36%。但在交易媒介和价值储藏手段上，欧元的发展则比较缓慢，相比美元仍远远落后。在交易媒介手段方面，以外汇市场交易量为指标，2006 年年底，美元交易量占比为 43.2%，欧元为 18.5%，而欧元启动前的 1989 年 4 月，仅德国马克和 ECU 的交易就已占 13.7%。在价值储藏手段上，2007 年年底，欧元的离岸存款占欧元存款市场的不到 10%，而美元的离岸存款已占美元存款市场的 25%；2006 年年底，欧元在国际储备中的份额为 25.8%，而在 1990 年，德国马克和法国法郎在国际储备中的份额合计为 21.8%。

日元在货币职能跨境扩张上呈现发展不平衡、进展缓慢（甚至倒退）的两大特点。首先，日元的三大货币职能在跨境扩张上发展并不平衡。日元在交易计价中的使用比例比在交易媒介和价值储藏手段中的使用比例高。在履行计价职能方面，日元在贸易项目下用作计价结算的比例较在资本和金融项目下的比例高，且在出口项目下的使用比例比在进口项目下的使用比例高。2002—2004 年，在日本的出口贸易中，使用日元计价的占 40.1%，在进口贸易中占 23.8%（Takatoshi 等 2010）；1980—1989 年，在日本银行的对外贷款中，近 3/4 是用外币计价的；1983—1985 年，在外国对日本银行的资产要求权中，仅有 21.4%是以日元计价的。其次，日元在对外贸易项目下扩展其计价结算职能的进展也比较缓慢。1990 年，日元在出口和进口贸易中的计价比重分别为 37.5%和 14.4%。在交易媒介职能方面，2010 年，外汇市场上日元交易比例约为 9%，而 1989 年 4 月，外汇市场上日元交易的比例为 13.6%。在价值储藏手段职能上，2006 年年末，日元的离岸存款和非居民的日元存款占日元存款市场的比例不到 3%；2006 年年底，日元在国际储备中的比例为 3.2%，而在 1990 年该比例为 9.1%。

造成货币职能跨境不平衡扩张的原因有以下几个。首先，国际上同质化的商品和外汇市场交易倾向于围绕一至两种最为熟悉和广泛使用的货币进行计价结算，以降低相互报价的交易成本。在大部分货币汇率制度倾向围绕一种货币为“锚”的情况下，19 世纪的英镑和第二次世界大战后的美元成为上述市场的主要交易工具货币。其次，货币当局为稳定汇率，经常需要动用外汇储备在外汇市场上进行干预，其汇率所盯住的货币自然会成为外汇储备的一部分。最后，目前美国在国际金融市场上处于领先地位，其他地区的金融市场暂时难以与其竞争。因此，在货币职能的跨境扩张上，美元占有全面优势，其他货币要在这些方面超越美元，仍需长时间的努力。

3.2.3 货币国际化进程中的政府作用

货币国际化首先取决于政府对货币国际化的态度，政府不反对是货币国际化进程得以启动的前提。例如，英镑、美元、日元的国际化均得到了政府特定政策的支持，欧元的国际化则是在政府对货币国际化持不反对也不支持的立场下开展的。

在政府不反对货币国际化的情况下，政府推进货币国际化的力度和效果还取决于两方面：一是货币发行地政府在创造和维持该货币实现国际化必要条件方面所采取措施的力度和成效；二是在货币已满足实现国际化必要条件的基础上，货币发行地政府在国际范围内扩大其货币职能方面所采取措施的成效。

就第一方面而言，英镑、美元、欧元是在宏观政治经济形势比较稳定、资本项目已经开放和金融业比较成熟的前提下进行国际化的，它们的国际化可视为自然结果，政府没有出台专门针对货币国际化的特定措施。日本政府则由于对国内金融业的过度保护，在推进资本项目可兑换和国内金融市场对外开放方面进展缓慢。为降低资本项目和金融管制对日元国际化的负面影响，日本政府通过在境内设立离岸金融市场、渐进开放资本项目等多项针对性措施来协调资本项目管制和日元国际化之间的冲突。但由于日本采用“开大门、设小门”的做法，在名义上开放的资本项目上，设置了实际的准入限制——东京日元离岸市场在离岸业务和在岸业务之间存在严格限制，致使日元离岸市场的规模难以壮大，对推进日元国际化的成效也不显著。

就第二方面而言，国际间货币的竞争往往借助网络外部性和路径依赖取得竞争优势。在一种货币国际化的起步阶段，单靠本国的企业、银行去说服境外交易对手使用本币存在困难。因此，在货币国际化的起步阶段，本国政府在协助本币取得足以形成网络外部性和路径依赖的市场份额方面起着重要的作用，因此政府在推进本国货币国际化进程中，需要采取多方面的措施协助货币获取市场份额和取得优势地位，特别是利用国际货币体系改革的时机，确立本国货币的国际地位。美国通过布雷顿森林体系确立美元的地位就是一个例子。

1. 四种货币发行地政府的作用比较

从四种货币国际化的历史来看，政府可通过保持宏观政治经济稳定、培育金融中心、建立新金融产品市场、改善金融基础设施和放宽资金流动限制等措施吸引非居民投资本币金融产品市场，为货币国际化创造条件。但金融业和资本项目的放宽管制，在缺乏足够的风险防范措施和监管能力的情况下，反过来有可能对经济金融造成冲击，即有效推进货币国际化和金融稳定在一定程度上存在冲突，因此最好在资本项目开放、金融业发展成熟和金融监管有效的前提下推进货币国际化。英镑、美元、欧元的国际化均属此类。相比之下，日本政府在开放资本项目、放宽金融管制方面比较保守，某种程度上甚至出现“过度监管”的情况，从而限制了日元国际化的发展。自 1984 年起，日本政府出台了一系列开放资本项目管制和放宽金融管制的措施，以鼓励日元国际化，包括：在东京建立较自由的日元离岸市场；发展日元计价的大额银行承兑汇票二级市场，建立日元-美元汇率、欧洲日元利率的期货交易；逐步放宽非居民发行欧洲日元债券的条件；撤销非居民持有的居民发行的欧洲日元债券的利息税；允许外国银行进入欧洲日元市场；允许非居民发行欧洲日元商业票据等。但日本政府在开放资本项目的同时又设置了一系列的限制，严格要求商业银行境外负债与资产的币种必须匹配，加上烦琐的金融产品发行手续，使金融市场的发展受到限制，从而限制了日元的国际化进展。

此外，保持宏观经济稳定（低通胀、充分就业、财政平衡、国际收支平衡）也是货币实现国际化的重要前提。因此，四种货币发行地都把实现宏观经济政策的目标放在比货币国际化更优先的地位，并屡屡出现为实现宏观经济政策目标而在短期内对货币国际化产生负面影响的情况。例如，2008 年金融危机爆发，为保证美国国内的充分就业，美元对外贬值，在一定程度上削弱了美元作为国际核心货币的信用。在 19 世纪，英国也曾因国际收支失衡而对英镑的对外输出进行限制。短期来说，保持宏观经济稳定和货币国际化目标可能会产生冲突，但从长远来说，宏观经济政策目标的实现有利于货币国际化的推进。

2. 政府协助货币向外扩张的特殊作用

国际货币的使用具有网络外部性和使用惯性的特性。网络外部性是指国际货币的选择并不是由市场主体独立决定的，而是交易对手之间互动的结果。每个交易对手均要视其他交易对手的选择而做出自己的货币抉择，因此，交易对手越多地使用某种货币，就会吸引更多的市场主体去使用该货币。使用惯性是指一旦交易对手选定某一货币作为交易工具，短期内将难以改变，这是因为单个市场主体改变其货币选择决定是无用的，必须所有交易主体同时改变，才能打破对路径的依赖。

在网络外部性和使用惯性的作用下，在货币国际化的起步阶段，政府可通过主导国际货币体系的建设、区域货币合作、政府对外援助、对外贷款等方式，协助本国货币做大做强。以美国为例，第二次世界大战后建立的布雷顿森林体系，实际上是美国主导下的“不对称”货币体系，美元在其中享受超然的地位，其他国家只有维护美元稳定的义务。SDR 本来是要用来满足世界流动性需求的，但最后由于 SDR 缺乏认同，以及 SDR 在发达国家和发展中国家之间的分配不合理等原因，使美元成为最主要的储备货币。布雷顿森林体系建立了国际市场对美元的网络外部性。尽管受“特里芬难题”的影响，美元在布雷顿森林体系中的核心地位一直受到批评，其中包括著名的“戴高乐质疑”（这位法国总统在 20 世纪 60 年代一直批评美元在国际货币体系中的特权，并曾威胁将法国政府的美元储备全部兑换为黄金），但由于法国的主张没有得到其他大国的附和，美国又拉拢其盟友不断对布雷顿森林体系进行修补，从而在使用惯性的作用下，使问题诸多的布雷顿森林体系一直维持至 1973 年。其中便彰显了政府的作用。其后的牙买加体系中，美元的霸主地位同样得以维持，可见网络外部性和使用惯性在国际货币体系中的重要性。

欧元的诞生和投入使用是打破使用惯性的一个典范：通过欧盟各国的协商，达成协议约束各国行为，并同时变更计价结算货币，从而成功实现了欧洲货币的整合。

3.3　离岸金融市场的发展经验与启示

离岸金融市场是国际金融市场发展的高级阶段，并对各主要货币的国际化起到了一定的推动作用，故有必要对其发展脉络进行总结归纳。

离岸金融市场产生于 20 世纪 50 年代，最初的形式是欧洲美元。第二次世界大战后，“马歇尔计划”使大量美元流入西欧，同时苏联和东欧各国为了避免朝鲜战争中美国冻结中国在美国存款的教训，纷纷把其存在美国的资产调离美国，主要存放在英国伦敦和法国巴黎。这便是欧洲美元的雏形。

1957 年英国发生英镑危机，英国政府加强了外汇管制，禁止本国商业银行用本币对非英镑区居民之间的贸易进行融资，英国商业银行纷纷吸存美元并向国际贸易商发放贷款。伦敦开始出现一个在美国境外经营美元存放款业务的资金市场，即欧洲美元市场。

20 世纪 50 年代末至 60 年代末，离岸金融市场之所以在西欧得到迅速发展，原因有三个：一是 1958 年年底，一些西欧国家恢复了经常项下货币可兑换，令美元可在西欧地区进行一定程度的自由买卖；二是从 1958 年起，美国国际收支逆差逐渐扩大，获得盈余的国家把剩余的美元资金存入欧洲美元市场收取利息；三是美国政府为控制 1958 年后不断扩大的国际收支赤字而对在岸金融采取了诸多管制措施（1963 年 7 月美国政府开征“利息平衡税”，1965 年美国政府为了应对日益严重的国际支付危机，颁发了《自愿限制对外贷款指导方针》，1968 年又在此基础上颁发了《国外直接投资规则》，使上述指导性措施成为强制性措施），使得美国企业和金融机构将资金由国内调往欧洲市场。这三个重要因素推动了离岸金融市场即欧洲货币市场的启动和发展。这一时期，欧洲货币市场借贷币种的多元化开始形成，除美元外，还有德国马克、瑞士法郎、英镑、法国法郎、意大利里拉等；欧洲货币业务除伦敦外，在巴黎、法兰克福、卢森堡等地也蓬勃发展，欧洲货币市场在西欧地区初具规模。

20 世纪 60 年代后期至 70 年代末，离岸金融市场迅速扩展到发展中国家。国际经济发生的一系列重要变化，促进了离岸金融市场的进一步发展。20 世纪 70 年代，美国国际收支连年恶化，两次石油危机引发的油价飙升造成原油输出国巨额贸易顺差。1974 年美国政府取消利息平衡税，允许银行跨国经营，加上发展中国家积极利用外资等因素，使得欧洲货币市场以一种超常的速度在全球发展开来，规模不断扩张，逐渐向发展中国家和地区扩散，中国香港、新加坡、巴哈马等20多个离岸金融市场在这个时期相继成立。

20世纪80年代是离岸金融市场的重要突破时期。这一时期，离岸金融市场的模式结构和地理分布发生了重大变化。离岸银行业务对银行业和金融中心的积极作用促使美国于1981年12月开设国际银行业设施；日本于1986年12月建立东京离岸金融市场。至此，离岸金融市场具备了全球性质。离岸金融市场的模式出现一体型、分离型、簿记型和渗透型并存的多元化结构，如以伦敦、香港为代表的一体型模式，以纽约、东京为代表的内外分离型模式，以巴哈马、开曼群岛为代表的簿记型模式，以及以新加坡为代表的渗透型模式。世界离岸金融市场的资产从1977年的8896亿美元增长到1985年的29840亿美元，年增长率为29.4%。

进入20世纪90年代，由于各国境内金融的自由化、衍生金融产品的出现及国际社会对离岸金融风险监管的加强，全球离岸金融市场的发展步入调整期。整个90年代离岸金融市场的年均增长率只有6.4%，低于整个国际金融市场7.0%的平均发展速度，而且离岸市场在整个金融市场中的占比逐渐下降，离岸金融市场相对衰弱的趋势凸显。

2000年以来，国际离岸金融市场在加强监管中稳步发展。进入21世纪，离岸金融中心的逃税和洗钱问题日益严重，尤其自“9·11”事件以来，对离岸金融市场的监管又多了一层反恐色彩，各国均加大了对通过洗钱为非法金融及恐怖活动融资的打击力度，这给离岸金融市场，特别是簿记型金融市场的发展带来了巨大的压力。但全球离岸金融业没有因为监管的强化而停滞不前，反而在加强监管中稳步前进。例如，泽西、格恩西岛在避税港型离岸金融市场中以监管严厉著称，而二者2004年的资产增长率分别为12%、22%。总体来看，全球离岸金融业务自2000年以来一直处于上升趋势。

总之，离岸金融市场的发展一方面受金融市场自身发展规律的制约，另一方面又与特定时期的国际经济金融环境及各国政府对离岸金融市场的监管态度密切相关，有其特殊性。

总结历史经验，离岸金融市场的发展与以下六个因素相关。

3.3.1 货币发行地的经济实力

离岸金融市场的出现与货币发行地经济实力的变化存在密切关系。经济实力决定金融实力，只有在国际经济活动中占有一定分量的经济体，其货币才能在国际范围内被广泛持有使用，才有机会发展离岸金融市场。20世纪50年代形成的欧洲美元市场，正是美国在第二次世界大战后经济超级大国地位的反映：1946 年，美国的工业产值占全世界的 50%左右；1950 年美国的 GDP 是英国、法国和联国三国之和的两倍以上。由于西欧各国依赖美国援助的进口物资进行重建，欧洲各国对美元的渴求是促成欧洲美元市场出现的原因之一。

20 世纪 80 年代日元离岸金融市场的建立和发展，也是以第二次世界大战后日本经济的高速发展为基础的：1946—1973 年，日本经济以年均 8%的速度增长，到 1973 年，其经济总量已从 1950 年的世界第六跃居至世界第二。

即使是较小型经济体建立的离岸金融中心，也必须依附于货币发行地的经济实力才能形成和发展。典型例子包括新加坡和中国香港地区的美元离岸市场，其发展是以当时美国在亚洲地区国际贸易及其结算活动的主导地位为基础的。

3.3.2　货币因素

能在离岸金融市场进行交易的货币，一般来说有三种类型：一是领导货币，即国际货币体系中的核心货币，如美元；二是主要国际化货币，即币值相对稳定且可自由兑换的货币，如欧元；三是强势货币，即属于不完全可兑换货币，但因具备升值潜力而被非居民持有的货币，如 20 世纪 70 年代在欧洲日元市场中使用的日元（1984 年日元基本实现了资本项目可兑换）。

从离岸金融市场的发展与其采用的交易货币之间的关系也可看出，货币具备国际化的持有使用需求是离岸金融市场发展的重要前提。另外，推动货币国际化的一个重要因素是货币的使用网络和使用惯性。在这方面，离岸金融市场的确起到了推动具备国际化需求的货币在非居民之间持有使用的作用。

3.3.3　需要具备一定的金融市场发展基础

离岸金融市场是国际金融市场发展的高级阶段，通常是在国际（地区）金融中心的基础上发展起来的。

对货币发行地来说，必须先有在岸的国际金融中心才能发展货币的离岸金融中心，因为在岸市场始终是离岸市场资金的最终来源。例如，当日元离岸金融市场在 1986 年成立时，东京已经成为一个国际金融中心。早在 20 世纪 70 年代经济起飞的同时，日本当局已开始对外开放其资本市场，并放宽对国际金融业务的操作限制。1973—1977 年，日本的资本流出平均每年为 51 亿美元；1978—1982 年，日本的资本流出增加至平均每年 181 亿美元。其外资的流入则从平均每年 15 亿美元，增加至平均每年 89 亿美元，在日本设立分支机构的外国银行数目，由 1970 年的 45 家增加至 76 家。

对非货币发行地来说，离岸金融市场也只在国际（地区）金融中心的基础上发展。例如，欧洲美元市场的发展，离不开伦敦作为国际金融中心的支持。即使如新加坡和中国香港这类小型新兴经济体，在建立当地的离岸美元金融市场前，也已经是区域性（亚洲地区）的金融中心了。

离岸金融市场须依托国际（地区）金融中心作为发展基础，是因为离岸金融市场对市场基础设施的要求相当高。金融市场基础设施包括金融人才、技术设施、法律制度、信息流通及金融网络等。其中金融人才和信息流通是最重要的基础设施。通常情况下，只有国际（地区）金融中心的金融基础设施才能满足离岸金融市场的交易需要。

3.3.4　金融监管因素

1. 从市场所在地角度分析

短期来看，市场所在地相对宽松的金融监管体系对促进离岸金融市场的发展起到了一定的推动作用。例如，伦敦离岸美元市场之所以能够迅速发展，与当时英国政府对离岸金融业务的正面态度有关。20 世纪 50 年代，英国为了稳定英镑汇率，禁止对不涉及英国的国际贸易进行英镑融资，但对以美元进行的交易则持宽松的态度。这种态度与当时欧洲大陆地区对离岸美元业务的怀疑和限制态度相反，从而令欧洲美元业务得以在伦敦金融中心迅速发展。

长期来看，市场所在地的金融监管因素对离岸金融市场的发展影响并不大，最多也就是令市场所在地的竞争优势（劣势）更加突出，而真正能推动离岸金融市场发展的长期动力仍然是由经济实力、货币和市场基础设施因素决定的市场需求。伦敦金融中心离岸美元市场业务的发展，离不开英国政府的支持，但起决定作用的还是其自身所具有的欧洲其他地区无法超越的优越条件。

2. 从货币发行地角度分析

离岸金融市场的发展要求货币发行地大量向外输出货币，并承担货币在外流通和跨境流动的风险，因此并非所有货币发行地均支持其货币成为离岸金融市场的交易货币。货币当局对离岸金融市场的态度对离岸金融市场的产生和发展也有影响，若货币发行当局对离岸金融市场采取“封杀”的立场，则离岸金融市场无从谈起。正如 20 世纪 60 年代，在德国马克存在升值潜力、市场需求殷切时，德国政府通过国际清算银行与主要中央银行，尤其是与英格兰银行协调，禁止欧洲马克债券的发行，避免德国马克成为国际储备货币。同一时期，瑞士也对欧洲瑞士法郎债券的发行进行了限制。

相反，美国当局在 20 世纪 60 年代虽然实行利息平衡税限制资本流出，但对其国内银行和居民通过离岸金融市场绕开管制则采取不干涉的态度，也没有限制欧洲美元市场中发生的存贷款事项通过美国的清算系统完成清算，从而间接鼓励了离岸美元业务的开展。

3.3.5　特定的国际环境

上述四个因素是影响离岸金融市场发展的内在因素，除这四个因素外，离岸金融市场发展还受一些外部特殊因素的影响，如特定的国际环境。

欧洲美元市场正是在第二次世界大战后独特的政治经济金融环境下产生的：一是东西方冷战导致东欧国家将美元资产转移至欧洲；二是除美国外，世界各主要国家在第二次世界大战后大多实施外汇管制，令美元成为唯一可用的国际货币；三是在布雷顿森林体系下，各国实行固定汇率制度，但美国与欧洲各国国内利率不一致，从而产生了套利机会，也增加了欧洲对美元的需求。例如，在 20 世纪 50 年代，英国政府为捍卫英镑汇率而实行高利率，而在美国，美元存款利率因受制于 Q 条例而偏低，英国的银行家马上采取套利行动，用比美国国内存款利率稍高的利率吸收海外美元存款，然后转换成英镑在国内使用。这种通过利差吸存套利的方法，令欧洲美元存款迅速增加。

20 世纪 70 年代是离岸金融市场发展的第二个黄金时期，造成这个黄金时期来临的主要原因是当时特殊的国际环境：一是产油国大幅提高油价，在石油危机下，产油国的“石油美元”(Oil Dollar)成为离岸金融市场的重要资金来源；二是 1973 年布雷顿森林体系解体后，汇率波动加剧，国际资本流动管制逐渐放开，国际市场上对离岸金融产品的需求也迅速扩大。

1986 年年底成立的东京日元离岸市场也与外部因素的影响有关：1987 年，发达国家对银行业实施《巴塞尔协议》，要求银行达到 8%的最低资本要求；而当时日本的商业银行由于大量放贷，其资本充足率平均只有 2%。正是迫于这一外部因素的压力，日本当局建立了离岸金融市场，以稳定其银行国际信贷业务。

上述例子显示，特定的国际环境也是发展离岸金融市场的机遇。而这种特定的环境是难以复制的，因而，要成功发展货币离岸金融市场，重要的一点就是把握机遇。

3.3.6 离岸金融市场的相对竞争力

当货币具备国际化的潜在需求，而货币发行地金融市场又存在资本项目管制时，这种局面对推动离岸金融市场的发展也会有正面的推动作用。此外，当其他主要货币（先发货币）的离岸金融市场业务已发展得相当成熟，尤其当先发货币在非居民中已建立稳定的使用网络时，后发货币要推动其在离岸金融市场中的使用，必须具备独有的竞争优势。

第4章

货币国际化影响因素及离/在岸金融市场的影响的实证分析

从金融理论层面对货币国际化影响因素进行分析的文献已经较多，但定量的实证分析较少，尤其是从中国及主要国际货币国家的宏观发展指标方面进行综合分析的文献尚不多见。因此，本章将通过对已经实现货币国际化的国家各领域指标的综合分析，总结出货币国际化国家的重要特点。然后构建宏观评价指标体系，通过对中国与货币国际化国家指数的对比分析进行综合评估，为推进人民币跨境使用提供可借鉴的经验。本章 4.1 节实证研究货币国际化的影响因素，4.2 节进行离岸、在岸金融市场影响的理论探讨和案例分析。

4.1 货币国际化影响因素实证分析

4.1.1 货币国际化的国家影响因素分析

1. 变量设计与数据描述

1）样本对象选择

在当前的国际货币体系中，美元和欧元占有绝对的主导地位，英镑、日元和瑞士法郎也是重要的世界货币。为了分析世界主要货币对应国家的主要特点，样本主要选择了美国、德国、法国、英国、日本和瑞士 6 个国家。包括德国和法国，主要是因为欧元是在继承德国马克和法国法郎的基础上发展起来的。

2）时间段选择

考虑到上述 6 个国家均已经是货币国际化后的国家，各项指标均处于相对稳定的状态，时间段选取可以稍长，故从数据可得性等方面综合考虑，选择了 2001—2011 年这 11 年的各领域指标变量数据来建立模型，分析已经实现货币国际化国家的主要特征。以主要国际货币在世界外汇储备中的占比为因变量，从反映国家经济实力、金融领域发展、对外贸易、教育科技和币值稳定五个方面的变量中选择自变量，具体变量及其含义如表 4-1 所示。

表 4-1　各变量及其含义

领域	变量	变量含义
经济实力	GDP	本国 GDP 占世界的比重(%)
	F	第三产业占 GDP 的比重(%)
金融领域发展	B	银行部门国际信贷占世界的比重(%)
	SZ	上市公司总市值占世界的比重(%)
	SY	股票交易额占世界的比重(%)
对外贸易	EX	出口占国际贸易的比重(%)
	IM	进口占国际贸易的比重(%)
教育科技	ED	高等教育入学率(%)
	LA	高等教育劳动力占总劳动力的比重(%)
	ZL	专利申请量占世界的比重(%)
币值稳定	VX	汇率一年内变动标准差
	CPI	居民消费价格指数比上年的增长率(%)

3）数据来源

本国 GDP 占世界的比重、第三产业占 GDP 的比重、银行部门国际信贷占世界的比重、上市公司总市值占世界的比重、股票交易额占世界的比重的数据取自世界银行金融统计数据库。出口占国际贸易的比重、进口占国际贸易的比重、币值稳定数据取自 IMF 国际金融数据库，教育科技数据、居民消费价格指数的数据取自联合国统计月报数据库，进、出口总额取自 WTO 数据库。

4）变量选取及数据转换原则

鉴于各个国家不同指标的绝对数额差异较大，且选取的数据跨度长达 11 年，为进一步提高数据的平稳性，将最终参与模型计算的指标均转换为相对量指标。例如，股票交易量等绝对额数据均采用占世界的比重；而对于汇率一年内变动标准差，美元采用美元指数变动率，其他币种将直接标价法汇率转换成间接标价法后，计算对美元的年度真实汇率变动差。

2. 模型建立过程

1）模型选择

面板数据含有横截面、时间、指标三维信息，利用 Panel Data 模型可以构造和检验比以往单独使用横截面数据或时间序列数据更为真实的行为方程。为了实现对多个观测对象时间序列数据进行分析，可选择面板数据模型。这样一方面可以增加观测值数量，解决样本容量不足的问题，提高模型精度；另一方面可以获得更多的动态信息。

2）指标的初步筛选

为保证面板数据模型的有效性，首先计算自变量对因变量的相关系数并进行平稳性检验。如表 4-2 所示为自变量与因变量的相关系数及平稳性检验结果。通过分析发现，SZ 与 SY 的相关系数为 0.73, SY 与 B 的相关系数为 0.85，为防止面板数据模型的多重共线性，选取指标 SY 代表金融领域指标，大体反映资本市场的发展程度；由于进口贸易 IM 与 Y 的相关系数较低，因此对外贸易领域选择出口占国际贸易的比重；教育科技领域中 LA 序列不是平稳序列，因此考虑将 ED 和 ZL 纳入模型。

表 4-2　自变量与因变量的相关系数及平稳性检验结果

变量	变量含义	相关系数	平稳性检验
GDP	本国 GDP 占世界的比重	0.953433	I(0)
F	第三产业比重	0.434067	I(1)
B	银行部门国际信贷占 GDP 的比重	0.617158	I(0)
SZ	上市公司总市值占 GDP 的比重	0.624624	I(0)
SY	股票交易额占 GDP 的比重	0.825894	I(0)
EX	出口占国际贸易的比重	0.739780	I(0)
IM	进口占国际贸易的比重	0.168752	I(0)
ED	高等教育入学率	0.608787	I(0)
LA	高等教育劳动力占总劳动力的比重	0.874097	I(1)
ZL	专利的国际申请量占世界的比重	0.847823	I(0)
VX	汇率一年内变动标准差	−0.465790	I(0)
CPI	物价比上年增长率	−0.362497786	I(0)

注：I（0）表示序列在 5%的显著性水平下是平稳的，I（1）表示序列一阶差分后平稳。

3）模型建立

分析 GDP、FSY、EX、ED、ZL、VX 和 CPI 这 8 个经济指标在 6 个国家 11 年数据中的变动关系。其中，要求随机误差项 μ_{it} 相互独立，且满足零均值、同方差的假设。

通过 Eviews 6.0 软件计算，F、ED、CPI 三个变量不显著，意味着第三产业增加值占比、高等教育入学率、居民消费价格指数在此模型中不显著。因此，面板模型最终选择了 GDP、SY、 EX、ZL 和 VX 这 5 个指标作为自变量。

将面板数据模型分为混合模型、固定效应模型和随机效应模型。具体选择哪种模型，需要通过模型检验结果来确定。举例如下。

原假设为：模型中不同个体的截距相同。F 检验结果如下：$F=[(RSS_r-RSS_u)/N]/[RSS_u/(NT-N-k)]=148.58>F_{0.05}(5,55)$（见表 4-3），表明不同国家的截距不同，拒绝原假设 H。进行 Hausman 检验，结果拒绝个体随机效应模型（见表 4-4），因此，应建立个体固定效应模型。

表 4-3　F 检验的 Eviews 输出结果

测试项目	数据	分布函数	概率分布
截面图 F	148.5789	(5,55)	0.0000
截面卡方	176.5284	5	0.0000

表 4-4　Hausman 检验结果

测试项目	统计数据	卡方统计量自由度	概率分布
随机截面	742.89474	5	0.0000

4）个体固定效应模型

选取包含个体固定效应的变截距模型进行估计，模型形式为：

$$\gamma_{it}=\alpha_{it}+\beta_{it}+\mu_{it},\ i=1,2,\cdots,N,t=1,2,\cdots,T$$

个体固定效应估计结果如表 4-5 所示。

表 4-5　个体固定效应估计结果

变量	系数	标准差	t-统计量	概率
C	4.169901	0.216746	19.23863	0.0000
GDP	0.762588	0.204949	-8.600124	0.0000

续表

变量	系数	标准差	t-统计量	概率
EX	0.424969	0.127127	3.342868	0.0015
ZL	0.399240	0.120095	−3.324376	0.0016
SY	0.041587	0.028012	−1.886492	0.0660
VX	−0.126312	0.025703	−1.769927	0.0840
Fixed Effects (Cross)				
_EN--C	−2.804840			
_G--C	−2.279620			
_F--C	−2.568816			
_U--C	11.10551			
_J--C	0.613576			
_S--C	−4.065810			

注：个体固定效应模型在 10%的显著性水平下有效。

3. 模型结果解释

从个体固定变截距回归结果看，货币国际化程度受国家经济规模、出口规模、股票交易额、专利申请量、货币的汇率稳定程度的影响较大。这说明了以下几点。第一，世界经济大国往往具有较强的货币优势，因而经济规模与经济实力一直被认为是一国货币国际化的主要决定因素之一。第二，国际贸易是货币国际化的基础，出口规模对一国货币国际化的影响显著。这主要是因为按照 Grassman 法则，在国际市场上贸易结算受出口方影响较大。按照国际惯例，在发达国家之间大部分贸易都是以出口方货币计价的，因此，出口规模是货币国际化的重要影响因素。以出口国货币计价的贸易量的不断增长，会推动其货币被广泛使用并被其他国家认可。第三，在全球金融一体化的大趋势下，一个国家的金融实力直接影响该国经济，并影响其在国际上的地位。因此，金融市场的健康、快速发展在一定程度上会加速货币国际化进程；同时，一国货币的国际化又会反过来促进该国的金融市场发展。第四，一国的专利申请量反映了该国科学技术发展的活跃程度。专利申请数量越多，表示其创新能力越高，企业生产的商品才可能具有较高的比较优势，在国际市场上具有竞争力，其他国家才愿意持有该国货币。第五，在模型中，汇率的变动率系数为负，意味着如果某货币汇率频繁大幅波动，持有该货币的风险会加大，大家就不愿意持有。作为世界货币，其价值尺度、支付手段、交易媒介的功能，均要求其具有相对稳定性，尤其是在国际贸易中。因此，一国货币汇率的稳定程度对该国货币国际化的程度具有重要影响。

4.1.2 中国与其他国家影响货币国际化因素的综合分析

通过上述计量分析，可得到货币国际化的主要影响因素。本部分根据已经实现货币国际化的国家的主要特征，通过多指标的截面数据合成综合指数，对美国、德国、法国、英国、日本、瑞士、加拿大、澳大利亚、新加坡、中国、韩国进行比较，分析人民币跨境使用的机遇和挑战。

1. 样本对象和指标的选取

为了更好地进行综合评价，本节选取了上述 11 个国家在经济、金融、科技发展、货币稳定性方面的 19 项指标作为模型备选指标变量，包括 GDP（按照购买力平价计算）、世界 500 强企业资产额、进出口总额、居民消费价格指数、国内信贷占 GDP 的比重、对外直接投资、研发经费占 GDP 的比重、知识经济指数、信息化发展指数、效率指数、创新指数、股票交易额占 GDP 的比重、银行不良贷款占贷款总额的比重、研究和技术人员数、专利申请量、国际收支数据、上市公司总市值、存贷款利率、货币汇率变动率。

在数据的初步选取过程中，发现研究和技术人员数、专利申请量这两个指标的数据与创新指数和信息化发展指数具有较强的相关性，用合成指数能够更加全面地反映该领域的情况，基本可以替代研究技术人员数和专利申请量指标，因此在后面的模型分析中未使用此两项指标。在国际收支中，经常项目收支额占国际收支的 80%还多，其与贸易进出口总额具有强相关性，因此，选择进出口总额作为指标。上市公司总市值和股票交易额均反映了股票市场的情况，一般股票交易额更能反映当前股市发展状况，因此，选取指标股票交易额作为指标。在国际金融危机后，发达国家经济受到较大冲击，采用较低的存贷款利率刺激经济复苏，因此该指标暂不纳入模型。从货币稳定性角度考虑，采用货币汇率变动率和国内居民消费价格指数指标，其中货币汇率变动用月度数据计算出的标准差表示。

基于以上分析，最后选择 14 项指标：X_1（GDP）、X_2（世界 500 强企业资产额）、X_3（进出口总额）、X_4（居民消费价格指数）、X_5（国内信贷占 GDP 的比重）、X_6（对外直接投资）、X_7（研发经费占 GDP 的比重）、X_8（知识经济指数）、

X_9（信息化发展指数）、X_{10}（效率指数）、X_{11}（创新指数）、X_{12}（股票交易额占 GDP 的比重）、X_{13}（银行不良贷款占贷款总额的比重）、X_{14}（汇率变动标准差）指标，如图 4-1 所示。

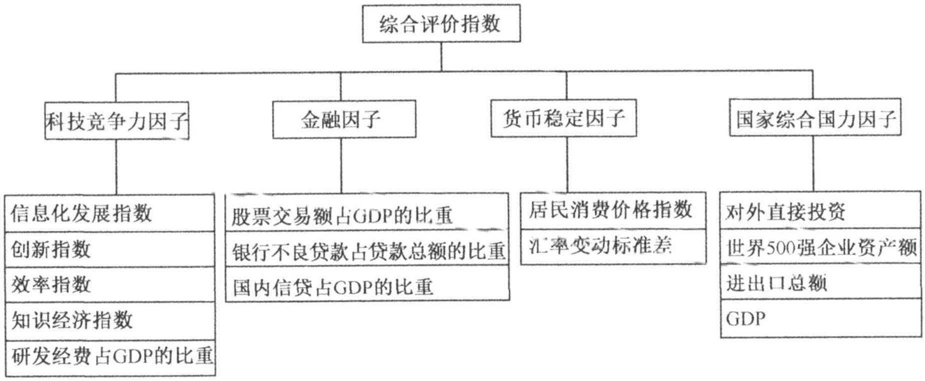

图 4-1 综合评价指数指标的构成

2. 数据的取得和预处理

由于面临数据的缺失问题，收集多国样本及长时序性的数据存在困难，因此暂不考虑各国家的动态发展变化情况，主要考虑静态比较，即分析在某一时点或时段各国家的发展水平。根据指标数据的收集情况，同时考虑 2011 年发达经济体基本走出了国际经济危机，因此，选择 2011 年的数据进行综合分析。

1）部分指标解释

（1）世界 500 强企业资产额是是该国所有世界 500 强企业资产额的加总。

（2）知识经济指数是指经济激励机制、教育、通信、信息等领域合成的综合指数。

2）数据来源

GDP、研发经费占 GDP 的比重、知识经济指数、股票交易额占 GDP 的比重、银行不良贷款占贷款总额的比重、国内信贷占 GDP 的比重 6 个指标数据取自世界银行世界发展指标数据库；居民消费价格指数取自联合国统计月报数据库，进出口总额取自 WTO 数据库；世界 500 强企业资产额取自美国《财富》杂志 2012 年数据；对外直接投资取自联合国贸发会议外商直接投资数据库；效率指数、创新指数取自世界经济论坛《2012—2013 年全球竞争力报告》；信息化发展指数取自国际电信联盟《衡量信息社会发展》（2012 年）。

3）数据预处理

由于各指标的量纲不同，首先对各绝对量指标的观测值进行标准化，即对指标 X_i 做如下变换：

$$X'_{ik}=\frac{X_{ik}-EX_i}{\sqrt{S_i}}(i=1,2,\cdots,11)$$

3. 本书拟采用的研究方法

研究和评价中国与其他国家的发展差距，最根本的问题在于对差距的界定及对引起差距的基本因素分析，由此产生了许多不同的评价方法。

在差距程度的测算方面，由于数据来源、研究方法等的差异，不同的研究得出的结果也不尽相同。最常见的是采用单一指标衡量地区差距，其中比较多见的是采用标准差、变异系数、加权变异系数等基本统计变异指标，以及威廉森系数、泰尔系数等信息指标。此类测度方法相对简单，但仅适用于单一指标。

综合评价方法的运用实现了由单一指标向评价指标体系的过渡。由于其在指标构成上强调层次性，在评价内容上强调差异性（信息最大化），在评价方法上强调科学性，因此具有强烈的客观色彩，逐渐得到广泛应用。目前，在对中国与其他国家差距的测度方面，不少学者采用综合指标法或多指标综合评价体系。例如，采取对各构成指标赋予不同的权重的方法，然后合成指数；如果指标变量个数较多，且权重不好确定，则采用主成分分析、因子分析等方法。

为抽象出中国和货币国际化的国家在主要领域的差距，我们对以上指标采用因子分析法进行简化处理。因子分析是多元统计分析的基本方法之一，它从研究原始数据矩阵内部的依赖关系出发，将多个变量（指标）综合为高度保持原指标大量信息的少量主要因子，并给出原始变量与主因子之间的相关性。从根本上说，因子分析的意义一是对指标体系进行降维处理，二是明确主因子的具体内涵，并以此揭示被研究事物结构上的数量特征。

4. 因子分析的过程

用 SPSS 17.0 统计软件，计算变量间相关系数矩阵的特征根和累积贡献率见表 4-6。

表 4-6 相关系数矩阵的特征根和累计贡献率

因子	特征根	方差贡献率(%)	累计贡献率(%)
1	4.645	35.733	35.733
2	4.269	32.836	68.570
3	1.607	12.358	80.927
4	0.797	6.133	87.060

4 个因子的累计贡献率最高达到 87.06%，提取这四个因子可对所分析的问题做出较好的解释。对 4 个特征根建立因子载荷矩阵，并对其结果实行方差极大正交旋转，得到因子载荷矩阵见表 4-7。

表 4-7 旋转后的因子载荷矩阵

指标	因子 1	因子 2	因子 3	因子 4
GDP	-0.31	0.808	0.027	0.225
世界 500 强企业资产额	-0. 041	0.934	-0.19	-0.194
进出口总额	-0.354	0.809	-0.159	-0.202
居民消费价格指数	-0.519	-0.058	0.797	0.027
国内信贷占 GDP 的比重	0.433	0.45	-0.491	0.64
对外直接投资	0.258	0.925	0.142	-0. 049
研发经费占 GDP 的比重	0.792	0.098	-0.438	0.101
知识经济指数	0.878	-0.207	0.217	-0.113
信息化发展指数	0.961	-0.175	0.136	-0. 111
效率指数	0.815	-0.008	0.474	0.211
创新指数	0.905	0.055	-0.086	-0.022
股票交易额占 GDP 的比重	0.167	0.622	0.535	0.813
银行不良贷款占贷款总额的比重	0.427	0.55	0.377	-0.571
汇率变动标准差	0.179	0.247	0.689	0.213

因子分析将 14 个指标降维成 4 个主因子，因子解释及命名如表 4-8 所示。

表 4-8　因子解释及命名

	高载荷指标	因子名称
因子 1（F_1）	X_7（研发经费占 GDP 的比重） X_8（知识经济指数） X_9（信息化发展指数） X_{10}（效率指数） X_{11}（创新指数）	科技竞争力因子
因子 2（F_2）	X_1（GDP） X_2（世界 500 强企业资产额） X_3（进出口总额） X_6（对外直接投资）	国家综合国力因子
因子 3（F_3）	X_4（居民消费价格指数） X_{14}（汇率变动标准差）	货币稳定因子
因子 4（F_4）	X_5（国内信贷占 GDP 的比重） X_{12}（股票交易额占 GDP 的比重） X_{13}（银行不良贷款占贷款总额的比重）	金融因子

运用 SPSS 17.0 分析系统，计算出各国在这 4 个因子上的得分。如表 4-9 所示为各国综合评价指数及位次，如图 4-2 所示为科技竞争力与综合国力雷达图，如图 4-3 所示为货币稳定与金融状况雷达图。

表 4-9　各国综合评价指数及位次

国家（按位次从高到低排列）	科技竞争力	综合国力	货币稳定	金融状况与稳定
中　国	11	2	2	5
日　本	2	3	5	3
韩　国	6	11	3	11
新加坡	4	9	8	7
加拿大	8	8	4	4
美　国	1	1	7	1
法　国	10	6	9	10
德　国	5	4	10	9
英　国	7	5	1	6
澳大利亚	9	7	6	8
瑞　士	3	10	11	2

5. 计量结果解释与分析

1）F_1 主要反映国家的科技竞争力

一个国家的信息化程度及科技创新是该国竞争力的核心。由于科技创新需要持续、大量的资源投入，所以研发经费占 GDP 的比重指标可以从侧面反映一个国家对科研的重视程度。知识经济指数和信息化发展指数是国家科技竞争力的重要表现指标。通过对比分析可以看到，中国的科技竞争力与发达国家相比存在较大差距，排在第 11 位。对此，可以通过拓宽科技资金来源渠道、推动科技成果国际化、完善科技合作机制等手段提升科技发展水平，强化科技发展的引领作用。

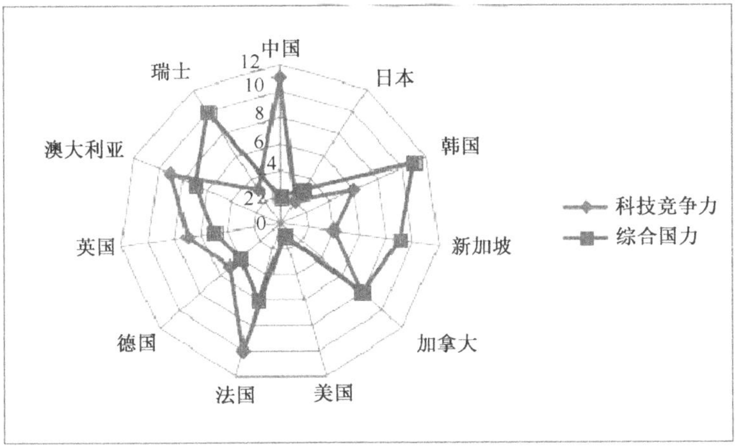

图 4-2　科技竞争力与综合国力雷达图

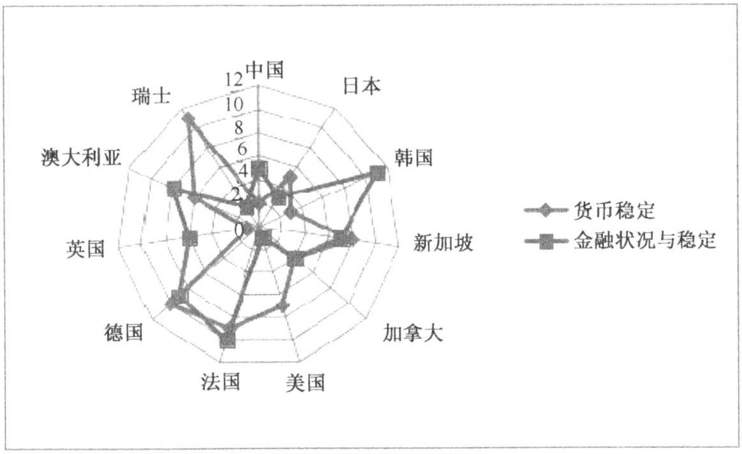

图 4-3　货币稳定与金融状况雷达图

2）F_2 主要反映一个国家的综合国力

一国的经济实力和综合国力是该国货币成长为国际货币的必要条件。只有当一国在国际经济、政治中具有重要地位，与各国有广泛的贸易、金融联系后，其货币才会在国际间被广泛使用，并逐渐被接受。通过使用模型，计算出中国综合国力排名第 2，仅次于美国。2011 年，中国的 GDP 达到 7.325 万亿美元，超过日本，成为世界上第二大经济体，占世界经济总量的 10.5%；对外贸易保持较快增长，进出口贸易总额增长 17.2%，占世界比重为 9.9%。与此同时，2011 年，中国人均 GDP 仅为 5450 美元，实现本币国际化战略的国家人均 GDP 则普遍已超过 1 万美元。在改革开放初期，中国外汇储备较少，主要以对外贸易和引进外资为主。作为对本币国际化起到直接推动作用的对外投资，中国尚处于初级阶段，2011 年对外直接投资额为 746.5 亿美元，仅占全世界对外直接投资总额的 3.8%，与发达国家相比存在较大差距。

3）F_3 主要反映货币的信用度，体现货币的保值作用

中国在 F_3 因子上的综合得分排在第 2 位，说明中国居民消费价格增长较快，汇率变动幅度较大。由于社会对通胀水平的承受力是与经济增长的速度成正比的，虽然 2011 年中国居民消费价格增长达到 5.4%，高于国际上公认的通胀警戒线 3%的标准，但由于中国正处于经济快速发展阶段，因此，并没有出现明显的通胀现象。同时，随着中国综合国力的不断增强，人民币升值预期强烈，近年来呈现单边升值特征，因此，汇率变动幅度较大。

4）F_4 主要反映金融状况及其稳定性

中国在 F_4 因子上的综合得分排在第 5 位。总体看，中国的银行业不良贷款率较低，国内信贷规模不断扩大。随着人民币跨境使用进程的加快，将推动金融机构国际化业务不断扩张，也会对中国金融监管提出新的挑战。

4.2 离/在岸金融市场影响的理论探讨和案例分析

本节对离/在岸金融市场发展的影响进行理论探讨，并用案例对理论进行分析。

4.2.1 离岸金融市场对在岸金融市场影响的理论探讨

国际经验显示，当离岸金融市场发展到一定规模后，离岸金融市场的资金价格（包括汇率与利率）必将通过在岸金融市场与离岸金融市场之间的资本流

动，对在岸市场的资金价格产生影响，进而可能冲击在岸中央银行的货币政策，甚至可能削弱中央银行实施货币政策的独立性。

1. 对利率政策的影响

在岸金融市场的货币利率是各国金融政策的主要工具之一，因此中央银行需要对其进行控制和影响；而离岸金融市场的货币利率则不受任何国家法律的限制，完全由市场供求来决定，并会对在岸金融市场的货币利率产生影响。因此当中央银行利率政策目标与离岸金融市场的利率发展趋势不一致时，离岸金融市场会影响在岸国货币政策目标的实现。

2. 对货币供应量的影响

离岸金融市场会对在岸国货币供应造成压力，影响其货币政策的有效性。

一方面，当离岸市场无存款准备金要求约束时，会驱使在岸国银行将本币换成外币来逃避这一存款储备要求，从而降低存款成本以便向客户提供更具有吸引力的利率。这样做必然会导致国内货币供应量减少，由此迫使国内利率上升。另外，如果在岸国政府为刺激经济增长而放松银根，而大量资金为追求较高的收益流向离岸金融市场，该国政府将不得不采取包括提高利率在内的一系列措施来抑制资金外流。这样一来，扩张的政策就难以贯彻实施了。反之，如果在岸国政府为控制通胀而紧缩银根，则可能出现紧缩力度被动过猛导致经济增长出现下滑的不利局面。

另一方面，当在岸国的商业银行从离岸金融市场筹资向国内企业大量放贷外币款项，而后者又将这些外币资金转成本币时，国内的货币供应将受到扩张的压力。同时，当在岸国政府为了抑制通货膨胀而采取紧缩银根的措施时，国内银行和企业可以从利率较低的离岸金融市场调入资金，从而削弱甚至完全抵消本国政府货币政策的效力；而如果此时在岸国政府为了刺激经济增长而放松银根，则可能出现放松力度被动过大导致通货膨胀加剧甚至恶化的风险。

综上，离岸金融市场与在岸金融市场的资金流动使得货币发行国的利率和汇率决定机制复杂化，货币政策的执行将遇到挑战。

3. 对外汇储备的影响

在离岸金融市场的发展过程中，货币在岸国可能需要向离岸金融市场输出货币，如果流动性是以购买外汇的形式注入的，将导致在岸国的外汇储备出现增长；如果资金源于在岸国银行体系的流动性外流，则并不增加在岸国的外汇储备。在因发展离岸金融市场而导致的外汇储备增量当中，相当一部分是不需要对冲的，一部分只是将未来要发生的储备增长提前了而已。货币资金的用途不同，其对外汇储备的影响也有所不同。

以中国香港地区的人民币市场为例。如果注入香港的人民币存款用于香港本地人民币金融产品的二级市场交易、本地和境外的产品与服务的交易、第三方使用等，这部分资金只会影响香港市场，不会对内地市场造成显著影响。因为资金仅在香港市场流转，并不流回内地市场，因此不会造成大陆的 M2、购买力和通胀压力，所以相应的储备增长是不需要对冲的。

如果人民币存款被境外进口商用于购买内地产品或被外商投资企业通过贷款和发债形式获得，然后以人民币外商直接投资（Foreign Direct Investment，FDI）的形式回流到内地，则会减少外汇储备增长的压力。换句话说，虽然在人民币流入中国香港地区时可能创造了外汇储备的压力，但人民币以这种形式回流时会减少本来就要发生的储备压力。因此，这个过程只是将本来就会发生的储备增长压力提前了而已。

如果人民币存款被境内机构通过贷款和发债形式获得，然后以 FDI 或人民币外债形式回流到内地，则这些人民币 FDI 将导致储备和内地 M2 的额外增长。这些人民币流动性是需要对冲的。因此，只有这类资金形式需要特别关注。

4. 对信贷控制的影响

离岸资金会冲击在岸金融市场的信贷总量管理，如影响得不到有效控制，还会造成在岸国信用规模失控，甚至引发通货膨胀。在受到在岸国信贷管制时，资金需求者可以转向离岸金融市场融通和筹集资金，资金提供者也可以将资金投向离岸金融市场以获得更高的收益。这都会对在岸国信用规模控制产生冲击，影响其货币政策的实施。

5. 风险的传导

金融危机可以快速地从国内金融市场传向境外金融市场，而国际金融市场的脆弱性会随着离岸金融市场的发展而更易传导。

一方面，离岸风险会通过母子银行向在岸金融市场蔓延。由于在离岸金融市场资金成本低廉，在岸国银行将通过离岸机构拆入资金，这会导致在岸国母银行的资产负债表快速扩张，不得不通过扩大资本金等方式来适应资产的膨胀。

在这期间，银行的期限错配风险、流动性风险、信用风险、偿付风险、汇率风险等都会增加。此外，由于母银行在法律上必须对离岸分支机构承担责任，因此离岸国银行经营高风险、高收益项目产生的风险最终仍会由在岸国母银行承担。离/在岸金融市场之间的大规模资金流动会加剧风险的传导，给在岸国经济造成危害，影响金融市场的稳定性，甚至引发债务危机。

另一方面，离岸金融市场自身的特性导致危机传导加速。离岸金融市场的存贷资金"存短放长"，资金期限结构之间不匹配，一旦发生经营风险，就可能造成银行的资金周转不灵，发生债务危机，引发集中大量挤兑甚至银行倒闭。而国际金融市场的紧密联系则会加剧风险的传导速度与范围。此外，离岸借贷市场一般以银行为业务纽带，因此银行与银行之间资金多次转存形成的连锁式借贷关系，也会增强金融风险的传染性。一旦公众产生恐慌情绪，危机将迅速扩张，造成连锁反应。如果再加上在岸金融市场存款准备金制度、存款保险制度缺失，以及没有中央银行作为最后贷款人予以支持，离岸金融市场的危机很容易蔓延至全球。

4.2.2　离岸金融市场发展中的典型案例

在全球离岸金融市场的发展过程中，有两个典型案例生动演绎了对离/在岸金融市场的关系。

1. LIBOR 操纵案

伦敦银行同业拆放利率（London InterBank Offered Rate，LIBOR）由英国银行家协会（British Banker's Association，BBA）向 20 家 LIBOR 报价行询价后计算并发布。欧洲美元大量积聚于伦敦后，成为伦敦同业拆借市场中的重要组成部分。LIBOR 体系中的美元 LIBOR，也逐渐发展成熟，并凭借伦敦的美元离岸中心地位，成为美元短期市场利率的"指导性"指标，影响着全球经济。

一方面，LIBOR 是各种金融工具价值设定的基础。全球上百万亿美元的金融衍生品、公司债务及其他金融合约都以 LIBOR 作为基准利率。LIBOR 的变动能够影响全球绝大部分金融市场的交易，包括基础产品、衍生产品、大宗商品甚至个人消费贷款与房屋抵押贷款。另一方面，LIBOR 还与中央银行的货币政策存在千丝万缕的重要联系：LIBOR 影响着中央银行对货币及经济政策的判断，如 LIBOR 与美联储利率之差就常被用来判断美元流动性是紧是松，作为各国中央银行制定相关政策的参考依据；中央银行也可以利用 LIBOR 传递货币政策。

与美联储可直接宣布联邦基金利率的上调或下浮不同，英国、瑞士等国家的中央银行一般通过以在货币市场（主要是回购市场）上卖出／买入手中的债券或票据的方式向市场投入或回收流动性，以间接引导 LIBOR 利率乃至整个利率体系向着它们所期待的目标发展，最终实现其调控意图。

因此，2012 年的 LIBOR 操纵案从曝光之日起，即吸引了全球的目光。2012 年 6 月 27 日，美国监管机构对外公布，巴克莱银行在 2005 年至 2009 年试图操纵和虚假汇报 LIBOR 和欧元区银行同业拆借利率这两种基准利率。2012 年 7 月 17 日，时任英格兰银行副行长 Tucker 到英国议会作证，承认巴克莱银行操控了 LIBOR 利率。据美国商品期货交易委员会调查，在巴克莱银行内部，共计 14 名 LIBOR 衍生品交易员在 2005 年至 2009 年先后 257 次贿赂报价员，意在提高或降低 LIBOR 的报价。随着调查的深入，全球越来越多的银行卷入此案，其市场影响也迅速放大，英国、美国的一些高层官员也被发现可能卷入其中。

LIBOR 操纵行为以小众的商业利益驱动，侵犯了在岸国利益。LIBOR 市场定价仅由 20 家银行决定。BBA 在收集完报价后去掉极端报价再加权平均的做法虽然可以减少单个银行极端报价对 LIBOR 的影响，却无法制止多家报价银行的串谋操纵。这种对 LIBOR 价格的操纵会导致两个后果。第一，LIBOR 操纵通过离/在岸金融市场间的价格传导机制传导至在岸市场，改变在岸市场的利率、汇率价格。由于离岸金融市场操纵形成的价格并非市场实际均衡价格，因此由离/在岸金融市场价格差异引发的套利行为产生的在岸市场新均衡点，必然不是市场的实际均衡点，从而会对在岸国的资金供求关系产生影响，扭曲资金配置。第二，LIBOR 会削弱在岸国政府市场调控政策的制定与执行效果，并可能对在岸金融市场的金融稳定产生冲击。以紧缩型货币财政政策为例，当在岸国提高基准利率以期收缩市场流动性、压缩信贷规模时，经操纵的 LIBOR 价格仍维持低点，在岸国国内的资金需求方完全可通过进入离岸金融市场融资的方式规避政策调控，使得在岸国的政策调控流于形式且执行效果大打折扣。此外，出于套利目的的资金大进大出，会对在岸国的经济产生重大冲击，严重时可能影响金融市场稳定。

2. 泰国金融危机

1997 年的泰国金融危机是国际金融市场发展中的重要一课，由之引发的世界经济史上仅次于 1929—1933 年金融危机的亚洲金融危机，给亚洲经济带来了巨大损失。此次事件中，离/在岸金融市场过早过密的联通是导致危机的一个重要因素，在发展离岸金融市场的过程中值得我们关注和警惕。

自 1984 年 6 月起，泰国实行泰铢与美元挂钩的“一篮子货币”汇率制度。当 1995 年美元对主要货币大幅升值时，泰铢随之升值，给当时出口导向型的泰国经济带来了巨大的负面影响。为克服经济发展中的资本短缺问题，加快亚洲金融中心的构建步伐，泰国政府过早地加快了资本市场的开放。其采取的举措包括：一是允许国内投资者通过曼谷国际银行获取低息外国资金，对金融机构不实行外债规模控制；二是允许外资银行设立，并推出 BIBF，凡获得 BIBF 经营许可证的商业银行都可以从国外吸收资金，并在泰国国内和国外以外币形式进行贷款；三是允许非居民在国内自由开立泰铢账户，进行存款和借款并自由兑换；四是在国内设立泰铢外汇市场，提供现汇、远期和掉期等多种交易品种。这些举措扩大了离岸金融业务范围，并给离/在岸金融市场间资金的自由融通构建了通道。

由于投资环境优越，加上钉住汇率制度中隐含政府的风险担保因素，国际资本通过离岸金融渠道大量涌入泰国。然而这些流入资本以短期为主，直接投资比例过低，资金大量投资于证券和房地产市场，催生了资产价格泡沫。当 1996 年资产价格泡沫破灭后，泰铢贬值预期加强。为稳定汇率，泰国中央银行被迫实行紧缩性货币政策，加剧了泰国经济的衰退，泰铢贬值压力加大。

基本开放的资本市场和畅通的离/在岸金融市场联系，为国际投机资本提供了极佳的套利机会。1997 年，国际投资者通过在泰国 BIBF 成员银行开立泰铢账户，从泰国借入大量泰铢，并通过在新加坡离岸金融中心的泰铢现货市场卖出美元而在远期市场卖出泰铢的方式，不断冲击泰铢。为稳定汇率，泰国中央银行多次强行干预，并在 1997 年 6 月 2 日加强了泰国银行向外借出泰铢的管理力度，基本关闭了离/在岸金融市场的资金流出通道。迫于外汇储备的压力，泰国中央银行在同年 7 月 2 日被迫放弃钉住汇率制。当天泰铢大幅贬值，并迅速波及东南亚地区。

该事件表明，在国内外环境和配套政策尚不完善的情况下贸然加速货币国际化进程和实施过于宽松的离/在岸金融市场监管，存在巨大的风险隐患。

4.2.3　对离岸金融业务的调控和监管

从上述分析可知，离岸货币及其交易会对在岸金融市场产生影响，货币发行国需要对离岸金融业务行使一定的监管职责。

在岸监管当局作为离岸金融市场的母国，可以从两个方面对本币的离岸金融业务行使调控和监管职责。

1. 对离岸金融业务进行货币调控与监管

一是货币发行国对以其货币进行的离岸金融交易通过清算的渠道进行有效的监管和控制。离岸金融交易通常要通过货币发行国清算系统进行清算，这是由离岸货币的特殊性造成的。离岸货币通常只是在货币发行国之外或货币发行国金融循环系统之外的账户做出与货币发行国在岸金融机构的账户相对应的记载和反映。这些记载和反映只是账目，有形货币并没有离开发行国。因此，离岸支付不得不通过货币发行国清算系统进行。而离岸货币资金通过货币发行国进行清算，使得货币发行国可以通过对清算的控制——实施其法令和货币金融政策，达到监管的目的，如对违反其法规和政策的离岸资金通过清算的渠道实行冻结等。利比亚阿拉伯对外银行诉伦敦银行信托公司及伊朗马卡兹银行诉花旗银行案等都充分证明了这一点。

二是货币发行国可以决定离岸金融市场上以其货币进行交易的合法有效性。货币主权是各国经济主权的重要内容之一。各国依据货币主权有权创立和发行独立的货币，有权对本国货币的流通、使用范围、进出境等实行管理和限制，其他国家不得干涉。《国际货币基金组织协定》第 8 条第 2 款 b 项规定，任何涉及会员国货币并与该会员国外汇管制相抵触的外汇合同在其他会员国领土内均为不可履行的合同。因此，如果离岸金融交易违反了货币发行国的货币法令，将招致发行国的干预，从而可能导致交易无效。例如，无论在离岸银团贷款协议中还是在离岸证券发行的文件中都含有对违法行为的约束条款，规定违法或违反公共政策的合同无效。

2. 对不同离岸主体进行调控与监管

一是对银行业的调控与监管。巴塞尔委员会一直强调和重视母国在跨国银行监管中的责任和作用。巴塞尔委员会 1992 年发布的《国际银行监管最低标准》规定，由能够行使并表监管职责的母国监管当局对国际银行行使并表监管，银行跨境设立机构要经母国监管当局同意，母国当局有权收集跨境设立的银行机构的信息，母国当局有权对其海外金融机构的资本充足率等安全稳健经营标准进行监督、检查和实施。

二是对投资者的调控与监管。例如，美国 1993 年《证券法》、1934 年

《证券交易法》、1939 年《信托契据法》及 SEC 制定的规则，均将离岸证券列入需要监管的证券类别之一，而且美国《证券法》一直被美国法院和美国证券交易委员会（Securities and Exchange Commission，SEC）认为域外适用。此外，投资者母国有权规定本国投资者是否能够投资离岸金融产品，以及投资的类型、品种。

三是对筹资者的调控与监管。在岸监管当局作为筹资者母国，对离岸金融市场的监管内容包括外债规模、借贷期限及利率等。例如，筹资者在签订离岸银团贷款协议和离岸证券发行协议时，要先取得有关授权、许可、批准等。

第5章

人民币国际化的现状及影响因素

前 4 章从理论研究、历史研究、国别比较研究和实证分析 4 个角度进行了分析，总结了国际货币体系的演变及主权货币国际化的经验。研究表明，国际货币体系的演变有一定的规律性，但始终处在美国的霸权领导下，美国学者的国际话语权也严重影响了世界舆论和研究方向。主要国家货币在国际化过程中路径虽然有所不同，但是始终很难摆脱美元的主导地位，而且因为其自身的问题也不能获得较大的国际认同。因此，我们需要对人民币国际化十多年后的现状进行反思，从而总结出推动人民币国际化所需要遵循的规律。本章 5.1 节介绍人民币国际化的现状，5.2 节介绍人民币国际化存在的问题和机遇。

5.1 人民币国际化的现状

2009 年以来，随着我国逐步解除跨境交易中使用人民币的限制，人民币的跨境使用快速发展，在国际贸易、投资和金融交易中都取得了显著进展。2019 年，人民币跨境使用规模近 20 万亿元，是 2009 年的 5000 多倍。2019 年，已经有 60 多个国家和地区将人民币纳入外汇储备，1186 家境外机构投资者进入银行间债券市场，投资规模 1.73 万亿元，境外机构参与人民币外汇市场交易规模 11645 亿元（1700 亿美元），已经批准人民币合格境外机构投资者（RMB Qualified Foreign Institutional Investors，RQFII）达到 105 家，额度 44292 亿元（6466 亿美元）。截至 2018 年年末，境外主体的债券持有规模在人民币债券市场中的占比为 2.2%，人民币跨境支付量在国际支付体系中的占比为 2.07%（环球银行金融电信协会统计数据），人民币在全球外汇交易额中占 4.0%（国际清算银行统计数据），2018 年第四季度人民币在世界总体各种货币可识别的官方外汇储备中持有比重占 1.89%（IMF 统计）。

人民币在国际上的使用包括跨境贸易和投资、境外非居民人民币资产持有、金融交易中的使用、外国中央银行资产储备等。但人民币在各个领域被非居民和政府使用的情况并不均衡。

5.1.1　人民币跨境使用规模波动较大

人民币跨境使用有三个阶段，各个阶段的情况显著不同，主要体现了政策在“不可能三角”之间的权衡。

1. 第一阶段：快速增长

2009 年以来，跨境贸易人民币结算业务迅速发展，人民币作为贸易结算货币的地位快速上升。2009—2015 年，跨境贸易人民币结算金额同比增长速度一直保持在 30%以上。

2. 第二阶段：快速下降

跨境贸易人民币结算业务 2016 年和 2017 年持续下降。2016 年，经常项目人民币收付金额合计 5.23 万亿元，同比下降 27.7%。其中，货物贸易收付金额 4.12 万亿元，同比下降 35.5%，占同期货物贸易本外币跨境收付金额的比重为 16.9%；服务贸易及其他经常项目收付金额 1.11 万亿元，同比增长 31.2%。资本项目人民币收付金额合计 4.62 万亿元，同比下降 5.1%。对外直接投资（Outbound Direct Inrestment，ODI）人民币收付金额 1.06 万亿元，同比增长 44.2%；FDI 人民币收付金额 1.4 万亿元，同比下降 11.9%。

2017 年，货物贸易项下一般贸易人民币跨境收付金额合计 1.76 万亿元，与 2016 年基本持平。服务贸易项下跨境支付业务逆势增长，主要集中于境外酒店、机票、学费、旅游及计算机服务等项目。ODI 人民币跨境收付金额 4568.8 亿元，同比减少 57%。FDI 人民币跨境收付金额 1.18 万亿元，同比下降 16%。

3. 第三阶段：恢复性增长

2018 年，跨境贸易人民币结算业务发生 5.11 万亿元，直接投资人民币结算业务发生 2.66 万亿元。2018 年，以人民币进行结算的跨境货物贸易发生 3.66 万亿元，服务贸易及其他经常项目发生 1.45 万亿元。

2019 年，跨境贸易人民币结算业务发生 6.04 万亿元，直接投资人民币结算业务发生 2.78 万亿元。2019 年，以人民币进行结算的跨境货物贸易、服务贸易及其他经常项目、ODI、FDI 分别发生 4.25 万亿元、1.79 万亿元、0.76 万亿元、2.02 万亿元。

（注：自 2014 年 8 月开始，转口贸易被调整到货物贸易进行统计，货物贸易金额扩大，服务贸易金额相应减少。）

如表 5-1 所示为 2009 年至 2019 年 1 月人民币跨境收付额度。

表 5-1　2009 年至 2019 年 1 月人民币跨境收付额度

经常项目人民币收付金额（单位：亿元）				跨境直接投资人民币收付额度（亿元）			
时间	货物贸易	服务贸易及其他	合计	时间	对外直接投资	外商直接投资	合计
2009 年	19.5	6.1	25.6	2009 年	n/a	n/a	n/a
2010 年	3034	467	3501	2010 年	56.8	223.6	280.4
2011 年	13810.7	2078.5	15889.2	2011 年	265.9	1006.8	1272.7
2012 年	26039.8	2757.5	28797.3	2012 年	311.9	2591.9	2903.8
2013 年	41368.4	4999.4	46367.8	2013 年	866.8	4570.9	5437.7
2014 年	58946.5	6563.7	65510.2	2014 年	2244.1	9605.5	11849.6
2015 年	63911.4	8432.2	72343.6	2015 年	7361.5	15871	23232.5
2016 年	41209.4	11065.4	52274.8	2016 年	10618.5	13987.7	24606.2
2017 年	32700	5789	38489	2017 年	4568.8	11800	16368.8
2018 年	36600	14500	51100	2018 年	8048.1	18600	26648.1
2019 年 1 月	9574.7	3342.4	12917.1	2019 年 1 月	1433.5	4472.7	5906.2

数据来源：中国人民银行网站。

5.1.2　境外非居民持有境内人民币金融资产数量波动较大

2013 年以来，我国境外机构和个人持有境内金融资产以存款和贷款为主，增长较快，2014 年年底达到 45048.7 亿元。但是，2015 年和 2016 年出现较大幅度的下降。2017 年开始回升，2017 年年底达到 42859.7 亿元，但仍未达到 2014 年年底的水平，但非居民持有人民币资产的结构发生了变化，股票、债券和存款规模相近。

截至 2019 年年底，我国境外机构和个人持有境内人民币金融资产达 6.4 万亿元，较 2018 年年末增长 1.5 万亿元，增幅达 30.3%。其中，持有股票资产 2.1

万亿元， 增长 9501 亿元，增幅达 82.5%；持有债券资产 2.3 万亿元，增长 4776 亿元，增幅达 26.8%；持有贷款 0.8 万亿元，下降 915 亿元，降幅 9.9%；持有存款 1.2 万亿元，增长 1557 亿元，增幅 14.7%。虽然 2015 年下半年以来，境外机构和个人持有境内人民币金融资产的数额出现了短期内的波动下滑，但整体相对稳定。如表 5-2 所示为非居民持有境内人民币金融资产情况。

表 5-2　非居民持有境内人民币金融资产情况（单位：亿元）

时间	股票	债券	贷款	存款	合计
2013 年 12 月	3448.4	3989.8	5309.8	16049.1	28797.1
2014 年 12 月	6420.6	6715.8	8190.5	23721.8	45048.7
2015 年 12 月	5986.7	7517.1	8515.6	15380.7	37400.1
2016 年 12 月	6491.9	8526.2	6164.4	9154.7	30337.2
2017 年 12 月	11746.7	11988.3	7390	11734.7	42859.7
2018 年 12 月	11517.35	17115.94	9246.53	10591.55	48471.37

我国于 2011 年年底推出 RQFII 试点之后，陆续扩大了试点机构的类型和范围，并不断增加试点额度。截至 2017 年年末，共有中国香港、英国、新加坡、法国、韩国、德国、卡塔尔、瑞士、卢森堡、智利、匈牙利等 18 个国家和地区获得 RQFII 投资额度 1.74 万亿元，196 家境外机构备案或申请投资额度 6050.6 亿元。2017 年，RQFII 资金流入总金额 483 亿元，流出总金额 397 亿元，净流入 86 亿元；投资范围拓展到证券交易所交易或转让的股票、债券，在银行间债券市场交易的固定收益产品，证券投资基金，股指期货，以及证监会允许的其他金融工具。截至 2018 年，已经批准 RQFII 205 家，额度 6466 亿元。自第八轮中美战略与经济对话授予美国 2500 亿元 RQFII 额度之后，美国拥有的 RQFII 额度仅次于香港，这也是考虑到美国市场的庞大体量做出的客观决定。2019 年 9 月，我国取消了 QFII 和 RQFII 投资额度限制。

5.1.3　离岸金融市场人民币存款分化明显

离岸金融市场是人民币国际化的重要环节之一。据不完全统计，截至 2017 年年末，主要离岸金融市场人民币存款余额超过 1.1 万亿元。其中，中国香港地区人民币存款余额为 5588 亿元，同比上升 2.21%，占中国香港全部存款余额的 5.3%，占香港外币存款余额的 10.7%。中国台湾地区人民币存款余额 3222.5 亿元，同比上升 3.6%，占台湾总存款的 4.4%，占台湾外币存款的 25.7%。主要离岸金融市场人民币贷款余额为 2743 亿元。其中，中国香港地区人民币贷款余额为 1445 亿元人民币，同比下降 51.0%。2018 年，离岸金融市场共发行 267 支人民币债券，较 2017 年增加 126 支；总发行额 1161.3 亿元，较 2017 年增长 1.4 倍。

2018 年，离岸金融市场人民币存款分化明显，中国香港和台湾地区在 2017 年减少后再次增长。截至 2018 年 11 月，香港离岸人民币存款 5905 亿元，台湾离岸人民币存款 3124.7 亿元。但截至 2018 年三季度，澳大利亚、英国和新加坡人民币存款比前几年平均值分别下降了 15.2%、10.4%和 2.4%。

2019 年，中国香港地区人民币存款 6322.1 亿元，环比减少 55.9 亿元，降幅为 0.9%。其中，与跨境贸易结算有关的人民币汇款总额为 5411.2 亿元，环比增加 966.7 亿元。同年 12 月，中国台湾地区人民币存款规模 2610.3 亿元，环比增加 11 亿元，增幅为 0.4%。根据最新公布的数据，2019 年 9 月末，新加坡人民币存款余额 1220 亿元，比上季度增加 6.1%；2019 年 6 月末，英国人民币存款余额 614.2 亿元，比上季度增加 6.5%。

伦敦作为离岸人民币中心继续蓬勃发展。2018 年第四季度，伦敦人民币日均交易量为 766 亿英镑，同比增长 45%。与此同时，中国与英国之间的跨境收入和支付规模也出现了显著增长，2019 年 2 月达到约 299 亿元，同比增长约 50%。

5.2 人民币国际化的影响因素

人民币国际化经历了起步、快速发展、恢复性增长 3 个阶段。2009—2010 年，以跨境贸易人民币结算为起点，人民币国际化迈入起步阶段。2011—2014 年，“一带一路”倡议推动人民币直接投资和金融交易快速增长，人民币国际化快速发展。2015—2016 年，人民币汇率制度改革，人民币结束单边升值，美元走强，中国政府加强防御区域性和系统性金融风险，加强跨境资本流动真实性审核，人民币国际化进入调整期，直至 2017 年触底反弹。

人民币国际化自推进以来，虽然已经取得了不少的进步，但也暴露出一些问题，而这些问题或者是因为在最初规划时期考虑不足，或者是随着世界形势变化新出现的，正如习近平总书记在 2018 年的中央外事工作会议上指出的“当前，我国处于近代以来最好的发展时期，世界处于百年未有之大变局，两者同步交织、相互激荡。”本书从宏观层面和技术层面两个方面分析人民币国际化的影响因素。

5.2.1　宏观层面的影响因素

1. 关税增加和反全球化的贸易保护主义

中国建设银行人民币国际化课题组通过调查中国企业（72%）和海外企业（67%），认为贸易关税增加和保护主义抬头是人民币国际化面临的最大挑战。调查问卷显示，关税增加，海外企业倾向增加使用人民币，而中国企业减少使用人民币。44%的中国企业表示关税导致它们减少了人民币产品的使用；62%的海外企业表示关税增加了它们对人民币的使用。

2. "不可能三角"下的政策权衡

宏观管理必须利用著名的"不可能三角"在各种不同的政策之间权衡。我国 2014 年《政府工作报告》提出"保持人民币汇率在合理均衡水平上的基本稳定，扩大汇率双向浮动区间，推进人民币资本项目可兑换"，同时提出"促进互联网金融健康发展，完善金融监管协调机制，密切监测跨境资本流动，守住不发生系统性和区域性金融风险的底线"。这表明人民币国际化与资本项目自由流动之间已经出现冲突。2015 年《政府工作报告》提出"稳步实现人民币资本项目可兑换，扩大人民币国际使用，加快建设人民币跨境支付系统，完善人民币全球清算服务体系，开展个人投资者境外投资试点，适时启动'深港通'试点"。2015 年，人民币国际化进展最快。

自 2015 年中国汇率改革以来，由于美元走强，金融市场对人民币贬值预期不断加强。中国人民银行和国家外汇管理局采取各种措施稳定人民币汇率。2015 年第三季度中国人民银行和国家外汇局加强了跨境资本流动监管。一是加强了银联人民币卡境外提现管理。自 2016 年 1 月 1 日起，银联人民币卡在境外提取现钞，每卡每年不得超过等值 10 万元。2015 年 10 月 1 日至 12 月 31 日期间，每卡不得超过等值 5 万元。此项措施有效减少了境外大额提现，抑制了资产非法转移。二是加强了对贸易与投资领域购、付、汇真实性审核，加强了事中、事后监管，遏制外汇资金异常流动。三是开展了重点领域和渠道的专项监管，先后开展了"出口不收汇"、个人外币现钞等专项检查，做好转口贸易、远期结汇、橡胶行业进口贸易融资、融资租赁类公司等专项检查，防范跨境资本流动冲击。四是开展了打击利用离岸公司和地下钱庄转移赃款专项行动，严厉打击外汇违法违规活动。

2016 年《政府工作报告》第一次提出"加强全口径外债宏观审慎管理。扎紧制度笼子，整顿规范金融秩序，严厉打击金融诈骗、非法集资和证券期货领域的违法犯罪活动，坚决守住不发生系统性区域性风险的底线”。金融工作的重点放在境内金融风险防控上，没有涉及人民币国际化内容。由于 2016 年人民币国际化进展较慢，2017 年《政府工作报告》提出了“坚持汇率市场化改革方向，保持人民币在全球货币体系中的稳定地位”。

3. 中国经济增长前景和汇率波动

日元国际化在 20 世纪 90 年代遇到的核心阻碍因素是日本经济的“迷失的十年”，导致日元国际使用几乎和日本经济一起停滞不前。

人民币跨境贸易使用的初心是为便于中国出口企业规避美元贬值的影响。在一般情况下，跨国企业在贸易和投资中选择何种币种，除受交易习惯影响外，最主要考虑汇率波动和该货币价值稳定的因素。虽然一些企业采用提前、滞后支付进行对冲，离岸人民币非交割的远期合约也是中国企业普遍选择的方式，但人民币对美元汇率升值是决定人民币国际使用的主要原因。从表 5-1 和表 5-2 中可以看出，在 2016 年和 2017 年美元走强的年份，经常项目和跨境直接投资人民币使用规模直接萎缩，非居民持有境内人民币资产也下降很快。

5.2.2 技术层面的影响因素

从技术层面分析，影响人民币国际化的主要因素包括如下几点。

1. 货币互换因素

为了给人民币跨境结算提供资金支持基础，推动人民币跨境使用，中国人民银行先后与多国中央银行或货币当局签署了双边本币互换协议，加强金融联系。货币互换对人民币国际货币职能的拓展发挥了重要作用。首先，签订互换协议是贸易伙伴国认可人民币的地位和稳定性的一种表现。货币互换协议的签署及实施既为跨境贸易、投/融资以人民币进行结算创造了条件，使人民币的跨境使用量增加，同时也间接提高了人民币的国际地位。其次，鉴于目前人民币尚不能完全自由兑换，签署双边本币互换协议拓宽了境外贸易商获得人民币资金的渠道，为双边贸易的本币计价提供了可能，在一定程度上促进了双边贸易的发展。再次，在本币互换协议的支持下，人民币的使用已经超出了双边贸易的范畴，人民币已成为多方认可的结算货币甚至储备货币。最后，基于当前中国还未实现资本项目完全开放，积极推动货币互换可以在一定程度上跨越资本项目管制的约束。

在目前的货币互换中，人民币与马来西亚、印度尼西亚和阿根廷的本币互换，主要用于支持两国间的商业贸易结算；人民币与韩国的本币互换，主要是为了便利韩国在华企业的融资；人民币与中国香港地区的本币互换，主要是为了满足其与内地跨境交易的人民币结算及为香港地区人民币债券发行提供资金；人民币与俄罗斯的本币互换，则是为了将人民币用作储备货币。

与中国签署货币互换协议的国家数量不断增多，其原因主要有二：一是这些国家正在努力对国际货币体系进行修正，希望借人民币结算来缓解美元主导对自身的约束；二是虽然伴随着中国经济实力的不断发展，人民币在国际市场上的认可度不断提高，但海外市场获取人民币的渠道仍然不多，人民币的跨境流动金额十分有限，货币互换可拓宽离岸金融市场获取人民币的渠道。

2008 年以来，我国不断推动对外货币合作，与境外中央银行或货币当局的本币互换合作成效显著。截至 2018 年年末，我国已与韩国、马来西亚、欧洲、瑞士、俄罗斯等 51 个国家和地区的中央银行或货币当局签署了双边本币互换协议，总金额 3.48 万亿元，但也存在一些问题。

一是货币互换签约国数量有待提高。双边本币互换安排是国家间经济金融领域合作深化的表现，有利于便利双方贸易投资中使用本币，规避汇率风险。中央银行间本币互换也在维护金融市场稳定，为金融市场提供紧急流动性支持方面发挥了重要作用。协议签署时属于备用性质，在实际发起动用前双方不发生债权债务关系。协议签署规模为一方可动用另一方货币的最大金额。通过协议，任何一方都可以发起交易，以一定数量的本币交换等值的对方货币。互换的发起和收回都为本币，并不承担汇率风险。互换发起后，协议双方还将定期根据最新双边汇率调整互换金额，减少因某一方货币汇率波动引起的质押物减值风险。据统计，我国已经是 120 多个国家和地区最大的贸易伙伴，而目前只与其中 51 个国家签约，未来与我国发展互换协议的国家有望增加。

二是互换额度与使用数量不相称。我国已经与 51 个国家签订了 3.48 万亿元的互换额度，但外方使用额度较小，2014 年使用 807 亿元额度，相当于当年额度的 3.5%。2015 年使用快速提高到 1570.1 亿元，占当年额度的 4.74%。2017 年下降到 221.5 亿元，占当年额度的 0.73%。如表 5-3 所示为 2008—2018 年我国的货币互换情况。

表 5-3　2008—2018 年我国的货币互换情况（单位：亿元）

时间	额度	国家数目	外方交易额度	外方实际动用额度
2008 年	3.1 万	32	0	—
2014 年	0	0	2.3 万	807
2015 年	3.31 万	0	0	1570.1（2377.2）*
2016 年 6 月	3.33 万	35	0	—
2016 年	3.30 万	36	0	1278（3655.31）*
2017 年	3.02 万	0	0	221.5
2018 年	0	51	0	327.86

*括号内是截至年末累计。

资料来源：《货币政策执行报告》、中国人民银行《人民币国际化报告》。

2. 离岸人民币市场建设

近年来，离岸人民币市场已形成以中国香港为主，伦敦、新加坡、欧洲及东南亚地区多点并行的格局。但是，离岸人民币市场规模偏小、投资产品有限是阻碍海外人民币持有量增加的主要原因。中国银行人民币课题组 2018 年调研发现，境外企业获得人民币之后，78%的企业（占受访企业的比例，下同）将人民币兑换为本国货币（2016 年的比例是 77%，2017 年的比例是 82%），持有人民币存款的企业有 14%（2016 年是 13%、2017 年是 12%），投资人民币产品的企业有 9%（2016 年是 10%，2017 年是 5%）。

3. 国际大宗资源定价问题

大宗商品主要指用于工业和农业生产与消费的大批量交易的物质商品，一般可以根据其自然属性分为以下几类：一是以原油、天然气等为代表的能源类大宗商品；二是以铁矿石、橡胶为代表的工业原材料；三是以有色金属为代表的工业品，如铜、铝、镍、锌、铅、锡等；四是以金和银为代表的贵金属；五是以粮食为代表的大宗农产品，包括稻米、小麦、玉米、大豆、糖、棉花和咖啡豆等。

2018 年，联合国贸易和发展会议数据库公布的 81 种国际大宗商品价格中，有 76 种用美元标价；在罗杰斯（Rogers）国际商品指数中，非美元计价商品的权重仅为 2%。当前，美元在全球支付中占比高达 43%。可见，美元几乎垄断了所有大宗商品的计价结算权。

Ito 和 Chinn（2013）研究发现，在使用欧元作为主要国际计价货币的欧盟地区，使用美元进行进口计价结算的比例与大宗商品在进口商品中的占比也存在显著相关性，即美元作为大宗商品的定价货币显著影响他国选择美元作为国际贸易计价货币。一国金融发展与金融开放程度对其贸易计价货币的选择有显著影响，若一国金融市场发展程度较高，则对美元的使用会较少，而在对外贸易的计价货币选择中较多地使用欧元或本币。欧洲货币联盟在推动欧元成为国际计价货币方面具有局限性，而大宗商品定价大多使用美元，使得美元在国际计价货币方面具有更高的地位，美元与大宗商品的绑定对美元作为计价货币的影响即使在欧元区内也是正向的。陈雨露（2005）发现对国际大宗商品交易实现以本国货币计价结算，进一步实现货币的全球流通，是可行的货币国际化手段。以本国货币计价、结算大宗商品，可以使大宗商品定价权向本国转移，从而促进本国货币国际化。余永定（2011）研究表明，布雷顿森林体系下的美元国际化、欧元国际化和日元的国际化，都存在对大宗商品定价权的争夺与掌控，大宗商品定价权对货币国际化有正向影响。陈学彬（2012）认为，大力发展大宗商品期货市场，争夺大宗商品定价权，对推动人民币计价货币份额的提升、促进人民币进一步国际化具有重要意义。刘刚、张友泽（2018）研究认为，我国应逐步扩大对"一带一路"沿线国家的技术帮助与金融援助，并以此推进人民币在丝路沿线国家贸易和交易中的普及与使用。同时应发挥我国特色的移动支付平台，将支付宝等移动支付平台推向国外，让沿线国家居民逐步了解人民币的支付及使用模式，从而在增加客户黏性的同时有利于推动人民币成为沿线国家的"锚货币"，进一步提高人民币国际化水平。

中国人民银行于 2015 年 7 月发布《关于境内原油期货交易跨境人民币结算管理有关事宜的公告》。2018 年 3 月 26 日，以人民币计价结算的原油期货在上海国际能源交易中心正式挂牌交易，这有助于推动人民币成为大宗商品计价结算货币，促进人民币在全球贸易中的使用。交易品种包括国内和国外原油品种，主要是中质含硫原油，包括迪拜原油、上扎库姆原油、阿曼原油、卡塔尔海洋油、也门马西拉原油、伊拉克巴士拉轻油及国产的胜利原油 7 个可交割油种。交易单位与国际主流一致，舍弃了中国常用的"吨"，确定为 1000 桶/手。交割方式采用在能源中心指定的交割地点进行现货交割，主要有中国石化集团石油商业储备有限公司、中石油燃料油有限公司等 6 个指定交割仓库，8 个存放点，交割仓库根据原油期货交易上市后的实际情况可进行增加。交易时间主要是 9:00—11:30、13:30—15:00。为了与境外市场接轨，原油期货也开展连续交易，为 21:00 至次日 2:30，这一安排方便了境外投资者参与投资。中国原油期货采用人民币作为计价单位，引入境内外交易会员参与，包括跨国石油公司、原油贸易商、投资银行等，有利于形成反映中国和亚太时区原油市场供求关系的基准价格，原油人民币期货的推出使人民币作为大宗商品的计价结算货币迈出了重要一步。

自人民币原油期货诞生以来，其全球市占率已达 6%，据交易所数据显示，2018 年全年，两大美元计价的国际基准原油（布伦特原油和纽约原油）交易量下滑至 2.072 亿手，低于 2017 年的 2.2017 亿手。据路透社称，人民币原油期货推出的第一年，其表现好于以美元计价的布伦特原油期货，后者在 1988 年推出当年从占主导地位的纽约原油期货手中仅夺得 3.1%的份额。

截至 2019 年 3 月 25 日，人民币原油期货累计单边成交量 3670.03 万手，累计成交金额 17.12 万亿元，全市场保证金总额 76.01 亿元，日均成交量 15.10 万手，日均成交金额 704.55 亿元，日均持仓 2.24 万手，最大日成交量 35.98 万手，日成交量已经超过了迪拜的阿曼原油期货品种，成为亚洲最大和全球第三大原油期货，仅次于美国的纽约原油期货市场和英国布伦特原油期货市场。对此，《世界报》称，人民币计价的原油期货打破了以美元定价石油的格局，人民币原油期货成功做到了以美元计价的布伦特原油期货没有做到的事。

4. 交易银行金融服务缺位问题

交易银行是指银行为公司客户提供的银行产品与服务的集合，是未来银行对公服务转型的重要举措。交易银行更多地考虑“以客户为中心”的理念，并以此为转型焦点，围绕公司客户在全财务流程、贸易流程中的需求来推动银行的能力建设。交易银行的特点是跨市场、跨平台、跨界、跨境，包含支付结算、现金管理、流动资本管理和供应链金融。

《中国交易银行发展报告（2018）》显示，截至 2017 年年底，大部分的银行基本处于打算/正在调整资源的现状，这也与交易银行业务在国内的起步较晚有一定关系，很多银行还属于边看边尝试的阶段。已经完成相关资源整合和调整的受调研样本中，40%的银行已经完成战略方向的调整，明确将发展交易银行作为行内重点战略，保障交易银行从理念转化为实践落地。在受调研银行中，战略方向调整的完成度相比于其他方向（部门调整/整合、营销方式调整、品牌建设/推广等）都要高。

1. 交易银行业务在中国的新发展

无论是否组建交易银行，现金管理都成为加深银企关系的重要基石，是商业银行的核心业务，也是未来业务条线发展的重中之重。同样纳入交易银行重点业务范畴的还有支付结算和供应链金融。在交易银行的框架下，现金管理是核心业务，支付结算是产品创新的基础，供应链金融是业务和产品如何嵌入企业经营的体现，三者共同搭建了交易银行业务的架构，是交易银行多产品条线综合服务的核心。

中信银行在 20 世纪 90 年代就开始了对这种新模式的探索：2015 年 11 月发布了交易银行品牌“交易+”；2017 年 5 月发布了“生态金融”云平台，并将其称为交易银行的 3.0 模式。

招商银行于 2015 年在总行层面设立交易银行部，主要涵盖结算与现金管理、供应链金融、贸易融资、跨境金融和互联网金融五大业务板块。截至 2017 年 6 月末，招商银行现金管理客户总数达到 123.62 万户，较上年末增长 11.35%；供应链融资余额达 1207.95 亿元，较上年末增长 24.71%。在贸易金融方面，招商银行 2017 年上半年国内保理业务量达 785.26 亿元，同比增长 498.29%。

浦发银行在 2016 年年初成立交易银行部，下设“七处两中心”：七处即原有的五个产品处室（分辖跨境金融、供应链金融、财资管理及渠道类的产品设计）加上新设的机构客户处和同业电子渠道处；两中心即工商企业经营中心和科技金融中心。在机制探索方面，浦发银行形成了集产品、客户、渠道、服务四位一体，前、中、后台相融合的交易银行新“5-4-3”战略布局。其中“5”是指定位“五类重点客群”，践行“五化经营思路”；“4”是指搭建四维组织架构和推出四大产品服务；“3”是指运用“三种跨界思维”和发挥“三项核心能力”。浦发银行在分行层面也成立了交易银行部，并在总分行都配备了交易银行产品经理，凸显人员的专业性和综合能力。截至 2017 年 6 月 30 日，浦发银行交易银行特色业务量达 2.74 万亿元，同比增长 30.48%；电子渠道交易量达 19.88 万亿元，同比增长 30.70%。

2. 传统银行业务在跨境支付中的问题

1）成本较高

麦肯锡在《2016 年全球支付报告》中就曾指出，虽然跨境支付交易规模不到全球支付总量的 20%，其交易费却占全球支付的 40%，其中 2015 年跨境支付的收入规模就已达 3000 亿美元。根据世界经济论坛报告《全球金融基础设施的未来》，汇款人的跨境支付费用一般是汇款金额的 7.68%。麦肯锡报告称银行使用代理银行完成一笔跨境支付的平均成本为 25~35 美元，是使用自动交换中心完成一笔国内清结算支付成本的 10 倍以上。

2）耗时较长

麦肯锡发布的《2016 年全球支付报告》指出，全球 92%的跨境支付是 B2B 支付，而 B2B 支付中有 90% 是通过银行进行的，由此可见银行是跨境支付的主要渠道。但由于银行渠道都要经过多个中间机构，包括开户行、中央银行、境外银行（代理行或本行境外分支机构），每一中间机构都拥有独立的记账系统，交易发生后，除了需要在本银行记录，还要与其他交易对手进行清算和对账，导致耗时较长。

3）安全性低

传统的跨境支付采用集中式支付，客户需要将自己的账户等信息提供给中介机构，中介机构根据客户提供的信息来完成汇款和提款。在这种支付模式下，中介机构积累了大量的客户账户信息和交易信息，极易成为黑客和不法分子窃取信息的目标。如利用第三方支付公司进行跨境支付，交易数据就会被第三方支付平台所存取，这些交易数据包括个人信息、交易记录、认证信息等。由于第三方跨境支付服务是通过网络提供相关服务的，涉及消费者、第三方支付平台、境外商家、金融机构等，其中任何一个环节出现问题，都有可能导致信息泄露。

由于传统跨境支付中存在诸多问题，加之跨境贸易的飞速发展，人们对跨境支付传统业务模式变革的诉求日益增多。与此同时，以比特币为代表的数字货币引起了社会关注，尤其是其背后颠覆了传统技术手段的区块链技术。区块链技术具有去中心化、信息不可篡改、开放性等特点，适合应用于跨境支付领域，从而提高跨境支付的效率和安全可靠性。近两年，国际相关机构已经针对区块链技术在跨境支付中的应用进行了研究和尝试，未来有可能重构跨境支付体系。

5. 电子化结算规模与人民币地位不对等的问题

人民币跨境支付系统（Cross-border Interbank Payment System，CIPS）是由中国人民银行组织开发的独立支付系统，旨在进一步整合现有人民币跨境支付结算渠道和资源，提高跨境清算效率，满足各主要时区的人民币业务发展需要，提高交易的安全性，构建公平的市场竞争环境。该系统于 2012 年 4 月 12 日开始建设，2015 年 10 月 8 日正式启动。

截至 2019 年 12 月末，CIPS 系统直接参与者共 33 家；间接参与者共 903 家，其中亚洲 697 家（境内 392 家）、欧洲 109 家、非洲 37 家、北美洲 26 家、大洋洲 18 家、南美洲 16 家，覆盖全球 94 个国家和地区。从实际业务覆盖面来看，CIPS 的业务覆盖了 155 个国家和地区的 2300 余家法人金融机构。CIPS 上线以来，“一带一路”沿线国家和地区的参与者数量逐步攀升。截至 2018 年 6 月 30 日，CIPS 参与者已覆盖“一带一路”沿线 41 个国家和地区，业务实际覆盖“一带一路”沿线 60 个国家和地区的 1356 家法人金融机构。CIPS 为“一带一路”沿线国家和地区提供高效便捷的支付结算服务，有助于扩大人民币使用规模与范围，对“一带一路”的倡议实施起到重要支撑作用。

由表 5-4 可以看出，2015 年以来，人民币跨境系统发展很快，特别是 2017 年和 2018 年增长率分别达到 233.67%和 81.71%，处理金额 26.45 万亿元。

表 5-4　中国人民银行跨境支付系统情况（2015—2018 年）

年度	笔数（万笔）	笔数同比增长（%）	金额（万亿元）	金额同比增长（%）	日均处理笔数	金额（亿元）
2018 年	144.24	14.57	26.45	81.71	5723.74	1049.46
2017 年	125.9	97.92	14.55	233.67	5056.22	584.5
2016 年	63.61	—	4.36	—	2544.4	174.47
2015 年	8.67	—	0.480898	—	1400	77.56

资料来源：《货币政策执行报告》。

但是，居于主导地位的 SWIFT 系统结算额每日达到 5 万亿～6 万亿美元，成为事实上的国际标准。而且其中 40%为美元结算，形成了 SWIFT 支撑美元国际货币主导权的现状。

下篇

第6章

数字货币概述

20 世纪 90 年代以来，互联网不仅呈现出异乎寻常的指数增长趋势，而且爆炸性地向经济金融和社会各个领域进行广泛的渗透与扩张，尤其近十年基于“万物互联”概念提出的物联网使网络空间信息通信基础设施上的联网设备大幅增加，工业控制系统、人工智能、云计算、移动支付等新型应用领域蓬勃发展。互联网正在给人类社会带来巨大的财富，按照梅特卡夫定律（$V=K\times N^2$），“网络的价值等于网络节点数的平方，网络的价值与联网用户数的平方成正比”。值得欣慰的是，经济的数字化引发了货币数字化的广泛需求。数字货币从理论走向现实，其必要性、可行性和安全性正在接受市场检验。以比特币为代表的某些类数字货币在私人部门率先得到应用。国际主要金融组织和国家的中央银行也正在积极研究探索法定数字货币的制度设计和关键技术。作为中央银行，应基于维护金融体系稳定、促进金融创新、契合技术演进路径等因素综合考量，逐步实现法定数字货币的发行流通和对私人部门类数字货币的有效监管。本章 6.1 节介绍了数字货币诞生的技术基础；6.2 节梳理了数字货币的概念及发展；6.3 节介绍了当前国际支付结算系统数字化发展趋势；6.4 节介绍了数字货币发行条件下中央银行新的任务和作用；6.5 节介绍了数字货币对金融业可能带来的影响。

6.1　数字货币诞生的技术基础

随着全球主要经济体相继迈入信息经济互联网时代，社会生产工具发生了巨大变化，生产力大幅提高。与此同时，社交媒体、网络虚拟社区、电子商务飞速发展，以共享经济为代表的新商业模式不断涌现，人类生活模式和经济社会运行模式被深刻地改变，数字经济优势逐渐领先于工业经济。与之相应，金融运行模式也发生了天翻地覆的变化，现代金融业依托于信息技术应用而发展，已经演变成高技术含量的行业，呈现信息化转型发展趋势。以信息通信技术、区块链和分布式记账技术、物联网和人工智能为依托的金融科技的兴起，为数字货币的产生和发展奠定了科技基础。

6.1.1 信息技术与通信技术

当今世界正在向信息时代迈进，信息已经成为经济社会发展的“神经系统”，现代信息技术广泛地渗透到并改变着人们的生活、学习和工作，信息产业正逐步发展成为全球最大的产业。

1. 集成电路

半导体集成电路是现代信息产业的基石，但随着摩尔定律走向终结，人工智能、物联网、超级计算及其相关应用对集成电路芯片提出了更高的性能要求。当前对内存计算芯片、深度神经网络专用芯片、神经形态芯片、量子计算芯片、光电集成芯片的研制开发都取得了不同程度的进展。

2. 电子计算机

目前世界上计算机的装机台数超过 20 亿，超巨型计算机运算速度已超过千万亿次/秒。现在计算机所做的工作类似于人类左脑逻辑思维方面的工作和人类右脑形象思维方面的工作，人们正在研制神经计算机和模糊计算机，并已取得进展。神经计算机在微观上以自底到顶的方式接近人脑，而模糊计算机则是在宏观上以从顶到底的方式接近人脑。

3. 软件技术

信息技术主要由两部分组成，即计算机硬件技术和计算机软件技术。知识和信息的收集、存储、整理、创新、传播和应用等环节的运行，将以计算机软件技术的开发与利用为前提。

4. 5G

第五代移动通信技术（5G）是目前移动通信技术发展的又一个高峰，也是人类改变生活和改变社会的重要力量。国际标准化组织第三代合作伙伴计划

（3rd Generation Partnership Project，3GPP）定义了 5G 的三大场景：eMBB、mMTC 和 URLLC。其中，eMBB 是指 3D/超高清视频等大流量移动宽带业务，mMTC 是指大规模物联网业务，URLLC 是指如无人驾驶、工业自动化等需要低时延、高可靠连接的业务。通过 3GPP 的三大场景定义可以看出，对于 5G，世界通信业的普遍看法是，它不仅应具备高速度，还应满足低时延这样更高的要求。从 1G 到 4G，移动通信的核心是人与人之间的通信，个人的通信是移动通信的核心业务。但 5G 的通信不仅是人的通信，尤其在物联网、工业自动化、无人驾驶等业务被引入后，通信从人与人之间的通信，开始转向人与物的通信，直至机器与机器之间的通信。

5G 在 4G 的基础上对移动通信提出了更高的要求，在高速度、泛在网、低功率、低时延、万物互联、重构安全等多个方面有了全新的提升，互联网的发展也从移动互联网进入智能互联网，人类的文明正在从工业文明时代步入智慧文明时代。

6.1.2　区块链技术

区块链技术起源于中本聪（Satori Motorman）在 2008 年发表的奠基性论文《比特币：一种点对点电子现金系统》。文章中提出，希望可以创建一套“基于密码学原理而非基于信用”的电子支付系统，任何人都可以在不知道对方背景信息的情况下进行交易，且不需要第三方的介入。这篇文章催生了比特币，标志着人类社会货币体系的全新试验。区块链是利用区块链式数据结构来验证与存储数据，利用分布式节点共识算法来生成和更新数据，利用密码学的技术来保证数据传输和访问控制的安全，利用由自动化脚本代码组成的智能合约来编程和操作数据的一种全新的分布式基础架构与计算范式。

目前，区块链被很多大型机构称为彻底改变业务乃至机构运作模式的重大突破性技术。在金融、物联网、公益慈善、医疗健康、供应链等领域，越来越多的机构开始探索区块链在行业中的应用前景。区块链是一种源于比特币但又超越了比特币的可信技术。区块链技术创新不仅催生了各类私人数字货币，同时也引起了各国中央银行广泛的兴趣和探索。可以这样说，目前大多数国家的中央银行数字货币（Central Bank Digital Currency，CBDC）试验都是基于区块链技术展开的。

但时至今日，关于 CBDC 是否采用区块链技术依然存有争议，一种典型的观点是区块链的去中心化与中央银行的集中管理存在冲突。虽然区块链的技术特点是不依赖中心机构，但不代表其不能被纳入现有中心机构的体系内，只要通过合理的设计，中央银行恰恰可以利用区块链将分布式运营有效整合起来，更好地实现对 CBDC 的中心化管控，两者并不存在必然冲突。例如，加拿大的 Jasper 项目试验基于区块链技术的大额支付系统；新加坡的 Ubin 项目评估在分布式账本上以数字新元的代币形式进行支付结算的效果；欧洲中央银行和日本中央银行的 Stella 项目旨在研究分布式账本技术在金融市场基础设施中的应用，评估现有支付体系的特定功能是否能够在分布式账本技术环境下安全高效地运转。还有中国香港的 LionRock 项目、泰国的 Inthanon 项目等均是试验基于区块链技术的 CBDC。这些区块链技术的应用都在中央银行的集中管理和严格控制下展开。

总之，区块链技术正以前所未有的速度发展，并与各项主流技术深度融合，因此无论从技术角度还是从业务角度看，现实应用中的区块链都与“原教旨主义”的理解有所不同。如何运用区块链技术来更好地服务于中心化管理下的分布式运营，可能是 CBDC 当前需要重点探索的方向。

1） 区块链的分类

区块链根据应用场景和设计不同，主要分为公有链、联盟链和私有链。

（1）公有链。公有链以比特币、以太坊和其他加密货币为代表，各个节点可以自由进入或退出区块链网络。

（2）联盟链。联盟链中的各个节点通常代表实体组织机构或个人，各节点通常需要经过授权后才能加入或退出网络。由于各机构间通常存在相关利益，因此需要各方共同参与和维护。

（3）私有链。私有链中各个节点的准入和退出权限均由内部控制，通常是在特定机构内用于内部数据管理与审计。

2） 现有区块链技术的特点

现有的区块链技术主要有以下 4 个特点。

（1）去中心化。现有的区块链技术无须第三方介入，即可实现点对点的交易、协调和协作。在区块链系统中，没有任何一个机构或个人可以实现对全局数据的控制，而任一节点停止工作都不会影响系统整体运作，这种去中心化的网络将极大地提升数据安全性。

（2）不可篡改性。区块链利用加密技术来验证与存储数据，利用分布式共识算法来增加和更新数据，需要各节点参与验证交易和出块；修改任一数据均需变更所有后续记录，因此修改单节点数据难度极大。

（3）公开透明与可溯源性。写入的区块内容将备份到各节点中，各节点都拥有最新的完整数据库，而且所有的记录信息都是公开的，任何人通过公开的接口都可查询区块数据。区块链中的每笔交易通过链式存储固化到区块数据中，同时通过密码学算法对所有区块的所有交易记录进行叠加式哈希 Hash 摘要处理，因此可追溯任何一笔交易历史。

（4）集体维护性。区块链去中心化的特征决定了它的集体维护性。传统中心化机构通常身兼三职：数据存储者、数据管理者和数据分析者。区块链则以对等的方式由各参与方共同维护，各方权责明确，无须向第三方机构让渡权利，实现共同协作。

3）区块链的技术创新

从技术角度来讲，区块链并不是一种全新的技术，而是一种集成了多种现有技术的组合式创新技术。区块链的技术创新包括以下几个方面。

（1）共识机制。常用的共识机制主要有 POW、PBS、DOS、PBFT、PAXOS 等。由于区块链系统中没有一个中心，因此需要有一个预设的规则来指导各个节点在数据处理上达成一致，所有的数据交互都要按照严格的规则和共识进行。

（2）密码学技术。密码学技术是区块链的核心技术之一，目前的区块链应用中采用了很多现代密码学的经典算法，主要包括哈希算法、对称加密、非对称加密、数字签名等。

（3）分布式存储。区块链是一种点对点网络上的分布账本，每个参与的节点都将独立、完整地存储、写入区块数据信息。与传统中心化存储相比，分布式存储的优势主要体现在两个方面：每个节点上都备份数据信息，避免了由于单点故障导致的数据丢失；每个节点上的数据都独立存储，有效规避了恶意篡改历史数据。

（4）智能合约。智能合约允许在没有第三方的情况下进行可信交易，只要一方达成了协议预先设定的目标，合约将自动执行交易，这些交易可追踪且不可逆转，具有透明可信、自动执行、强制履约的优点。

2. 分布式账本技术

随着信息技术的发展，账本逐渐向数字化演进，分布式账本是继账本技术数字化之后的又一次重大飞跃。分布式账本（Distributed Ledger）是一种在网络成员之间共享、复制和同步的数据库。分布式账本记录网络参与者之间的交易，如资产或数据的交换。这种共享账本降低了因调解不同账本所产生的时间和开支成本。分布式账本技术（Distributed Ledger Technology，DLT）吸收了现代密码学、安全通信、可信计算、对等网络和博弈论的研究成果，尝试构建一个分布式、防篡改、异构多活和灵活定制的计算架构，以支撑数字经济时代的业务需求。分布式账本呈现出超越技术本身的影响潜力，有可能引发金融体系的组织结构、运行结构及监管治理结构的深入变革。因此，全球主要中央银行都在对DTL的演化进行持续关注、研究、试验和评估。

6.1.3 物联网技术

物联网（Internet of Things，IOT）是指通过各种信息传感器、射频识别技术、全球定位系统、红外感应器、激光扫描器等各种装置与技术，实时采集任何需要监控、连接、互动的物体或过程，采集其声、光、热、电、力学、化学、生物、位置等各种需要的信息，通过各类可能的网络接入，实现物与物、物与人的泛在连接，实现对物品和过程的智能化感知、识别和管理。物联网是一个基于互联网、传统电信网等的信息承载体，它让所有能够被独立寻址的普通物理对象形成互联互通的网络。物联网是在互联网基础上的延伸和扩展，实现了在任何时间、任何地点，人、机、物的互联互通。

物联网是新一代信息技术的重要组成部分，具备以下特征。

（1）获取信息的功能。该功能主要是指信息的感知、识别功能。信息的感知是指对事物属性状态及其变化方式的知觉和敏感；信息的识别指能把所感受到的事物状态用一定的方式表示出来。

（2）传送信息的功能。该功能主要是指信息发送、传输、接收等环节，最后把获取的事物状态信息及其变化的方式从时间（或空间）上的一点传送到另一点，即常说的通信过程。

（3）处理信息的功能。该功能是指信息的加工过程，利用已有的或感知的信息产生新的信息，实际是制定决策的过程。

（4）施效信息的功能。该功能是指信息最终发挥效用的过程，有很多的表现形式，比较重要的是通过调节对象事物的状态及其变换方式，使对象始终处于预先设计的状态。

物联网的应用领域广。物联网在工业、农业、环境、交通、物流、安保等基础设施领域的应用，使有效的资源得到更加合理的分配和使用，从而提高了行业效率、效益。物联网在家居、医疗健康、教育、金融与服务业、旅游业等与生活息息相关的领域的应用，使服务范围、服务方式、服务的质量等都有了极大的改进，大大提高了人们的生活质量。物联网在涉及国防军事领域方面的应用，目前虽然还处在研究探索阶段，但其带来的影响也不可小觑，大到卫星、导弹、飞机、潜艇等装备系统，小到单兵作战装备，物联网技术的嵌入有效提升了军事智能化、信息化、精准化，极大地提升了军事战斗力，是未来军事变革的关键。

6.2　数字货币的概念及发展

货币演进的初始阶段是“以物易物”，是一种完全非中心化的自发性的选择。在以物易物的交易场景下，供需双方需要在数量和品种上达到双重耦合，交易成功的偶然性很强，极大地制约了贸易的开展。在商品生产和市场交换二者的双重推动下，一般等价物随之出现。在世界上不同的区域，一般等价物各有不同。货币是财产所有者与市场关于交换权的一种契约，本质上是所有者之间的约定，“吾以吾之所有予市场，换吾之所需”，货币就是这一过程的约定。

Bach and Garrett（2016）从 4 个维度定义了数字货币：①发行者：中央银行或其他机构；②形式：数字、物理形式；③可接受性：广泛的或受限制的；④技术：代币、账户。按发行者不同，可将货币分为法定货币（公共货币）、私人货币和区域货币（社区货币）。公共货币一般说来由政府发行，当今在全球占主导地位。私人货币和区域货币则由非政府机构发行。按货币形式不同，可将货币分为贝壳、金属货币、纸币和数字货币。按性质不同，可将货币分为真实货币和虚拟货币。

如果代表数字货币的字符串包含有持有人与其他个体的历史交易记录，则数字货币较普通货币更能削减信息不对称和交易摩擦，更能反映出社会资源的历史分配情况。Kocherlakota（1998）用“Money is Memory”（货币就是记忆）来生动地描述这一问题。如果说货币是资源分配的一种历史记录或持有证明的话，当这一记录或证明被电子化的账本所取代时，传统货币就可以被加密数字字符串所替代。或者说，在契约社会条件下，资源分配记录或持有证明发展成我们概念中的“货币”。

数字货币通过网络发送的是对交易情况进行加密计算的字符串。只要这一字符串包含有交易证明，就可以承担货币的交易媒介职能。在此过程中，货币本身的内在价值并不重要。Kiyotaki 和 Wright（1990）将搜寻理论引入货币领域，认为即使一种商品不是个体想消费的，但如果交换能使其效用增加，则这种商品也就实现了货币最基本的交易媒介功能。Aiyagari 和 Wallace（1991）研究认为，在随机匹配模型中，如果过往交易记录都可查询，货币将在形式上变得多余。

6.2.1 数字货币的定义

1. 国际上对数字货币的流行定义

数字货币（Digital Currency，DC），是货币电子化形式的替代货币。数字货币不同于虚拟世界中的虚拟代币，因为它和法定货币一样能被用于真实的商品和服务交易，而不局限在网络游戏中。关于什么是数字货币，理论界和实务界迄今并未形成统一的定义。此外，数字货币、虚拟代币及电子货币三者的概念交叉重叠，令人费解。因此，首先应厘清数字货币的概念。

IMF 给出的定义是，数字货币是以数字化形式实现价格尺度、价值存储和支付交易等职能的货币。国际清算银行（Bank for International Settlements，BIS）将数字货币定义为价值的数字表现形式，强调通过各方数据交换实现各项货币职能。欧洲银行业管理局将数字货币定义为价值的数字化表现，这种虚拟货币既不由货币当局发行，也不与法定货币挂钩，但可以作为支付手段进行电子化形式的存储、转移和交易。欧洲中央银行则将数字货币分为三类：一是以虚拟货币为代表的不受监管的数字货币；二是以电子货币为代表的受监管的数字货币；三是加密数字货币。英格兰银行明确表示以分布式记账技术作为数字货币的分类标准，运用分布式账本技术的数字货币是加密数字货币。我国学者也对数字货币的内涵进行了探索性归纳和界定。李建军（2016）认为，数字货币的概念有广义和狭义之分。广义的数字货币既包括现有的电子货币，也包括虚拟货币和加密数字货币。狭义的数字货币专指加密数字货币，包括主权数字货币和非法定数字货币。钟伟等人（2018）将数字货币定义为比特币等私人发行的数字货币或中央银行发行的国家信用保障的数字货币。

数字货币是一种基于数字技术、依托网络传输、以非物理形式存在的价值承载和转移的载体。数字货币可分为法定数字货币和非法定数字货币。法定数字货币是以法令强制规定（任何人皆不得拒绝）其价值的数字货币。非法定数字货币分为两类：①稳定值代币，即以现金货币或资产抵押发行并锚定法定货币计价的代币，如 USDT、脸书（Facebook）发行的 Libra，美国金融巨头摩根大通开发的 JPM Coin 等，也包括游戏币、门户网站或社区专用币（如 Q 币等）等以法币充值获得的虚拟代币；②数字资产，即基于算法和加密技术产生的、在市场流通交易中价格有浮动的代币，如比特币、以太币等。

电子货币（Electronic Money E-money），是指以电子机具和各类交易卡为媒介，以计算机技术和通信技术为手段，以电子数据流形式存储在银行的账户系统，并通过计算机网络以信息传递形式实现流通和支付功能的货币，如信用卡、储蓄卡、IC 卡、各种消费卡、电子支票、电子钱包、网络货币等，几乎包括了所有与资金有关的电子化支付工具和支付方式。电子货币是一种法定货币的数字传输机制，通过电子渠道转移法定货币的价值。显然，加密代币作为网络货币的一种，也是电子货币。

虚拟货币也称网络虚拟代币，非真实货币，是非中央银行、信用机构、电子货币机构发行的，在某些情况下可以作为货币替代物价值的数字表现。目前包括游戏币、门户网站或社区专用币（如 Q 币等）、基于互联网技术产生的加密货币（如比特币等）三类。狭义的虚拟代币特指在网络空间使用的代币，它只能与法定货币进行单向兑换，是在游戏中、门户网站或社区进行交易的价值载体，不能将虚拟代币换回法定货币。

密码资产种类很多，主要有三类（见表 6-1）。

表 6-1　密码资产种类

Crypt-currencies 加密数字货币	一般用于购买商品、服务	Bit coin 比特币 Monera Impak Coin 门罗币
Security　tokens 证券型通证	允许买家在公司中占有一定的地位	DAO tokens
Utility tokens 实用性统证	使用户能够消费特定于平台的商品或服务	Ether Tether

2. 数字货币的分类

中央银行数字货币（Central Bank Digital Currency，CBDC）也称法定数字货币，是指发行责任主体为中央银行，属于中央银行负债，具有国家信用，与法定货币等值（或固定的比值）的数字货币，是法定货币的数字化形式，具有法定地位、具有国家主权背书，或称中央银行数字货币。在数字经济颠覆性的浪潮中，各国政府在监管这个市场的同时，也已开始关注区块链和 DLT 技术本身。发行中央银行数字货币（CBDC）成为各国中央银行正在积极探索的方向。

2019 年下半年以来，随着脸书意图推出 Libra 话题的持续升温，全球各主要经济体对数字货币的认识发生明显转变。欧洲中央银行对 CBDC 的立场也从谨慎调向积极，拉加德行长宣布将考虑发行 CBDC 的可行性，其数字货币的研究与应用进程陡然加速。在美国，美联储主席鲍威尔曾于 2019 年 6 月和 9 月宣称“美国无意开发数字货币，不会积极考虑数字货币”，而到 2020 年 2 月却改口称“美联储已在认真研究 CBDC，了解和权衡其成本和收益是美联储应负的责任”。2020 年美国因新冠肺炎疫情推出 2 万亿元经济刺激法案时，其初稿曾包含数字美元（Digital Dollar）的构想。虽然最终稿将该内容删除了，但不妨碍我们从中洞察美国的数字美元战略意图。加拿大、澳大利亚等国中央银行积极参与由国际清算银行牵头组织的 CBDC 研究小组工作，其对 CBDC 已从毫无兴趣变为要做好准备，在短时间内形成巨大转变。各国中央银行在积极参与并跟踪货币变革，动力主要来自三方面。一是丰富本国的金融服务业态，提升货币政策的传导效率。二是破解支付、特别是跨境支付过程中的成本高、效率低等痛点。三是强化本币国际竞争力，或者至少保证竞争力不被削弱。目前来看，发达国家多是出于避免私人支付公司垄断考虑而发行 CBDC，发展中国家和非洲国家多因为金融普惠，突破金融制裁而发行 CBDC。

国际清算银行 2019 年调查了 63 家中央银行，其中 41 家属于新兴市场经济体（EMEs），22 家属于发达经济体。这些中央银行所处国家的人口总数占世界人口的 80%，经济产出占世界的 90%。而在这 63 家中央银行中，60%也已经或即将进行 CBDC 的理论研究，这一结果相比 2016 年有明显的增长。在进行 CBDC 研究的银行中，约有一半也已经转向试验和实际的概念验证工作，这一比例相比 2016 年又增长了 15%。其中大部分处在论证阶段，都未表明具体的 CBDC 发行计划。实际上，只有 5 家中央银行在 CBDC 试点项目方面取得了进展。国际清算银行的报告将瑞典和乌拉圭列为优秀的司法管辖区，这两个国家中正积极考虑发行通用型的 CBDC 来作为现金补充，且进程也都处于后期阶段。其中，瑞典中央银行早在 2016 年年初就开始进行 e-Krona（电子克朗）项目的研究。瑞典目前也已经进入深入研究的阶段，即进行 e-Krona 的预付价值、不计息和可追溯试点。而在乌拉圭，该国的中央银行也已经完成了一般用途 CBDC 的试点项目。随着现金流通量的下降，该国中央银行也于 2016 年 11 月启动了基于分布式账本技术的 e-Peso（电子比索）试点项目。该试点项目已于 2018 年 4 月成功完成，且该国中央银行目前正在对进一步的试验和发行进行评估。不同国家中央银行基本结合本国的需要设计 CBDC 的适用范围，有些视 CBDC 为中央银行现金的电子版，有些视 CBDC 为扩大了可访问范围的中央银行储备金（reserve），有些视 CBDC 为商业银行存款的替代物；有些 CBDC 系统延续了已有中央银行/商业银行基于账户（account-based）的体系。中国人民银行开始联调联试的 DC/EP 应该属于实物现金的替代升级版，主要应用于零售领域，以满足居民消费对现金的需求。

综上比较，我们不难发现，大众所关注与探讨的数字货币，无论是 Libra、USDT、比特币等非法定数字货币，还是各国中央银行关注探索的法定数字货币，其核心都是基于互联网算法和加密技术产生的加密数字货币。

3. 非法定数字货币的本质和特征

非法定数字货币最早诞生于密码爱好者社区，密码爱好者提出了关于新型电子货币的构想，"这种货币将有无法追踪的匿名特征"并且"政府的作用被排除在外"。以比特币为代表的非法定数字货币的设计，充分体现了该思想的延续和发展，是基于 P2P 分布技术在互联网发行和交易的电子货币，并逐步实现了与部分现实货币的自由兑换，甚至能够购买商品与服务。

以比特币为代表的非法定数字货币的产生，就是缘于 2008 年金融危机后的全球范围内宽松的货币政策，特别是美国的量化宽松。一些加密社区的无政府主义者发起通过加密技术实现在小圈子里发行非法定数字货币的活动，其动机源于对政府信用的怀疑。非法定数字货币最大的特点是不通过中央银行或第三方机构发行和交易，并因运用现代数字签名技术而具有较好的匿名性。

从货币角度，非法定数字货币的本质仍具备信用货币属性，是一种基于大众对算法技术的信任和社区的广泛接受而人造的信用货币。非法定数字货币在没有政府信用作为强制要求下，从目前的发展阶段来看，更类似于黄金等商品货币，在不同国家的监管和法律框架下，具备不同层次的货币功能。法定数字货币才真正具备信用货币的全部特征和功能。从技术角度，非法定数字货币是一个由数据码和标识码组成的网络数据包和一套基于分布式账本的互联网支付系统。数据码即需要传送的内容，标识码指明了该数据包从哪里来，要到哪里去等属性。其分布式支付系统替代集中式支付清算系统可谓巨大创新。传统货币支付过程中，依赖中央结算机构进行逐笔交易确认并通过集中账户来保证交易的连续性，避免同一货币被重复用于支付，比特币则使用分布式时间戳技术来解决该问题。

非法定数字货币特征：一是创建了基于密码算法的信任机制。加密货币运行、发行不依赖于中央银行、政府、企业等机构组织的支持或信用担保，而是依赖信息技术、密码算法、网络协议等来实现，理论上确保了任何个人、机构、政府等都不可能操控数字货币总量或制造人为通货膨胀。二是依托互联网可全球瞬时支付、可无边界转移所有权。通过电子渠道转账、支付不受时空限制，快捷、方便且低成本地实现境内外资金的快速转移。以跨境汇款为例，通过银行办理手续复杂、耗时较长，且手续费高。三是运用数字签名技术实现匿名性。有不同于传统电子交易的替代支付方式，用户仅需提供资金或通过信用卡就可以购买数字货币，购买初期就可实现匿名，交易过程中也较少涉及用户身份信息，在整个交易过程中用户身份信息外人无法辨识。

6.2.2 数字货币在国际上的发展

1. 数字货币在国际组织中的发展

国际金融组织基本对非法定数字货币（私人数字货币）不认定为货币。二十国集团（G20）2018 年财政部部长和中央银行行长会议的公报特别提到“加密资产（crypto-assets）”时强调：“我们承认技术创新，包括底层加密资产，有潜力更广泛地提高金融体系和经济的效率和包容性。但是，加密资产也确实引发了消费者和投资者保护、市场一致性、逃税、洗钱和恐怖主义融资方面的问题。加密资产缺乏主权货币的关键属性。在某些时候，它们可能会影响金融稳定。我们承诺实施金融行动特别任务工作组（FATF）标准，在它们适用于加密资产时，期待 FATF 审查这些标准，并呼吁 FATF 推动全球实施。我们呼吁国际标准制定机构（SSB）根据其任务规定继续监控加密资产及其风险，并在必要时采取多边回应。”G20 并没有认为“加密资产（crypto-assets）”为“加密货币（crypto currencies）”。前中国人民银行行长周小川在 2018 年 G20 会议上秉持了中国政府的一贯立场指出：“加密资产可能引发系列挑战和问题，如非法交易、洗钱和恐怖融资、可能会影响货币政策的传导。加密资产虽然规模仍然较小，但社会影响较大，不容忽视。中国一直强调，金融部门要更好地服务实体经济。目前来看加密资产对实体经济的支持作用是存在疑问的。”

目前，标准制定机构（SSB）和其他国际组织正在多个领域开展工作，直接解决加密资产引发的问题。它们主要集中于投资者保护、市场诚信、反洗钱、银行风险敞口和金融稳定监测。巴塞尔银行监管委员会（BCBS）、支付和市场基础设施委员会（CPMI）、国际证监会组织（IOSCO）、金融行动特别工作组（FATF）、经济合作与发展组织（OECD）和金融稳定委员会（FSB）正在进行的工作包含了各自职责范围内解决加密资产所带来的风险问题。如果此类资产不在市场监管机构和支付系统的监管范围内，可能会出现监管真空。同时，监管的国别差异也给监管带来难题。

随着以比特币、Libra 为代表的非法定数字货币向金融机构、市场、投融资领域渗透，其发行和使用对全球金融治理提出新的挑战。一是处在法律的灰色地带，缺乏监管原则，如比特币交易征税问题，是否是数字资产问题，跨境洗钱、非法交易问题等，急需全球一致的法律监管框架。二是其匿名和分布式支付特征，使它游离于监管之外，无法防止犯罪行为。三是全球金融治理和监管的国际协调问题。数字货币具有天然的互联网基因，其天生的国际性、超主权性，丰富了对货币可兑换的认识。但是，非法定数字货币在货币交换中的优势（如匿名性和去中心化特性）可能使其在国际货币交换体系中扮演越来越重要的角色，或将产生货币投机和国际套利，需要国际监管协调。

2. 数字货币在主要国家中的发展

世界各国货币当局也在积极应对货币数字化中出现的种种问题。英国通过发布多份数字货币研究报告，并联合学界、业界共同探索制定数字货币监管框架，对数字货币的态度较为明确且积极，承认数字货币是金融科技创新，但前提是数字货币是安全、有效、可控的，不能成为违法犯罪的工具，要针对数字货币的风险出台相关法律法规，并且开启了对法定数字货币的探索。美国侧重于数字金融市场规范，对数字货币、虚拟货币的监管职责由联邦政府和各州法律的“二元模式”确定。2017 年以来，美国证券交易委员会（SEC）对数字货币的监管举措主要是道义劝告、发表声明、起诉调查等。进入 2019 年 7 月，SEC 开始为数字货币领域的合规项目放行，采取豁免措施或出具无异议函。美国各州的数字货币监管各有不同，以纽约州为例，主要表现为发放比特币牌照（Bitlicense）、设置数字货币监管研究部及针对特定案件出台法案。加拿大对于数字货币发展与监管的研究处于世界前列，认为数字货币属于证券资产，不具有货币属性。2017 年加拿大中央银行报告显示，其正致力于研究发行法定数字货币的原型系统 Jasper，旨在利用该项目探索创建一种使用数字货币技术的支付系统，但是加拿大中央银行官员也表示数字货币可能会影响现行货币政策的执行效率并产生挤出效应。2017 年 10 月，加拿大安大略省证券委员会对外宣布支持作为证券资产的数字货币及其 ICO（初始数字货币发行）项目，并许可发放数字货币相关服务牌照。新加坡侧重于数字金融创新实验，在监管沙盒机制下给予虚拟金融有限制的合规性。例如，新加坡金融监管部门给予 ICO 的是有条件的“无异议函”，主要条件是禁止对新加坡本国居民发行和买卖虚拟货币。日本侧重于数字金融市场开放，2017 年 3 月，日本内阁通过法令，承认比特币为合法支付方式，取消比特币交易税；2017 年 9 月，日本金融厅宣布 11 家虚拟货币交易所获准注册，12 月又批准 4 家虚拟货币交易所。俄罗斯对于数字货币采取严监管的态度及措施，出台相关监管法案，禁止比特币及所有类似性质的替代货币，认为其具有高风险特征，会对中央银行的货币政策产生较大负面冲击。

6.3 当前国际支付结算系统数字化发展

6.3.1 数字货币的密码学技术（以比特币为例）

实际上，数字货币所使用的密码学技术早在 20 世纪 90 年代就已被提出，并在金融领域有不同程度的应用。其与金融行业唯一的区别是，金融行业加密传送的是货币的支付记账命令，而数字货币传送的是“货币”本身。

以全球最重要的跨境支付基础设施机构——SWIFT——这一金融行业的报文传输为例，一份报文将首先在发送方使用个人私钥对报文的哈希值进行数字签名，然后以接收方的公钥进行加密。接收方收到后，先以个人私钥解密（以保证信息只有特定接收方可读），然后以对方公钥解密（以确认信息是对方所发出）。

但是，在 SWIFT 报文传输过程中，上述过程只是应用层面的加密技术。而在比特币这一数字货币的传输过程中，除在应用层面使用与 SWIFT 报文传输相似的加密技术之外，在网络层面，有虚拟专用网（VPN）加密和 SIPN（SWIFT IP 协议网络的简称）硬件加密；在报文层面，有 SNL（用户所使用的强制加密软件）软件加密；在对使用者管理层面，还有封闭用户组、关系管理和信息传输不可抵赖管理等。比特币与 SWIFT 报文所使用的密码学技术对比见表 6-2。

表 6-2　比特币与 SWIFT 报文所使用的密码学技术对比

对比层面	SWIFT 报文	比特币
应用层面	以 SHA 算法计算哈希值	以 SHA 算法计算哈希值
	附加时间戳	附加时间戳
	非对称加密	非对称加密
报文层面	SNL 签名和加密 （IP 地址、SNL 序列号、PKI 证书）	无

续表

对比层面	SWIFT 报文	比特币
网络层面	VPN 设备许可和非对称加密	无
	SIPN 硬件加密	无
	IP 地址过滤	无
	防火墙、物理安全等	无
对使用者管理层面	封闭用户组	联盟链或私有链
	关系管理	无
	信息传输不可抵赖	无
	机构级物理保护	个人级物理保护

资料来源：《上海金融》2017 年第 6 期。

但是，比特币为了适应个人跨境交易的特点，难以做到如同金融机构和支付专用网络一样的多重加密传输和信息控制，难以解决双重支付问题，因而依赖分布式记账，通过系统各参与方的共识算法形成的强大计算能力来抵御外部攻击，并消除对内部中心节点的依赖，通过“自由、平等、共享”的网络思想来达到保证系统运行安全和去中心化的目的。

但去中心化是有代价的，具体体现在以下三个方面。

（1）资源消耗。比特币依赖于单向哈希函数的工作量证明机制。单向哈希函数有下列特性（Schneier，1996）：给定输入值，很容易计算哈希值；给定哈希值，很难反推输入值；不同的输入值，其哈希值不同。交易验证者（“矿工”）并非简单地计算哈希值，而是要通过反复试算，来找到系统在区块中补增的一个随机数。如果这一随机数以一个或多个 0 开始。那么随着 0 数目的增加，找到这个随机数所需要的工作量将呈指数增长。随着比特币使用规模的增大，为保证系统的安全性，这一计算难度也不断增大，将消耗大量的计算资源。如果全部账本需要被大多数节点存储以确保一致的话，还将消耗大量的存储资源。

（2）时间延迟。分布式记账系统依赖于不同节点对交易的共同确认。以比特币系统为例，每 10 分钟，网络节点对收到的交易账单汇总一次，制造新的数据块。由于网络节点很多，交易账单不可能迅速广播到全网络，所以多个区块链分支可能同时共存，直到有节点发现另一条分支更长，在分支转换阵营后，这一部分区块链才得到统一。因此，若要保证交易的不可逆转，一般要等待 6 个数据块完全确认，耗时大约 1 小时。当然，若要缩短交易确认时间，可以减少数据块的生成时间。但是，数据块生成时间越短，区块链的分支就越多，就需要提高数据块的确认次数，从而又延长了交易时间。

（3）这一技术架构的商业可行性有待检验。对于中心式系统，通常规模越大，边际成本越低。而对于分布式系统，多个节点重复投资，规模越大，边际成本越高。此外，分布式系统必须有足够多的用户节点参与验证才能保证系统安全。而对用户的激励机制本身具有负的外部性，会导致其过度消耗计算机硬件资源。因此，不排除在发展过程中分布式系统会内生性地产生一些中心化的趋势。

比特币完全“去中心化”的设计在实践中也确实遇到了问题。比特币发展初期主要是依靠署名“中本聪”的核心技术团队制定相关标准。随着早期技术团队“不知所踪”，社区成立的中立组织比特币基金会没有能力也没有商业动力修改完善核心代码，致使比特币客户端的技术发展速度非常缓慢。设计者们原本设想的开发者合力推动系统进一步修改升级的完美情况并没有出现。

综合上述技术方面的讨论，以比特币为代表的加密货币和分布式记账技术是对原有技术的一种集成创新，但其本身还处于不断完善发展的过程中，目前还不足以对现有金融体系产生颠覆性的影响。

6.3.2 数字化的国际结算系统的发展

目前，数字化的国际结算系统正在蓬勃发展。在以美元为主的国际支付体系中，SWIFT 已经成为美国“长臂管辖”的利器，甚至被用来对付美国的盟友。欧洲国家英国、德国和法国等，已经开始与伊朗建立一个独立的支付体系——欧洲-伊朗结算机制，以规避美国对伊朗及与伊朗保持贸易关系的欧洲公司的制裁。2019 年 12 月初，比利时、丹麦、芬兰、挪威、荷兰和瑞士宣布加入该新结算机制。

中国在这方面的发展位居领先地位，早在 2012 年 4 月就开始建设并于 2015 年 10 月正式启动了 CIPS，旨在提高跨境清算效率和满足各主要时区的人民币业务发展需要，提高交易的安全性和构建公平的市场竞争环境，中国人民银行于 2018 年 5 月完成了该系统的第二期建设。CIPS 是完全独立于美元支付体系的跨境支付基础设施。

欧洲的传统支付服务在数字化创新方面取得了长足的进步。欧洲中央银行理事会开发的即时支付结算服务系统已于 2018 年 11 月上线。该系统的一个关键特点是，收款人最快可以在 10 秒内获得资金，单笔费用只需要 0.2 欧分。欧洲中央银行的目标是使该系统可以在不到一秒内以中央银行的资金结算交易，覆盖整个欧洲并对其他平台相互开放。

2019 年 2 月，摩根大通推出 JPM Coin，用作银行间信息网（Interbank Information Net，IIN）的支付清算工具。摩根大通计划将 IIN 链接 400 家银行，替代 SWIFT 系统。

2019 年 3 月，IBM 和 Stellar 的 IBM BWW 主网上线，用于数字资产交易和结算，支持多种法定货币和数字货币实时汇兑。

瑞士联合银行主导的 13 家跨国银行，准备推出基于分布式记账技术的“多功能结算币”，以美元、日元、欧元、英镑等主要货币计价，用于清算和结算交易。

6.4　数字货币发行条件下中央银行新的任务和作用

当数字货币与其他多种货币工具共存的时候，其需求量受数字经济总量、转换成本、利息和购物成本的共同影响。只要中央银行承诺对各种货币工具承担同等信用，保证其按同等价值流通，数字货币在不存在更高的“窖藏”价值的情况下，与纸币之间就不会出现适用“格雷欣法则”的竞争情况。但是，由于数字货币可以由中央银行通过网络进行统一版本升级，其存储成本也较纸币为低，因此不排除在一些对计算机技术更为熟悉的群体中，数字货币会对纸币有较大的“挤出效应”。这时，中央银行应关注不同货币支付工具对不同商品的使用差异，以保障不同群体的购物权益。同时，如果维持低利率环境，在数字货币的使用群体中，数字货币的“窖藏”比例会大于纸币。由于数字货币进入流通的行为是逆经济周期的，因此中央银行有必要通过更加灵活的利率政策来管理数字货币数量，调节 M1（狭义货币供应量）的货币构成。

6.4.1　掌控数字货币的发行量

货币流通规律决定货币发行量依据的是社会总产品及其增量。货币流通规律的根本要求是：货币流通量与社会商品流量相符合。其理论公式是：商品价格总额 ÷ 同名货币的流通次数 = 执行流通手段的货币量。货币是一国根据本国的商品和服务的存量和增量而发行的，发行过多会引起本币贬值。货币不仅能调节国内的供需平衡，还能在一定范围内调节通货膨胀。

人民币也是在一定范围内才能流通的，而不是可以无条件换购的。货币发行量的计算标准为：货币发行量=（待售商品的总数 × 价格）/货币周转次数=货物交易总价值/货币周转次数。超过该标准就是通货膨胀，低于该标准就是通货紧缩。在各国历史上都出现过自由银行的概念。不同的商业银行发行货币，并互相竞争。尽管其发行量被要求与黄金或储备货币挂钩，但实践中常常引起混乱。由于供应量恒定和供应节奏的刚性设置，可能产生商品和服务价格的通缩，以及对需求响应的不及时，因此脱离中央银行由多个主体或由系统掌控货币发行量都是不现实的。

近年来，我国第三方支付平台的蓬勃发展，使满足商品零售环节流通中的货币的需求逐年下降。根据中国人民银行发布的 2018 年金融统计数据，2018 年流通中货币（M0）余额 7.32 万亿元，全年净投放现金 2563 亿元。鉴于中国人民银行发行推出的 DC/EP 数字货币对现有的 M0 有替代作用，更应该看到数字货币对第三方支付环节的现金需求的替代。

根据一般的数学模型，从货币发行者的角度决定数字货币的发行量必须考虑以下经济学因素：

（1）数字货币各种应用场景的货币需求规模；

（2）数字货币因存储（沉淀）或丢失密钥等原因退出流通的比例；

（3）数字货币与其他货币或资产工具的转换便利程度；

（4）数字货币的利率水平。

除此之外，还必须考虑以下技术和法律方面的因素：

（5）全球范围内网络黑客极客的挑战；

（6）数字货币使用群体与传统货币使用群体的平等权益。

从货币使用者的角度，对数字货币的需求则应该放在各类不同资产选择的场景下考虑。在 Clower（1966）和 Santomero（1996）研究的基础上，我们假设，居民同时持有储蓄资产 S，货币现金（第三方支付余额、CBDC、现金等）。居民需要提前将储蓄资产转化为货币，以便购物。而储蓄资产与货币之间有利息差异。因此，对数字货币的需求问题，就转化为计算居民在不同约束条件下追求利润最大化时对数字货币的配置问题。

我们将上述假设以符号标记如下：储蓄资产当期平均值为 S。货币 M_i（包含法定数字货币、非法定数字货币和现金等多种形式），其当期平均值为 M_i。从储蓄转化为货币的成本为 a_i，转换次数为 T_i。经济中共有 g 种货物。使用每种货币购物的成本分别为 b_{gi}，购物次数为 Z_{gi}，购买数量为 X_{gi}。则居民的利润函数为：

$$\pi = r_S\bar{s} + \sum_{i=1}^{L} r_{Mi}\overline{M}_i - \sum_{i=1}^{L} T_i a_i - \sum_{i=1}^{L}\ \sum_{g=1}^{G} Z_{gi} b_{gi} \tag{6-1}$$

上式中，r_s、r_{Mi}、a_i、b_{gi} 都是外生变量，居民主要通过选择货币转换次数和购物次数来最大化利润函数。

假设居民以存款形式，在当期一次性获得收入。居民将存款转化为货币，以及使用货币购物的行为按时间平均分布。则：

$$\bar{s} + \sum_{i=1}^{L}\overline{M}_i + \sum_{g=1}^{G}\overline{X}_g = \sum_{g}\frac{X_g}{2} \tag{6-2}$$

$$\overline{M}_i + \sum_{g}\overline{X}_{gi} = \sum_{g}\frac{X_{gi}}{2T_i} \tag{6-3}$$

$$\overline{X}_{gi} = \frac{X_{gi}}{2Z_{gi}}$$

将式（6-1）、式（6-2）和式（6-3）代入利润函数，求极值后可以得到数字货币的需求函数：

$$\overline{M}_{\text{DM}} = \left(\frac{a_{\text{DM}}Y}{2(r_s - r_{\text{DM}})}\right)^{\frac{1}{2}} - \sum_{g=1}^{G}\left(\frac{b_{g\text{DM}}X_{g\text{DM}}}{2r_{\text{DM}}}\right)^{\frac{1}{2}}$$

可以看到，数字货币的需求量的制约因素包括以下几项。

（1）数字经济总量。数字经济总量 $\sum_{g=1}^{G} X_{g\text{DM}}$ 越大，数字货币的需求量越大，其一阶导数大于 0，二阶导数小于 0。

（2）数字货币的利息。如果对数字货币支付与存款同等的利息，即 r_s=r_{DC}，数字货币的需求会变得无穷大，直至替代存款（上边界）。如果不支付利息，即 r_{DM}=0，则数字货币的需求会减少。在两者之间，数字货币的利息越高，需求量越大。中国人民银行对存储在数字钱包中的 DC/EP 不计息也是出于此原因。

（3）数字货币与存款之间的转换成本。如果数字货币与存款之间的转换成本 a_{DM}=0，则数字货币处于随意转换状态，保有量无法预测，甚至可能为 0。

如果使用数字货币有一定的初始成本（购买数字钱包软件）或存款与数字货币的转换需要费用，则出于预防性需求，数字货币会有一定的保有量。

（4）数字货币的购物成本。数字货币的购物成本 $b_{g\text{DM}}$ 越低，需求量越高。如购物成本为 0，则数字货币的需求量完全由数字经济总量、数字货币利息和转换成本三者决定。

6.4.2 推动数字货币系统的持续创新

中央银行的数字货币系统是一个关联真实世界与虚拟世界的数据网络系统。人性的弱点（如好奇）和科技发展的阶段性特点，使网络空间面临窥视个人隐私与窃取他人敏感信息、肆意践踏人类社会的共同行为准则和网络空间安全秩序、谋取不正当利益或非法控制权等安全问题。网络安全隐患无法杜绝的原因有以下几个：一是人类现有的科技能力尚未彻底避免信息系统软硬件设计缺陷导致的漏洞问题；二是经济全球化生态环境衍生出的信息系统，其软硬件后门问题不可能从根本上杜绝；三是现有的科技理论和方法尚不能有效地彻查信息系统中的漏洞后门等暗功能；四是网络攻击的技术门槛低，发现系统软硬件漏洞的人可以轻易地在网络空间发动攻击。因为现有的主动和被动防御理论与方法，均以威胁的精确感知为基本前提，对于“已知的未知”安全风险或“未知的未知”安全威胁，除条件许可情况下的加密认证措施外，几乎不设防。确切地说，迄今为止，我们既未找到任何不依赖攻击特性或行为信息的防御性思路，也未找到技术上有效和经济上可承受且能普及化运用的防御新方法。

将所有数字货币交易集中在中央银行将使风险集中，如果中央银行的数字货币网络瘫痪，现金交易可能会停止。对敌对势力、恐怖分子和网络“黑客”来说，中央银行的数字货币网络将是一个巨大的攻击目标。此外，数字货币系统还存在伪造和盗窃数字货币的相关问题（黑客利用软件故障从数字钱包和平台窃取私人加密货币的事件时有发生）。

对于数字货币这样的高科技货币工具，为保证其安全，防备以上提到的攻击，需要货币当局不断地进行系统维护和技术升级。当前，在中国，一套普通纸币的换版流通需要十多年，而数字货币的换版会快得多。如果没有货币当局的参与，将无法维持快速迭代的货币版本和安全补丁等带来的巨额公共服务开支。

无论在防御生物病毒还是计算机网络病毒的手段上，不外乎两类手段：一类是主动防御，一类是被动防御。主动防御普遍采用的是硬隔离，即建立一套独立于因特网的新网络；被动防御主要是以防火墙为代表的网络安全技术，该技术提高了黑客攻击成功的门槛，能够阻挡大多数攻击，但在掌握了网络协议标准、因特网 IP 地址分配权和解析权的高维度攻击面前也会束手无策。令人欣喜的是，我国已经掌握了十进制算法为主的 IPV9 协议，并已经研制出了具有自主知识产权的 DDNS 数字域名系统和 IP 地址的硬连接母根服务器系统，为新一代未来网络在涉及金融安全的数字货币系统的应用方面提供了一个自主安全、可控可靠的选择。

6.4.3 保存超级账本

尽管目前还没有大规模的法定数字货币出现，但我们可以预见，未来各国的数字货币发行权必然集中在中央银行的手中，其发行量由中央银行的货币政策确定。即使采用分布式记账技术，但系统仍然需要中央机构保留有中心化的超级账本，原因有三：一是在技术上，由中央机构保留超级账本后，可以减轻分布式节点的计算和存储压力；二是在隐私保护上，分布式节点不适合掌握全局信息；三是中央银行出于反洗钱和反恐怖融资的需要，也会保存超级账本。

法定数字货币的超级账本实际上就是中央银行管理的大数据中心，应包括运算中心、备份中心和灾备中心。超级账本作为新型系统重要性金融基础设施，应与传统的金融基础设施有所区别，在数据的编码、传输和存储上都应采用更安全可靠的技术解决方案。

6.5 数字货币对金融行业的影响

虽然当前还没有 CBDC 在社会上大规模发行流通的实践，但从国内货币管理的角度来看，发展 CBDC 会有如下好处：一是中央银行可更好地管理货币的创造和供给，使货币政策传导机制更加高效，提升货币政策对经济周期波动的调控能力；二是可提高货币发行的效率，减低货币现金在印制、运输、清点和销毁等环节上的成本，为中央银行清算体系降本增效；三是可使中央银行获得更强的货币体系管控能力，如“了解你的客户”（Know Your Customer，KYC）、反洗钱、反恐融资和定向投放功能等；四是可在现金使用量迅速降低的情况下维护法定货币的权威性。

但是，CBDC 的广泛流通可能会削弱商业银行创造货币的能力，对结算的流动性、商业银行的盈利能力和银行中介行为产生潜在的负面外部性。由于 CBDC 不需要依赖商业银行账户，因此主要会对银行类金融机构产生影响。在数字货币参与的金融体系中，一部分货币会脱离商业银行管理的账户系统，商业吸收的存款减少，存在中央银行的准备金用于清算备付的功能也相应地被弱化。在信用创造层面，CBDC 的使用会对商业银行存款产生挤压，影响货币乘数变化，对商业银行的货币创造功能有一定的影响。

在 CBDC 流通条件下，中央银行可更好地管理货币创造和供给，增强货币政策传导机制的有效性，提升中央银行通过货币政策调节经济周期的能力；央行能够更精准地监控和管理货币的流向和流量、事前和事中管控能力，以及货币定向投放和定向降准等能力和手段。传统的，中央银行只有通过事后审查商业银行的定期监管报表才可能发现资金违规用途。CBDC 提供给央行事前或事中的审查能力。金融风险的主要来源就是过多的购买力被创造出来用于资产投机，而不是用于实体经济或消费。智能合约一旦发现资金被转换用途，可以自动终止支付行为，这就达到了事前或事中控制的目的。

清算问题始终是中央银行诞生的最重要的动力，货币发行权的基础在于清算权。为保证结算的流动性，商业银行在中央银行留存有存款准备金，中央银行为商业银行提供最终结算。当银行系统面临压力的时候，人们可能会试图把他们在商业银行的存款换成 CBDC，这是对中央银行的一种求偿权。从商业银行存款转向数字货币的过程很可能比转向实物钞票要容易，这可能对金融稳定产生不利影响。

从市场角度，大部分尤其是发达经济体的中央银行出于对现有金融资本的保护，踌躇于推出零售型 CBDC 的主要原因是其对现存商业银行商业模式的负面影响：去中介、挤兑和盈利能力受损。

首先，相比较作为商业银行负债的银行存款，CBDC 是央行负债，它相对更加安全因此更有吸引力（尤其是在接近零利率甚至负利率的环境下），会引发储户存款流向 CBDC，导致商业银行“缩表”，即为银行的“去中介（或脱媒）”。因为储户的零售存款是商业银行最稳定、最廉价的资金来源，去中介会迫使商业银行不得不依赖对价格更敏感、更不稳定的批发融资，因此会提高银行的资金成本并削弱其供给信贷的能力。

其次，商业银行的存款大规模流向现金，即为“挤兑”。传统纸币有较高的摩擦成本，“挤兑”一般是因为清偿性风险引发的针对个别银行的行为，因此危害性有限。CBDC 为数字化的电子形态，其运输、分发和保管成本几乎为零，而且“挤兑”更容易针对全行业发生。因此 CBDC“挤兑”可能是即时、瞬时引爆，规模和危害性都要大得多。

最后，因为 CBDC 可以帮助中央银行精准监控和管理货币流向和流量，因此限制了商业银行的违规、作弊行为，因此会削弱其盈利能力。

因此，在零售 CBDC 概念初期，商业银行是其发展的最大阻力。大部分发达经济体的中央银行都因为 CBDC 对商业银行的负面影响而踌躇不前。在中国，反而因为发行 CBDC 提升货币体系管控效率符合国家和公众利益，中央银行可以快速推进 CBDC 进程。

第7章

国际货币数字化现状和趋势

数字经济和金融的数字化为数字货币的产生奠定了基础。数字货币从理论走向现实，其必要性、可行性和安全性正在接受市场检验。以比特币为代表的一些私人加密货币在私人部门率先得到应用，加速了世界各国的中央银行研究探索法定数字货币的制度设计和关键技术的步伐。中央银行应基于维护金融体系稳定、促进金融创新、强化法定货币的主权地位等因素综合考量，逐步实现法定数字货币的发行流通和对私人部门类数字货币的有效监管。本章 7.1 节介绍了数字经济对数字货币诞生的基础支撑和数字经济发展对数字货币的推动作用；7.2 节介绍了数字金融的现状和发展趋势；7.3 节重点介绍了数字货币的探索与趋势；7.4 节分析了私人货币和法定货币之间的竞争；7.5 节通过介绍数字货币区和国际合成货币两个国际金融领域的热门理论，展望了国际货币的未来。

7.1 数字经济的基础作用与发展趋势

随着数字经济的发展，人们对数字经济的认识也在不断深化。1996 年，美国经济学家唐•泰普斯科特（Don Tapscott）撰写的《数字经济：智力互联时代的希望与风险》一书出版，“数字经济”这一经济学术语被正式提出，唐•泰普斯科特因此被人们誉为“数字经济之父”。随后，曼纽尔•卡斯特（Manuel Castells）撰写的《信息时代三部曲：经济、社会与文化》、尼古拉斯•尼葛洛庞（Nicholas Negroponte）撰写的《数字化生存》等著作的出版和畅销，将数字经济的理念推广开来。1997 年 5 月，日本通产省在相关报告中对“数字经济”进行了定义。1998 年，美国商务部发布《新兴的数字经济》报告，数字经济被正式纳入美国官方统计中，此后联合国、欧盟等国际组织纷纷提出了数字经济的新概念，“数字经济”这一术语开始在社会中广泛流行。2016 年 G20 杭州峰会通过的《二十国集团数字经济发展与合作倡议》指出：“数字经济是指以使用数字化的知识和信息作为关键生产要素，以现代信息网络作为重要载体，以信息通信技术的有效使用作为效率提升和经济结构优化的重要推动力的一系列经济活动。”

当前全球信息网络技术加速创新，以数字化的知识和信息作为关键生产要素的数字经济蓬勃发展，新技术、新业态、新模式层出不穷。世界主要国家纷纷将发展数字经济作为推动实体经济提质增效、重塑核心竞争力的重要举措，并进一步推动将数字经济取得的创新成果融合于实体经济各个领域，围绕新一轮科技和产业制高点展开积极竞争与合作。联合国《2019 年数字经济报告》中指出，中国已成为全球最大的数字经济体之一。中国信息通信研究院也预测，2025 年中国数字经济规模或将达到 60 万亿元。

7.1.1 数字经济的基础作用

1. 数据成为数字经济的关键生产要素

随着数字经济时代的到来，数据成为继土地、劳动力、资本后新的关键生产要素，要加速培育数据要素市场，支撑数字经济的基础性发展。数据要素作为数字经济的关键生产要素，涉及数据生产、采集、存储、加工、分析、服务等多个环节，能够在广泛意义上进行价值发现与创造，极大地促进生产力的发展，形成数字经济时代的数字生产力。

2. 平台化、共享化成为数字经济发展的显著特征

企业之间的竞争正从传统的技术、产品、供应链竞争逐步向平台化的生态体系竞争转变。一批用户基数庞大、技术积累丰富、资金实力雄厚的行业领军企业率先启动这一转变，通过提供开源系统、营造开放环境、促进跨界融合、变革组织架构、重塑商业模式、孵化创新团队等多种方式，持续构建完善资源集聚、合作共赢的生态格局。同时，高速发展的新一代信息科技、高频泛在的在线场景及渐趋完善的信用评价体系，为大量未能得到有效配置的资源提供了成本趋近于零的共享平台，集聚的共享者数量以指数级增长。生产、生活资料的“所有权”被弱化，“使用权”逐渐突出，从而创造出新的需求与供给空间，共享型数字经济将快速崛起。

3. 数字技能、数字素养将成为新的生活能力

新兴的数字化产品、应用和服务大量涌现，形成规模庞大的数字化消费市场，对消费者提出了新的能力要求，消费群体需要具备一定的数字化技能和素养，才能更好地发掘数据价值、使用数字化产品和享受数字化服务。消费者所具有的对数字化资源的获取、理解、处理和使用能力，将成为影响数字消费增长速率和水平的重要因素，直接关系到数字经济的整体发展质量与效益。全球各主要发达国家将越加重视对公民数字素养的培养和挖掘，持续提升公民数字素养将被提升为构建国家新兴竞争力的重要国家战略，并成为推动数字消费、强大内需市场、增强经济发展的内生动力。

4. 社会福利水平依托数字化手段得到有效改善

满足人们对美好生活的向往与追求，是数字经济孕育、诞生、发展的动力与目标。大幅提升公共资源供给水平，显著增强公共服务效能，进一步推动教育培训、医疗健康、公益慈善等公共事业的便捷化、普惠化、均等化，是数字经济在实现创新变革生产方式、促进实体经济提质增效以外又一新的关键着力点和突破口。例如，网络化、智能化教育资源公共服务平台将不断涌现，从而实现优质教育资源广泛覆盖广大基层群众；互联网远程诊疗将成为高频次、低门槛、百姓易得可选的普遍化医疗方式，从而缓解现存医疗资源紧张的难题；区块链技术将在慈善资金募集和捐赠过程中得到大规模应用，强化互信关系，降低交易成本，溯源资金流向，保障慈善事业的公开、透明、有效。

5. 城市的规划、建设与管理开始数字化转型

随着数字化基础设施的不断构建，新一代信息技术在城市运营管理中逐步得到广泛应用，大量完整、连续、系统的，同时具备一致性、关联性的城市数据将持续生成，为构建与现实物理城市精准映射、智能交互、虚实融合的数字孪生城市提供了实现基础。在数字化技术与人才集聚、数字产业规模与创新能力较为突出的现代化城市，将率先尝试数字城市与现实物理城市的虚实同步，逐步实现两者的同步规划、建设与管理。数字化城市运营管理的系统性平台也将随之产生，从而实现海量城市数据的采集、传输、存储与计算，并逐渐形成数字化城市管理可推广、可复制的标准体系。

6. 数字经济成为实体经济的演化方向

全球经济受到何种影响，都不会阻挡人类社会前进的步伐，而且以先进制

造业为代表的实体经济将继续作为主要增长点，在与数字经济的深度融合中不断焕发新的动力。未来，各主要国家和地区的数字经济相关战略会陆续深入实施，普遍将运用大数据、物联网、人工智能、5G等新一代信息技术赋能先进制造业作为重要举措，积极推进工业互联网、智能制造、智慧物流的创新体系，持续催生个性化定制、智能化生产、网络化协同、服务型制造等新模式、新业态，推动形成数字与实体深度融合、物质与信息耦合驱动的新型发展模式，有效推动全球经济增长的质量变革、效率变革、动力变革。

7. 全球创新体系以开源协同为导向加快重塑

科技创新是推动经济数字化发展的源动力，在技术的逐渐开源化和组织方式的逐渐去中心化的作用下，传统意义上知识传播的壁垒开始逐渐消除，创新研发成本持续降低，开源协同模式不断催生颠覆性、迭代式创新。开源协同模式不再受到既定组织边界的束缚，成果转化方式更多地依托互联网展开，跨地域、多元化、高效率的平台不断涌现，凸显出全球化意义上开源共享、高度协同的创新特质，推动构建以数据增值为核心竞争力的数字经济生态体系。

8. 公共基础设施加速向数字化、网络化、智能化升级

万物互联和人-机-物互联将成为网络架构的基本形态，各国公共基础设施的布局都面临着扩容增量、共享协作、智能升级的转型需求。同时，电网、水利、公路、铁路、港口等传统基础设施也正在逐步展开与大数据、物联网、人工智能等新一代信息技术的深度融合，向着智能电网、智慧水务、智能交通、智慧港口方向发展，这将显著提升能源利用效率和资源配置能力，支撑数字经济健康可持续发展。

9. 国家之间的竞争延伸至网络空间

“人类社会-物理世界”的二元结构正在转变为“人类社会-物理世界-信息网络空间”的三元结构，国家之间的竞争和博弈重心逐步从土地、劳动力、机器的数量和质量转移至国家的数字化发展水平，从物理空间延展至网络空间，并将呈现出以网络空间的竞争和博弈为主导的，强者愈强、弱者愈弱的新格局。掌握网络空间核心竞争优势的国家和地区，将在新一轮国际竞争和分工中抢占制高点。

7.1.2　数字经济的发展趋势

在数字经济时代，政府治理体系的一大特征，就是大量采用以大数据、物联网、人工智能为代表的新一代信息技术，感知社会态势，畅通信息渠道，辅助科学决策，提升治理能力的现代化水平，促进社会公平与效率的实现。网络化的架构和管理理念已在政府事务领域得到深度融合应用，政府的综合服务能力及政务服务的便捷性将不断得到提升。构建统一、开放、共享的数据平台已成为全球趋势，为构建精准化、高效化的社会治理体系提供支撑。各类网络化、智能化信息平台加速构建，鼓励和引导公众积极参与社会治理，推动逐步形成共商、共建、共治的良好社会生态。

7.2　数字金融的现状与发展趋势

7.2.1　数字金融的现状

数字金融，即通过互联网和信息技术手段与传统金融服务业态相结合的新一代金融服务。根据易观智库的产业结构分类，数字金融包括互联网支付、移动支付、网上银行、金融服务外包及网上贷款、网上保险、网上基金等金融服务。

近年来，我国以大数据、物联网、区块链和人工智能为代表的金融科技发展相当迅猛，并且正在快速运用于信贷、支付清算、财富管理、保险业等领域，金融与科技的融合达到了新的广度和深度。金融科技已经成为金融业重要的发展趋势。其中，区块链技术开发及数字货币的发行、使用和国际监管是当前研究的重点和前沿领域，部分中央银行和金融机构正在积极探索区块链技术在金融领域的应用。

波士顿咨询集团报告显示，在金融科技研发总投资方面，美国位居全球第一位（2015 年达 5000 亿美元），而在后期研发成果转化为商业产品的投资方面，2018 年，中国的投资达到 6580 亿美元，是美国的两倍。金融科技的强劲投资，为数字金融的全球化发展和“一带一路”的金融布局提供了技术支撑。

由于产业结构的不同，我国在金融科技和科技金融的发展逻辑与国际成熟金融市场的技术创新路径存在分叉。例如，我国以科技金融发展为主线，重点放在以基础设施建设（如数据中心、数据和网络安全），以及业务基础设施征信体系、支付基础设施和账户管理体系等金融创新方面，这一点显然与国际成熟金融市场的技术创新路径形成了分叉。欧美市场则关注金融的底层技术开发，逐渐形成以区块链为核心的微观层面局部“去中心化”和宏观层面整体的全球计算机统一的中心化新思维框架。

目前，中国人民银行推动的基于区块链的数字票据交易平台，走在了区块链技术实际应用的全球前列。国家外汇管理局推广的跨境供应链服务平台成为银行开展贸易金融、服务于进出口企业尤其是中小微进出口企业的“利器”。下一步，区块链技术需要深入融合到对个人资产安全、隐私保护、全球金融稳定及全球金融治理架构中。

7.2.2 数字金融的发展趋势

从分布式架构、密码技术、安全芯片、移动支付、可信计算等方面布局，是数字金融发展的出发点。

首先，区块链技术作为数字金融的基础架构技术，需要经历大规模商用试错考验，如公有链的“哈希对话”将影响交易效率，而引入联盟或私有链的节点风险监控机制可设置节点门槛，为虚拟资产和实体资产间业务的连续性核对、利益纠纷协调、链上错误或漏洞更正、非参与者终端用户利益的保护等提供深度查询与核对服务，传统金融应当从存、贷、结业务向智能合约与查询核对服务转型。

其次，在结构和安全方面，为填补数字金融法律方面的空白，节点访问、交易和验证数字资产需建立“沙箱”监管和主次节点协调机制。例如，场外（Over-the-Counter，OTC）交易屏蔽不合规和非诚信参与者，设置门槛标准等；节点银行应与审计和监管机构建立透明的互联访问方式，并提供传统资产代币化的丢失、被盗等查询义务，在私钥受损或被欺诈时，应承担由此产生的本金追索和查询等责任及费用支出，并为不同的 DLT 节点提供技术接口和查询方法。在资金和产品管理方面，数字金融在提供金融产品与接收、交付和持有客户资金时，应制定交互和节点保管规则。当经纪人持有客户的加密币私钥时，数字金融应对经纪人进行“哈希对话”，在达成共识后，方可进行客户资产的代管理业务，在出现实体错误与漏洞时，数字金融应当保护私钥与实体投资标的，在密钥达成共识之后方可交易互换。另外，数字金融应当合理计算客户的最低资本。面对数字证券、数字货币或其他代币化加密资产，应依照正常、关注、次级、可疑和违约等分类进行管理，作为受托管理的主节点，应对不同风险程度的债券展开风险排查、信用风险化解和处置、提示和及时报告，包括设定数字资产的市场风险指标或流动性指标。在账本记录方面，为弥补复式记账沉淀式资金管理的不足，DLT 网络对每笔输入和输出交易均可说明资金来自前一个或几个交易，使输入和输出的交易总量达到平衡。“有入必有出，出入必相等”的原则将取代“有借必有贷，借贷必相等”的复式记账原则，实现有效的账户所有权转移，而非“三表”的静态报告，其分布式有效数据存量随交易量的上升而变小。在反洗钱和客户识别方面，数字金融以中心化身份参与管理和验证 DLT 网络资格。在信用管理机制外包的背景下，加密金融应当承担客户的信用管理责任和义务，及时更改和更新客户的相关信息，满足监管机构的监督和测试要求。

数字金融新框架布局既要适应大陆法系国家的金融习性，又要满足英美法系国家的文化习性和交易规则，只要我们秉持政策沟通、设施联通、贸易畅通、资金融通和民心相通的发展理念，遵循国家战略层、政府合作层、金融监管协调层和市场参与层等的逻辑，以及从能源资源、市场、技术等要素的利益交汇点出发，就一定能成功构建数字金融架构并实现目标。

7.3　数字货币的探索与趋势

7.3.1　货币数字化是历史发展的共识

英国经济学家凯恩斯在《货币论》（1930 年）一书的开篇第一句话就指出：“记账货币是表示债务、物价与一般购买力的货币。”这种货币是货币理论中的原始概念。随着信息技术的快速发展，信用货币进一步虚拟化。以银行卡为代表的电子货币以其极快的交易效率、成本优势和便捷性在全球范围内取得了交易的支配性地位。以比特币为代表的新型的、无法追踪的、非政府发行的数字货币成为新的财富承载和价值转移载体，其产生和流通使实体货币与观念货币进一步分离，货币的数字化是货币电子化的又一次升华。它有效地解决了市场全球化的信息成本和交易费用问题，信息流、资金流在网上的传送更加迅速便捷，时空差距再也不是网络世界的障碍。数字货币与纸币一样，本质上都属于纯信用货币，但数字货币可以进一步降低运行成本，并能在更广泛的领域内以更高的效率加以应用。但这些数字货币依然存在着与历史上私人货币一样的根本性缺陷：价值不稳、公信力不强、可接受范围有限、容易产生较大的负外部性。中央银行数字货币以国家信用为保证，可以在最大范围内实现线上与线下同步应用，最大限度地提升交易的便利性和安全性。同时，它还减少了现钞在印制、发行、流通、物理搬运、清点及防伪、销毁等大量的社会劳动和费用上的支出，极大地降低了交换的时空成本。未来还可能基于经济大数据，使货币的发行更加智能化，减少货币发行的顺周期影响，有利于货币政策的传导效率。因此，由中央银行推动发行法定数字货币是历史发展的必然。

7.3.2 传统货币的使用惯性和兑换成本正在降低

1. 传统货币的使用惯性正在降低

欧洲中央银行执行委员会成员贝诺埃·塞乌雷在有关“国际货币体系的未来”的演讲中讨论了数字货币竞争、货币形态变化过程中的惯性力量。

历史上，国际货币使用的惯性力量非常大，因为较高的转换成本、锁定效应和习惯持久性是有利于维持现状的强大力量。过去国际货币的形成，一般都是以货币作为交换媒介的角色为先导的。然而，过去国际支付主要由公司、商人、银行和政府进行，主要形式是全球贸易和金融市场大型参与者的批发交易。例如，阿姆斯特丹和汉堡的银行早在17世纪初就履行了中央银行的主要职能，其创建是为了向商家提供转账服务，作为一种高效、稳定的支付方式。英镑作为国际货币的崛起，始于伦敦所谓的商业银行向商人提供贷款，为进出口融资。之后的美元发展成为国际投资的工具，并成为储备货币。对公司、商人、银行和政府来说，就一个国际货币标准达成一致，以及从一个国际货币标准切换到另一个标准，都涉及高昂的成本。他们通常持有以主要国际货币计价的大量资产，并因此承担汇率风险，因此，可以预见，传统货币币种的转换在全球将是一个循序渐进的过程。

最近的全球化浪潮，加上在线服务的快速发展，支持了消费者对跨境支付服务的需求，这些服务需要更快、更便宜和更易于使用。例如，全球旅游流量在过去15年中翻了一番。互联网用户的数量也增加了几倍，手机用户的数量增加了几十倍。数据传输的成本已大幅缩减，更便捷的信息服务访问方式更加多样化。在短短的十年中，全球汇款增长了50%以上，而跨境电子商务活动则在呈指数级增加。因此，新的第三方支付解决方案主要针对消费者和劳动者。中国作为曾经现金使用的大国，现金使用的惯性在第三方支付面前不堪一击，因此成为第三方支付大国。消费者和劳动者构成更大的潜在用户群，并产生相关的网络外部性，并且已经开始向周边国家蔓延。

现有的数据表明，在零售消费者支付方面的交易和兑换成本比大宗跨境贸易和金融交易方面的交易和兑换成本要小得多。这种网络外部性对全球网络来说将更强大，可能使国际货币竞争在未来成为一场更具活力的竞争。

哈耶克1976年关于建立私有货币竞争体系的建议面临一个根本性难题——

货币的使用表现出强大的网络外部性。对一个账户单位的需求产生了网络外部性，就像通用语言一样。在一个人人都只说中文的社会里，用英语交流是很困难的；同样，在一个人人都习惯于用人民币报价的社会里，使用英镑交易是很困难的。正如学习多种语言很困难一样，采用多种货币并跟踪其相对价值可能也很困难，因此有很强的动机只采用一种货币。

切换成本也会产生网络外部性。过去，交易成本使得不同货币之间难以频繁切换，这使人们有动力在本国货币区内进行交易。这种协调的动机意味着，在过去，货币无法有效竞争。首先，现有官方货币具有巨大优势。一旦该国居民采用了一种货币，新进入的货币就很难取代已建立的货币，即使这些新进入货币在所有方面都远远优于现有货币。在极少数情况下，如对已建立货币的严重信任危机期间，官方货币可能被取代。新的主导货币始终是一种已有的国家货币而非私人发行的货币。其次，即使在许多相互竞争的货币确切流通的历史时期，由此产生的竞争也令人混乱而非有益。例如，直到 19 世纪中叶，在美国大多数州，商业都是以各种自由银行的货币进行交易的，由于对这些发钞行的清偿能力的评估不同，美国一些州流通的各种银行券的成交价格变化很大。

数字网络的经济竞争，特别是数字货币竞争，与传统货币竞争截然不同。互联网提供了基础设施，可以在此基础上建立商业网络和社交网络。亚马逊和阿里巴巴通过交易各种商品的平台，自行打造了整个生态系统。Facebook 和腾讯都有一个社交网络，分别与 28 亿人和 10 亿人有联系。一旦建立了这些网络，信息就可以廉价地且几乎瞬间地传播。然后，信息可以自动转换为任何对接收方最方便的形式。现代技术使得使用数字货币进行无摩擦、去中介的点对点交易成为可能。数字网络的这些特征削弱了阻碍传统环境下竞争的刚性。

阻碍传统环境中竞争的网络外部性实际上可以增强数字环境中的竞争。新货币的发行者可以利用一个网络的通信和交易系统立即访问跨多个国家和地区的大量潜在交易对手。该网络既有助于传播有关货币的信息，又有助于使用该货币，因为任何使用者都知道，其他潜在的使用者连接到一个共同的支付网络。因此，数字网络的结构减少了传统环境中存在的信息交流障碍。

2. 传统货币的兑换成本正在降低

在数字环境中，严重影响传统货币竞争的货币兑换成本可能会大大降低。在兑换成本降低后，货币功能的解构是数字货币竞争的最显著特征之一。当兑换成本较低时，人们不再有强烈的动机将一种货币同时拥有价值储藏、交换媒介和价值尺度等功能。相反，网络用户可以无缝切换货币币种，并在需要时转换货币单位。例如，如果货币 A 具有良好的价值储藏功能，但交换媒介功能较差，而货币 B 具有良好的交换媒介功能，但价值储藏功能较差，则用户可以选择在不进行交易时持有货币 A，而在交易之前瞬间将其持有的部分货币 A 兑换为货币 B。货币 B 价值储藏不佳的缺陷不会带来任何影响，因为用户持有它的时间极短。因此，与哈耶克的设想不同，在数字环境中，货币 B 不一定被挤出市场，转而支持更稳定的 A，数字网络可以营造一种环境，使两者都能蓬勃发展，服务于不同的目的。

同样，如果两个采用不同账户单位的代理希望在数字网络上交换价值，数字技术可以轻松地将一个代理提供的报价转换为另一个代理能够理解的报价单位。正如语音翻译软件消除了对话参与者使用相同语言的需要一样，这种类型的转换软件将消除交易中交易对手使用同一账户单位的必要性。因此，协调共同账户单位的动机就不必要了。

总体而言，货币角色的解构减少了对单一货币的协调需求。为此，它允许用户从多个不同的资产中获得货币提供的独特服务，并减轻用户之间对共同资产进行协调的必要性。

7.3.3 支付平台货币的信息化升级

交易支付平台在数字货币经济中的作用与数字网络的解构作用有很大不同。各种交易平台通常是买方和卖方撮合多种产品的双边市场，重点是网络外部性及这些产品之间的交叉补贴如何影响其定价。一般来讲平台是消费者、商家和服务提供商互动的“生态系统”。与平台相关的数字支付工具有效地将传统货币的功能与平台的功能和数据相结合，导致货币再捆绑，这与数字网络的解构作用形成鲜明对比。

1. 数字平台的数据价值的货币化

数字平台的经济逻辑是它们能够开发和优化不同场景之间的联系，因为它们能够利用这些场景输入的数据。在数字平台上记录和共享的数据可用于向用户提出建议、构建信用系统或高效地将用户彼此匹配及其他各种可能性。大型商业和社交平台，如亚马逊和阿里巴巴运营的平台都提供了丰富的功能。数据的使用既可产生规模经济，又可创造数字经济。

数字平台上的支付活动能主导其他所有场景，因此支付能促进平台的凝聚力。平台上的所有其他活动都依赖于支付，所有数据都通过支付产生。因此，支付功能对于平台的价值和增长至关重要。消费者必须采用平台的支付协议，以确保访问它能够得到所有服务。服务提供商和应用程序开发者依赖于强大的支付系统来保证其产品的持续经营能力。网络社群受益于在连接其成员的平台上实现价值交换。

最重要的是支付网络具有无与伦比的数据访问能力。大数据的好处不仅来自其规模，还来自其多样性。了解一百万个随机个体的网络习惯比了解同一城市一百万人的习惯更有价值。因此，一个基于支付的大型平台聚合了广泛的活动，是收集数据的理想工具。鉴于支付基本上用于所有经济活动，因此没有其他更专业化的平台能够与支付平台聚合经济行为信息的能力相媲美。例如，一家评估贷款申请人的银行，如果银行可以访问支付平台的数据，它可以跟踪申请人的收入和支出，包括有关购买频率、地点和性质数据。分析如此丰富的数据，将使银行能够非常精确地评估申请人的还款概率，其评估的准确性远远超过申请人信用评分的预测准确性。事实上，平台生成的收支数据是用户偏好和行为的理想预测工具。在基于支付的平台上，商品定价、定向广告和推荐产品的算法成为人工智能的一个应用。

2. 传统货币的信息化升级与数字货币的隐私保护

在以货币职能可以解构为特征的数字货币平台中，货币的吸引力可能与该平台的特征相关，同时还会受到其他平台特征的制约，如平台的规模流量、信息处理算法、数据隐私政策及平台的黏性等。货币竞争实际上是信息和网络服务与价值交换能力之间的竞争。就传统货币而言，大多数使用者对其基本职能有一致的偏好。一方面，使用者希望持有的货币被广泛接受，并可用于安全地储藏价值，因此网络外部性是货币竞争的障碍。另一方面，对于捆绑智能合约的数字货币，用户偏好可能更加差异化。一些用户可能希望保证隐私，而另一些用户可能更喜欢能更好使用的便利性。鉴于数字货币的基础货币功能可以被解构，网络外部性限制较小，因此，这种偏好的差异性将激励网络平台运营商差异化其产品，从而创建细分市场，在不同的平台中迎合不同类型、不同场景的应用。

捆绑智能合约的货币意味着与其相关的平台的特征会显著影响数字货币的竞争力，如平台的数据隐私政策。我国也加速推出《个人金融信息（数据）保护试行办法》初稿。在中国土壤成长起来的大型社交、电商等平台，在隐私数据处理方面天然具有短板，这可能会影响到与这些平台相关的数字货币的国际竞争力。例如，腾讯微信虽然坐拥 10 亿名用户，但在安全和隐私保护方面的国际评测中屡屡垫底，以致在 2018 年 5 月份欧盟推出《通用数据保护条例》（General Data Protection Regulation，GDPR）之后，微信直接退出了欧洲市场。Facebook 因滥用用户隐私数据被美国政府处以 50 亿美元的罚金，其主导的 Libra 也因此面临针对隐私数据政策的广泛和严重怀疑。欧洲中央银行高管直言，不能把货币这种公共服务交给在数据隐私方面有严重不良记录的 Facebook。GDPR 发布后，在欧盟运营的任何数字货币都必须遵守该条例，因此，欧元区国家热议的中央银行数字货币，其在流通运行之后，会在数据隐私保护方面有所改善，从而相比其他数字货币，可能遭受相对较少的针对隐私数据政策的质疑。

7.3.4 系统重要性平台的互操作性

以数字平台为中心的经济结构将不同于当前体系，金融体系的组织和数据所有权的分配都将发生变化，数字平台的性质也可能改变经济体中的竞争格局。虽然数字平台创建了广泛的网络社群的连接，但它们可能倾向于垄断或分裂市场，不同平台的数字鸿沟并非语言差别造成，不同国家、不同币种的差异主要由于不同货币法律区域对平台间的互操作性造成，因此，数字货币可兑换的重要性与平台互操作性同等重要。造成市场割裂，而一体化对货币体系的有效运行至关重要，特别是支付网络不应为贸易设置壁垒，因此平台之间的互操作性问题变得至关重要。严格的官方货币可兑换制度减少了这些障碍。在数字货币可兑换制度下，将价值移入或移出数字网络的摩擦最小。新用户可以将价值转移到网络中，而无须担心数字货币的稳定性。当现有平台用户需要与网络外部的代理进行交易时，他们可以轻松地以已知汇率将其持有的资产从网络中转移出去。从某种意义上说，可兑换性的逻辑与最 OCA 背后的逻辑非常相似，但在这种情况下，需要考虑的分界线是数字网络的边界而非地理区域边界。虽然支付宝和微信缺乏互操作性，但中央银行强制要求法定数字货币与网络记账货币的可兑换，从而降低了支付网络设置的贸易障碍。

当货币与其他平台和数据服务捆绑在一起时，货币之间的有效竞争可能特别重要。可兑换允许货币根据它们相关的服务集合进行竞争，而不是基于发行人的声誉。因此，新的颠覆性创新者可能会从强制货币兑换的制度中收益。

鉴于市场支配地位的价值，平台也可能采取激进的扩张策略，如通过与经济体中的其他服务提供商进行交易来扩大其运营。这些策略在短期内对用户有利，但从长期来看则未必。例如，支付宝与大型连锁店合作，顾客在购买时如使用其货币将给予折扣。虽然这些策略在扩张网络方面可能有效，但当平台变得具有系统重要性，用户无法放弃它时，带给用户的好处最终可能会消失。

7.4 法定货币与私人货币之争

在数字货币的世界里，政策制定者将面临一系列前所未有的挑战。货币将不再像过去那样简单，每种数字货币都将捆绑一组数据服务，某些数字货币还与一组跨国经济活动相关联。传统金融体系的产业组织形式可能发生变化。例如，蚂蚁金服从以支付服务为中心，发展出了其他金融服务子公司。传统宏观经济学中的一个重要问题是，当受到私人数字货币前景的挑战时，政府如何保持货币政策的独立性。当存在以美元背书的数字代币全球化可能性时，这个问题变得更加严峻。在现代经济中，中央银行与公民个体之间基本上没有直接的货币互动。中央银行货币发行直接面对商业银行，发行的现金通常只占流通货币供应的一小部分，大多数消费者以银行存款的形式持有大部分货币。但是，基于 CBDC 可能改变这一切，中央银行将不再能够通过已有的货币政策工具调节宏观经济。如一般通过影响商业银行的借贷利率对公众施加一些影响，中央银行可以通过直接设定准备金利率、贴现率和执行公开市场操作等改变货币的宽松程度，因此在 CBDC 广泛流通之前可能需要针对这些变化考虑应对之策。

7.4.1 法定货币与私人货币对比

经济学家经常将私人货币的失效归因于缺乏政府财政支撑。一种没有支撑的、私人发行的货币将面临动态的不稳定问题，如果人们相信将来别人不会接受它作为交换媒介，它可能会突然失去其交易价值。这种根本性的不稳定会导致恶性通货膨胀，使货币体系崩溃。而对于政府支持的货币，政府可以通过征税能力来保证货币的价值。同样，政府的税收权力也可以用来购买外汇储备，并抵御对钉住汇率制度的攻击。因此，由政府支持的货币没有私人货币所面临的极度不稳定问题。货币平价理论（Fiscal Theory of the Price Level，FTPL）表明，法定货币的纳税能力对货币价值设置了一个信用底线。

传统货币的支撑力量或来自某种稀缺的、因人类生产力所限而产量有限并已形成人类价值共识的资源（如黄金、原油），或者经过层层穿透之后最终可能体现到政府信用。黄金和原油的支撑作用暂且不表。从国际货币角度看，政府信用作为货币体系的终极支撑现在越来越受到质疑。一方面，以中本聪为代表的比特币原教旨主义者坚信基于政府信用的货币体系是导致2008年全球金融危机的罪魁祸首，因此他们才创造了开启新纪元的比特币。另一方面，更多主流经济学者的有关货币、债务和金融危机的观点实际上附和了“中本聪们”对政府信用的批判。因此，无论从逻辑上还是学术上都容易判断，政府信用可能不是最理想的货币支撑。“币圈”的拥趸们并不同意比特币“无支撑”的判断，在他们看来，比特币同样具有稀缺、不可再生、因人类生产力所限而产量有限、已形成人类价值共识的特点，因此只要承认黄金支撑货币的价值，就应该承认比特币是有类似支撑的。如果允许私人货币发行人自由执行其货币政策，他们可能会优先考虑公司利益而非公众利益，在国别货币国际化后也存在同样的问题。因此，有必要限制私人货币实施的互操作性和可兑换性制度。

7.4.2 无现金社会中的 CBDC

当今在很多经济体中，技术上的可行性已经可以支持无现金的所有支付。例如，用户持有的 CBDC 如现钞一样将再次允许公众脱离银行账户获得公共货币；现金和存款可自由转换为 CBDC，这将立即恢复支付工具之间的可替代性，并保持其相对价格不变。因此，CBDC 对于在数字经济中保持货币的统一性至关重要。在货币不完全可兑换的经济体中，可兑换 CBDC 的制度将消除信息不对称引起的低效率。此外，更重要的是，CBDC 可以脱离商业银行的账户独立存在，从而可消除货币持有者对商业银行风险的顾虑，这对于维持中央银行的货币权威至关重要。

7.5 数字货币有望重塑国际货币体系

新的数字化货币有望重塑全球货币格局，创建新的连接和新的边界。数字经济可能会动摇国际货币体系的基础，有可能导致新的国际货币的崛起。数字货币有可能重塑经济互动网络，超越传统 OCA 的边界，为此我们引入英国中央银行的一种合成国际货币构想。Markus K. Brunnermeier, Harold James, Jean-Pierre Landau 等人在 2019 年 7 月的专栏文章中提出了一个颠覆性的概念——“数字货币区”（Digital Currency Areas，DCA），并讨论了货币国际化的新途径。

7.5.1　数字货币区

在数字世界中，经济互动将在 DCA 边界内发生。这些地区将是内生形成的，也可能是一个网络空间，不受国界和物理空间的限制。DCA 的定义为，特定在某网络使用的货币，以数字方式进行支付和交易的网络。“特定”是指它具有 DCA 数字货币区的特征或 OCA 最优货币区的特征。

DCA 网络使用特有的记账单位，不同于已有的官方货币。例如，Libra 被设计成一篮子现有法定货币（美元、欧元或国债等）的数字代币，只能在它的参与者之间使用，因此可能定义一个新的记账单位。当一个大型数字货币发行者的系统不能与其他系统互操作时，就会限制 DCA 网络空间的进一步扩展。腾讯和蚂蚁金服同样开发了这样的网络，拥有数以亿计的用户，这些 DCA 通常是出于竞争的需要，不会建立相互之间的连接或互操作性。DCA 的经济活动体量可能会使很多国家经济体量相形见绌。

显然，DCA 与蒙代尔 1961 年论文中定义的 OCA 非常不同。OCA 的特点是地理上接近和协调一致的汇率政策，这意味着 OCA 的内部更有利于宏观经济政策的同步，有利于内部生产要素（如资本、原材料和劳动力等）的流动。OCA 的设计侧重于货币当局平滑冲击和分担风险的能力。

如果多个 DCA 通过数字互操作性联结在一起，货币当局的角色将被弱化。相比传统互联网支付创建的账户间的联系，DCA 中的网络用户可以使用移动应用程序进行直接的、点对点价值转移。当参与者共享相同形式的货币时，无论货币是否以自己的本币计价，都会产生强大的货币联系。网络内部的价格透明度更高，价格发现更容易，转换到其他支付工具的可能性较小，有时在技术上也是不可行的。因此，有人可能认为 DCA 可以利用数字网络生态系统和跨国界扩张的潜力，推出一个超主权的全球数字货币。

实际上，各国不同的监管框架可能限制 DCA 的范围。与 DCA 关联的数字网络可能会以完全不同的方式监管数据，尤其是用户隐私。就欧洲、美国和中国等司法管辖区使用不同的监管框架来处理隐私问题而言，某些数字支付网络可能仅在有限的几个司法管辖区内可行。即使脸书、亚马逊和支付宝网络等也仍然主要局限于不同地理区块。虽然在某些司法管辖区内可能无法合法地使用某些数字货币，但司法当局可能也缺乏实际有效的手段来阻止这些数字货币的流通，如中国人民银行数字货币负责人穆长春认为，政府实际上不可能阻挡 Libra 在中国国内流行。

DCA 要想真正获得全球影响力，需要政策制定者进行成功跨境协调，以确保数字支付网络充分遵守共识性政策规定。虽然这极具挑战性，但 Libra 项目已经成功推动金融稳定理事会正式制定全球数字代币监管政策细则，并于 2020 年 7 月向 G20 政府财长和中央银行行长提交正式报告。

7.5.2 社群网络冲击美元数字化

数字化可以为现有货币国际化和改变国际货币体系提供新的途径。传统货币如美元通过国际计价、国际支付或成为全球储备货币而实现国际化。在分析美元在国际货币体系中的主导地位时，一些经济学家强调美元作为储备资产，其作用基于美国金融市场的规模、深度和流动性，另一些经济学家则更加重视美元在国际贸易和金融交易中的计价和结算作用。更深入的分析（如 Michael Hudson 的著作《金融帝国》）认为，美元全球主导地位是其领先全球的军事实力、科技实力、农业和粮食战略，以及世界银行和国际货币基金组织等机构的政策配合（如“华盛顿共识”）的综合结果。

在数字环境中，支付工具和储备资产的相关性变弱。一种货币成为储备资产的要求是很高的，要求完全和无条件的资本账户可兑换。然而，通过贸易实现货币国际化的理论表明，数字网络可能是货币国际化的另一种手段。在国际贸易中，商人都希望以相同的货币记账以规避汇率风险。平台生态系统的封闭性进一步激励了以平台货币进行计价。通过利用 DCA 的整合效应，一个拥有大型数字网络的国家能为其货币赢得国际认可找到新的途径。因此，数字化可以作为一种强大的工具，使某些货币作为交换媒介国际化。中国互联网企业已经建立了多个大型社交、电商和视频内容等的数字网络国际大型平台的相互连接，这是人民币获得更广泛国际认可的新途径。

通过跨境支付结算网络，国家间可能面临更激烈的货币竞争。现有的跨境结算系统只是传统的基础设施，它们使用传统货币作为交换媒介和记账单位。但是 Libra 和支付宝等可以建立新的平台网络，使许多国家的居民能够使用新的特定记账单位。如果拥有强大的数字网络，即使本国法定货币也可能逐步渗透到其他国家的经济当中。在大型网络中，相同的数字支付工具可能很容易在多个司法管辖区使用，它们具有促进在本国货币以外使用特定记账单位的可能。

小型经济体（特别是那些国内通胀率不稳定的经济体）更容易受到传统稳定货币的影响，经济或社交上对大型 DCA 开放的经济体将尤其受这种货币的影响，因为它们没有提供大型网络所需要的同样规模的网络外部性。即使拥有稳定货币的经济体，如果其公民发现自己经常与某数字平台的用户以平台货币进行交易，也可能实现这种货币的国际化。随着以数字形式交付的服务增多，社交网络与人们交换价值的方式越来越紧密地交织在一起，大型数字货币对较小经济体的影响将越来越大。

Markus K. Brunnermeier 等人的文章指出："对抗数字美元化的最佳防御措施可能是各国通过创建 CBDC 以数字形式发行本国货币。虽然从货币政策和金融稳定角度，CBDC 引发了激烈的争议，但推进 CBDC 更根本的理由是使本国公共货币适应新的技术形态并保护它们免受基于数字优势的外部竞争。这就好理解为什么中国人民银行迫切推出 DC/EP 来抵御 Libra 对人民币主权的侵蚀。"

7.5.3　国际合成数字货币的构想

数字国际货币的前景创造了一种可能性，即由各主要经济体货币支撑的合成数字货币可能国际化。正如英国中央银行前行长马克·卡尼 2019 年 8 月的发言指出的：基于美元的国际货币和金融体系不可持续，以多国中央银行数字货币构成的网络且由公共部门提供的"合成霸权货币"可能是最佳替代方案。近几十年来，日益扩大的国际联系造成了美元安全资产的稀缺，以及通过全球金融周期从美国货币政策中产生了巨大的跨境溢出效应。合成国际货币可在一定程度上弥补安全资产短缺，因为以多种官方货币计价的债务价值将随合成货币的价值一起波动（合成货币的波动可能会变小）。然而，没有任何一种官方货币是完全安全的，这意味着以合成货币计价的债务发行人可能会承担更小的汇率风险。

国际合成数字货币的构想延续了英国人在与布雷顿森林体系的交锋中的一贯立场，可以看到第二次世界大战之后凯恩斯计划的影子，在当今数字货币中的智能合约技术的参与下，这个"新的世界货币方案"有其技术上的可行性。如果国际贸易以合成货币作为记账单位，美元对全球的负面影响也将减少。目前，40%的国际贸易（商品和服务）以美元计价，因此美元的冲击和美国货币政策对刺激或阻碍国际贸易产生了相当的负面影响。在一个使用合成货币的世界，美元的冲击对国际金融市场的影响将小得多。当然，合成货币会从对其支撑货币的冲击中产生溢出效应，但就各国面临的特殊冲击而言，合成货币的多样化可能会抑制这些溢出效应。

由于美国是全球最主要的计价结算货币和储备货币美元的供应国，同时又是全球最大的消费国，世界各国要出口商品发展经济，就必然需要更多的美元；美国为了进口更多的商品，就需要支付更多的美元，从而形成一定的国际收支逆差。1999 年欧元诞生后，国际货币结构发生了变化，欧元逐渐成为各国中央银行的储备货币之一，且其权重越来越大。同时，随着中国的发展，人民币的国际地位也越来越重要，这为将来的国际货币体系的多元化奠定了基础。另外，随着科技和数字经济的发展，国际货币的合成化和数字化应该是未来的大趋势和方向。

虽说在可预期的未来，美国有可能不再是最大经济体，但替代者未必在其他方面能同步赶超美国。所以，几种主要货币共享共担国际货币职责的局面不仅可期，而且会持续相当长一段时期。最根本的一点是，任何一种为人民币国际化而国际化的揠苗助长行为都需要高度警惕。我国需要一如既往地稳步发展，踏踏实实地通过不断适时、有效地转换增长方式和各种必须的改革，推进发展进程，稳固发展潜力，增强综合实力，这是最实质的支撑力和话语权所在。

第 8 章

数字人民币国际化的探讨

货币国际化的过程是一个参与国际间竞争的过程，涉及货币发行国的政治稳定程度、经济贸易规模和实力、货币稳定价值、发达开放的金融体系及国与国之间的协调与配合。就经济角度来说，货币需要在持有使用成本、风险和收益方面具备比较优势，数字化的人民币正是通过科技手段对经济金融赋能，在数字人民币的发行、流通、管理和回笼上降低成本和风险，提高效率，为人民币参与国际化竞争带来了比较优势。本章 8.1 节全面介绍了数字货币的发行、流通、管理、回笼、投融资等全流程，揭开了数字货币的神秘面纱，让更多人了解央行数字货币（DC/EP）的真实模样；8.2 节进行了数字化人民币在物联网支付应用中的展望；8.3 节根据在数字经济、网络经济和平台经济中商品流与货币流运动的一般规律，预判数字货币境内外流入流出的路径和作为离岸货币运动的方式；8.4 节从外汇监管体系建设的角度，探索央行数字货币（DC/EP）在经常项目和资本项目外汇管理中的思路和方法。

8.1 数字人民币技术解决方案

中国人民银行 2014 年成立法定数字货币研究小组，2017 年升级为数字货币研究所。在此期间人民银行涉及数字货币研发的各个机构实时跟踪了国内外虚拟货币的发展趋势，发布了数字货币的系列研究报告和成果。2020 年 4 月，中国人民银行联合不同机构在四个城市开展了 DC/EP 联调联试，以检验数字货币的稳定性，为大面积推广实施做好准备。从数字货币原型方案、数字票据等多维度研究央行数字货币的可行性，取得了一系列研究成果。这些研究成果报告和技术资料涉及数字货币的顶层设计，数字货币的发行、使用、管理和回笼，数字货币的数字钱包/芯片卡及数字货币未来在银行间清算、票据交易等方面的应用。归纳来讲，DC/EP 设计原则主要包括以下四个方面。

（1）DC/EP 替代 M0。M0 指基础货币，基础货币是中央银行的负债，主要包括存款准备金和现金。存款准备金是中央银行对商业银行的负债，现金是中央银行对公众的负债。DC/EP 替代的是现金，可以视为现金的数字形态。从经济内涵看，DC/EP 是人民银行直接对公众的负债，这个债权债务关系不涉及商业银行。

（2）DC/EP 基于 100%准备金发行，并采取双层运营模式。DC/EP 发行和回笼的一个核心原则是不影响中央银行货币发行总量，为此商业银行存款准备金和 DC/EP 之间有等额兑换机制。中国人民银行将 DC/EP 发行至商业银行业务库（批发环节），商业银行受中国人民银行委托向公众提供 DC/EP 存取等服务（零售环节）。因此，商业银行在 DC/EP 运行中发挥枢纽作用。

（3）DC/EP 的中心化管理模式。DC/EP 登记中心既记录 DC/EP 及对应用户的身份，完成权属登记，也记录流水，完成 DC/EP 产生、流通、清点核对及销毁全过程登记。

（4）DC/EP 采取账户松耦合方式。DC/EP 在交易环节对账户的依赖程度较低，可以和现金一样易于流通。现金流通的核心特征是点对点交易，现金收付双方只要确认现金的真实性，就可以直接完成现金交易，无须依赖第三方机构（如商业银行）。

公众需要通过数字钱包来拥有和使用 DC/EP。数字钱包的核心是一对公钥和私钥，公钥对应钱包地址。商业银行在公众开立数字钱包及钱包“了解你的客户”审查中发挥重要作用。

8.1.1 DC/EP 的顶层设计

1. 双层运营体系——DC/EP 的投放模式

央行数字货币的投放模式与纸钞类似，被称为“双层运营体系”。所谓的双层运营体系，上层是中国人民银行对商业银行，下层是商业银行对公众。中国人民银行按照 100%准备金将央行数字货币兑换给商业银行，再由商业银行或商业机构将数字货币兑换给公众。

数字货币系统包括中央银行数字货币系统（相当于央行发行库）、商业银行数字货币系统（相当于商业银行业务库）及认证系统。其中，中央银行数字货币系统用于产生和发行数字货币及对数字货币进行权属登记；商业银行数字货币系统用于针对数字货币执行银行功能；认证系统用于对中央银行数字货币系统和数字货币的用户所使用的终端设备之间的交互提供认证，以及对中央银行数字货币系统和商业银行数字货币系统之间的交互提供认证。

2. 双层运营体系的好处

采用双层运营体系，可以充分利用现有资源，调动和发挥商业银行的资源与力量。发行数字货币实际上是一个繁杂的过程。中国幅员辽阔、人口众多、经济结构复杂，各地区的经济发展水平、资源禀赋和人口素质都不尽相同，所以在央行数字货币设计、发行和流通的各个环节都要充分考虑到未来局面的多样性和复杂性。更重要的是，商业银行等机构已经发展出了比较成熟的 IT 技术设施和服务体系，在金融科技的运用和相关人才储备等方面已经积累了一定的经验，双层运营体系可以充分发挥商业银行等机构在资源、人才和技术等方面的优势，同时避免另起炉灶的巨大浪费。

双层运营体系可以适应中国复杂的金融货币运行状况，由各商业银行基于业务发展状况，调整数字货币运营过程中不适应和不完善的地方；能保障现有货币体系中债务债权关系的纯粹性，央行数字货币发行将被记为中国人民银行的负债，不会对现有银行货币体系带来重大冲击；可以将风险最小化，一旦个别商业银行在运营过程中出现问题，可以进行必要的隔离，把风险控制在最小范围内；便于开展市场竞争，让各商业银行在中央银行预设的轨道上进行充分竞争，并形成最终的央行数字货币机制和体系。

双层运营体系还能避免金融脱媒。如果采用单层投放，中央银行在某种程度上就会成为商业银行的潜在竞争者。因为公众一旦兑换数字货币，就会将商业银行原有的存款转移到中央银行，进而导致商业银行的融资成本升高，诸多实体经济也会因此受到冲击。

目前中央银行层面属于技术中性，这就意味着中央银行不会干预商业银行和商业机构的技术选择。无论下层选用区块链分布式账本技术还是传统账户体系，中央银行都能接受并适应。指定运营机构可以采取不同的技术路线做相关研发，谁的路线好，谁最终会被市场接受，谁就最终会跑赢比赛，这是一个“市场竞争选优的过程”。

总而言之，双层运营体系能有效保障现有货币体系中债权债务关系的纯粹性，中心化管理模式捍卫了中央银行在货币流通中的权威地位，为数字货币提供了无差别的信用担保，为其流通提供了基础支撑，同时能够通过中央银行背书的信用优势抑制私有数字货币的市场流通，从而巩固我国货币主权。不预设技术路线则使商业银行的选择多样化，尊重市场选择并最终回归到以客户为中心的竞争中，使客户获得最佳的使用体验。

8.1.2 DC/EP 的发行、流通、管理、回笼及投融资

1. DC/EP 的发行

货币发行是指中央银行向流通界投放的货币数量超过从流通界回笼到发行库的货币数量。中国人民银行的发行库和商业银行的业务库共同组成货币发行机构。人民币的发行业务通过发行库和业务库之间的调拨往来进行。根据中国人民银行机构技术资料，DC/EP 的发行方法如下：①接收申请方发送的 DC/EP 发行请求；②对 DC/EP 发行请求进行业务核查，在核查通过的情况下，向会记核算数据集中系统发送扣减存款准备金的请求；③在接收到会计核算数据集中系统发送的扣款成功应答的情况下，生成 DC/EP；④将 DC/EP 发送至申请方。

2. DC/EP 的流通

根据中国人民银行机构技术资料，DC/EP 的流通方法具体如下：①付款端依据付款金额和预定义的匹配策略从付款端的 DC/EP 保管箱中选择 DC/EP 字串，然后组成支付来源 DC/EP 字串集，再将该支付来源 DC/EP 字串发送给管理端，DC/EP 字串具有金额字段和所有者标识字段，付款端的 DC/EP 保管箱中存放有一个或多个所有者标识为付款端的 DC/EP 字串。②管理端将支付来源 DC/EP 字串集中的 DC/EP 字串登记为作废状态，然后根据付款金额生成支付去向 DC/EP 字串，以及将支付去向 DC/EP 字串发送给收款端，支付去向 DC/EP 字串的金额为付款金额，所有者标识为收款端。DC/EP 的流通方法既能满足实际货币流通的要求，也能提高 DC/EP 流通的处理效率。

为了达到精准投放、流通和使用的目的，央行数字货币系统为 DC/EP 设计了一种定向流通和使用的方法，通过设置用途规则，只有经过验证满足用途规则的 DC/EP 转移才会发生。具体的实施步骤如下：①数字货币系统保存预定义的用途规则；②在收到来自付款方的 DC/EP 和付款指令后，激活对用途规则的监控，将 DC/EP 变更为所有者标识为付款指令指定的用款方的带有用途规则或受用途规则控制的数字货币，将该 DC/EP 发送至用款方；③在收到用款方发来的包括付款用途和收款方信息的付款请求及带有用途规则或受用途规则控制的

DC/EP 后，确认付款用途满足用途规则，将数字货币系统变更为所有者标识为收款方信息指定的收款方的不带用途规则且不受用途规则控制的 DC/EP，将该 DC/EP 发送至收款方。

3. DC/EP 的管理

数字货币研究所的专利资料介绍了基于四种条件触发的管理方法和系统：基于经济状态条件、基于贷款利率条件、基于流向主体条件和基于时点条件。

（1）基于经济状态条件触发的 DC/EP 管理方法和系统能够根据回收时点的经济信息逆周期，调整金融机构对 DC/EP 发行单位的资金归还利率，从而减少金融机构风险及其贷款行为的顺周期性，避免“流动性陷阱”，实现经济的逆周期调控。其具体实施方式如下：①在回收 DC/EP 时，获取回收时点的经济信息；②当经济信息满足预设的经济状态条件时，基于经济信息调整 DC/EP 的归还利率；③依据调整后的归还利率回收 DC/EP。

（2）基于贷款利率条件触发的 DC/EP 管理方法和系统能够使基准利率实时、有效地传导至贷款利率。其具体实施方式如下：①向金融机构发行 DC/EP，并将 DC/EP 的状态信息设置为未生效状态；②接收金融机构发送的 DC/EP 生效请求，获取生效请求对应的贷款利率；③当贷款利率符合预设的贷款利率条件时，将 DC/EP 的状态信息设置为生效状态。

（3）基于流向主体条件触发的 DC/EP 管理方法和系统能够精准定性 DC/EP 投放，实施结构性货币政策，减少货币空转，提高金融服务实体的经济能力。其具体实施方式如下：①向金融机构发行 DC/EP，并将 DC/EP 的状态信息设置为未生效状态；②接收金融机构发送的 DC/EP 生效请求，获取生效请求对应的流向主体；③当流向主体符合预设的流向主体条件时，将 DC/EP 的状态信息设置为生效状态。

（4）基于时点条件触发的 DC/EP 管理方法和系统能够有效解决现有货币政策操作的当下问题，使货币生效的时点不局限于货币发行的当下，而是延展到未来符合政策目标的某一时点，避免货币空转，减少货币政策传导时滞。其具体实施方式如下：①向金融机构发行 DC/EP，并将 DC/EP 的状态信息设置为未生效状态；②接收金融机构发送的 DC/EP 生效请求，获取生效请求对应的时点信息；③当时点信息满足预设的时点条件时，将 DC/EP 的状态信息设置为生效状态。

根据数字货币研究所的专利设计，DC/EP 的管理还包括对 DC/EP 的追踪，其追踪方法和系统能够解决资金付款方跨主体、层层追踪资金流向和流量的问题，并且支持DC/EP的定制追踪，在发起方管理范围内进行资金流向和流量追踪，从而保护用户隐私。其具体实施方式为：接收来源币所有者的追踪请求；根据追踪请求在交易过程中产生的去向币中设置追踪，并保存去向币；在接收来源币所有者查询请求的情况下，向来源币所有者返回反映来源币后续交易过程的流通链条。

4. DC/EP的回笼

货币回笼是货币投放的对称，是指银行通过各种途径从市场货币流通中收回的一定量的现金。在我国，货币回笼主要指商品回笼，如商品销售的现金收入、服务业现金收入及税金收入等；信用回笼，如银行吸收的储蓄存款。通过各种途径的货币回笼，可以使市场多余的货币流回中国人民银行，使市场货币流通量同国民经济发展对货币的实际需要量相适应。根据相关技术资料，DC/EP的回笼方法和系统可以优化升级DC/EP发行流通体系，提高货币回笼的安全性和时效性，降低货币回笼中耗费的成本。

DC/EP的回笼方法如下：①接收申请方发送的数字货币回笼请求；②对所述DC/EP回笼请求进行业务核查，在核查通过的情况下，向会计核算数据集中系统发送增加存款准备金的请求；③在接收到会计核算数据集中系统发送的增加存款准备金成功应答的情况下，将DC/EP回笼应答发送至申请方。

5. DC/EP用于投融资

DC/EP是否可以用于投融资？数字货币研究所的专利给出了一种将DC/EP用于投融资的方法，实现利用DC/EP为平台提供投融资资金划拨的支付结算途径。具体方法如下：①投资人钱包应用装置接收智能合约；②投资人钱包应用装置在接到投资人提供的包含投资金额的确认指令后，向智能合约中添加投资确认信息，该信息包括投资金额、投资人的数字签名和个人信息；③投资平台对智能合约内的投资确认信息验证通过后，标记智能合约生效；④投资人钱包应用装置根据已生效的智能合约，向筹资人的银行钱包账户支付DC/EP。

8.1.3 数字钱包/芯片卡

1. 数字钱包

在数字货币研究所提交的52项与数字货币相关的专利中，涉及数字货币钱包相关应用的专利数量达 21 项，可见数字货币研究所十分重视数字货币钱包的研发。

1）数字钱包的申请与开通

根据数字货币研究所的专利信息，数字钱包的申请与开通有两种方式。一种是由账户行数字货币系统创建数字钱包，用户可以通过银行账户申请开通数字钱包，在开通过程中由用户指定银行账户与数字钱包的绑定关系，开通成功后该银行账户会与数字货币钱包进行绑定，用户通过银行账户即可访问数字钱包。

另一种是由钱包服务商创建数字钱包，具体实施方式如下：①数字钱包终端生成密钥对，并将密钥对中的公钥发送给钱包服务商；②钱包服务商根据接收的公钥生成钱包标识，并将公钥和钱包标识发送给数字货币发行登记机构；③数字货币发行登记机构根据公钥和钱包标识生成数字证书，并将数字证书发送给钱包服务商；④钱包服务商将数字证书、钱包标识和钱包合约代码地址发送至数字钱包终端，并且根据数字钱包终端返回的开通请求，创建数字钱包，同时向数字货币发行登记机构发送注册请求；⑤数字货币发行登记机构根据接收的注册请求对钱包标识、钱包证书进行登记注册。

2）数字钱包的登录与同步

数字钱包的具体登录步骤如下：①响应用户的登录请求，获取并验证用户的认证信息；②认证信息验证通过后，获取并验证待登录的数字钱包的合约包；③合约包验证通过后，向用户展示数字钱包的功能界面。

如果用户首次登录数字钱包或者数字钱包的相关信息有变化，则需要做信息和数据的同步，具体实施方法如下：①获取并验证用户的认证信息；②验证通过后，向用户展示待登录的数字钱包的可识别信息；③对用户从可识别信息中选择的信息项进行签名从而得到同步指令；④同步指令验证通过后，获取与同步指令对应的待登录的数字钱包的有效数字货币信息和关联账户信息。

3）数字钱包与银行钱包的绑定和解绑定

数字钱包与银行钱包绑定后，能够通过数字钱包来访问银行钱包，具体步骤如下：①账户行用户访问系统接收用户提供的钱包绑定请求；②根据钱包绑定请求生成银行钱包查询请求，然后发送给账户行应用系统；③账户行应用系统将银行钱包查询请求发送给账户行数字货币系统，账户行数字货币系统根据实名认证信息进行查询，然后将银行钱包信息返回给账户行应用系统；④账户行应用系统将银行钱包信息返回给账户行用户访问系统，账户行用户访问系统返回给用户，然后将用户发来的绑定确认信息发送给账户行钱包访问认证系统；⑤账户行钱包访问认证系统执行应用钱包与银行钱包的绑定操作。

用户也可以解除数字钱包与银行钱包之间的绑定关系，具体步骤如下：①账户行接收用户提交的钱包解绑定请求，然后向用户发送银行账户访问认证入口请求；②账户行接收用户提交的银行账户访问认证要素，并根据银行账户访问认证要素对用户进行身份认证；③在用户身份认证通过的情况下，解除用户的数字货币应用钱包与银行钱包的绑定关系。

4）与数字钱包相关的查询操作

能够接收用户发起的与数字钱包相关的查询操作的主体有两种，一种是用户的账户行，另一种是数字钱包终端。

在第一种情况下，用户的查询目的是通过自己在账户行的银行账户查询绑定的数字钱包，具体实施方式如下：①账户行用户访问系统将用户的数字钱包查询请求信息发送至账户行钱包访问认证系统，对用户身份进行认证；②账户行用户访问系统在认证通过后，发送数字钱包查询请求信息至账户行应用系统；③账户行应用系统对数字签名进行验证，验证通过后生成钱包查询信息并发送至账户行数字货币系统；④账户行数字货币系统根据钱包查询信息进行查询，得出钱包查询结果信息。

在第二种情况下，用户的查询操作可以得到关联账户、交易详情、DC/EP 明细列表等信息。

5）基于数字钱包的 DC/EP 支付、存储与转移

数字货币研究所的相关专利显示，基于数字钱包的 DC/EP 移动主要包括用户的支付、存币和转币几种行为。

在支付的情境下，账户行数字货币系统在接收数字钱包的支付请求后获取用户输入的数字钱包的 CA 证书数字签名，以生成 DC/EP 转移请求。接着账户行数字货币系统将 DC/EP 转移请求发送至 DC/EP 发钞行并接收带有发钞行数字签名的支付成功结果。

用户可以在需要的时候将 DC/EP 存入数字钱包，具体实施方法如下：①钱包终端将存币指令发送给数字钱包，数字钱包为存币指令添加 DC/EP 保管箱标识，生成存币转移请求，将该请求发送给 DC/EP 发行登记端；②DC/EP 发行登记端将来源币串列表作废，生成存入去向币串列表，将转移结果信息发送给数字钱包；③数字钱包将去向币串列表存入并对用户的账户入账，生成存币结果信息发送给数字钱包终端；④数字钱包终端显示存币结果。

用户之间也可以相互转币，具体实施方法如下：①用户根据接收方的收款地址信息生成转币请求；②用户根据转币请求生成转币指令；③用户根据转币指令向接收方钱包执行转币操作。

6）数字钱包状态的变更：升级、更换密钥和注销

数字钱包状态的变更主要涉及三个方面，即数字钱包的升级、更换密钥和注销操作。

数字钱包终端在接收到用户的升级请求的情况下，执行如下操作：①将升级请求发送给钱包服务商，由钱包服务商对升级请求进行验证，并在对升级请求验证通过的情况下，向数字钱包终端返回升级安装信息；②数字钱包终端在用户确认升级安装信息之后，将升级开通指令发送给钱包服务商，通过钱包服务商完成对钱包的升级。

当用户需要更换数字钱包的密钥时，数字钱包终端首先接收执行更换密钥的操作请求，将当前签名合约退出。然后生成新的钱包密钥对，发送新生成的钱包公钥和已签名的更换密钥请求。接下来数字钱包终端会接收钱包发送的新的待确认更换密钥指令，使用旧的钱包私钥对新的待确认更换密钥指令进行签名并发送。最后接收到钱包发送的更换密钥指令成功通知，更新钱包签名合约包信息和新合约包绑定的新的钱包密钥。

如果用户不希望再使用某个数字钱包，可以选择将其注销，具体实施方法如下：①账户行用户访问系统调用账户行钱包访问认证系统对用户进行身份认证，身份认证通过后接收带有用户数字签名的注销请求信息并发送至账户行数字货币系统；②账户行数字货币系统验证用户数字签名，验证通过后确认可以注销数字钱包，然后将带有账户行数字签名和注销钱包数字签名的注销登记请求信息发送至发钞行数字货币系统；③发钞行数字货币系统验证账户行数字签名和注销钱包数字签名，验证通过后对数字钱包进行注销登记，再返回带有发钞行数字签名的注销登记成功信息；④账户行数字货币系统接收到注销登记成功信息后注销数字钱包。

2. DC/EP 芯片卡

央行数字货币相关技术资料中提到了一种数字货币芯片卡的应用。使用 DC/EP 芯片卡同样可以完成取现、支付和存储等与 DC/EP 相关的基本操作，并且各个基本操作的流程与前述三大类操作基本一致，这种 DC/EP 芯片卡专门用于 DC/EP 交易且需要与终端设备配合（绑定）使用的一种存储介质。这种

DC/EP 芯片卡还有一种可视版本，其与广泛应用于加密货币的“冷钱包”相类似，支持近场通信和显示数字货币相关信息。

8.1.4 DC/EP 的使用

1. DC/EP 与现金的兑换

1）现金兑换成 DC/EP

央行数字货币相关技术支持现金兑换 DC/EP，当用户需要将手中的现金兑换成 DC/EP 时，商业银行网点系统会将现金兑换 DC/EP 的第一请求发送给商业银行的数字货币系统，商业银行的数字货币系统根据第一请求所指定的金额，从商业银行的账户中提取 DC/EP，然后向中央银行的数字货币系统发送第二请求，申请对提取的 DC/EP 进行属主变更。中央银行数字货币系统接收到第二请求后根据第二请求执行预设项目的操作（包括属主变更），并将操作成功的指示返回给商业银行的数字货币系统。商业银行数字货币系统接收到操作成功的指示后，将所提取的 DC/EP 发送给用户终端。

使用现金兑换 DC/EP 的整个流程也适用于 DC/EP 提取操作，在这种情况下用户的需求就变为简单的提取 DC/EP 到用户终端。

2）DC/EP 兑换成现金

央行数字货币相关技术同样支持 DC/EP 兑换现金，当用户需要将 DC/EP 兑换成现金时，用户终端设备根据外部操作输入的兑现金额信息在数字钱包内选取等值的 DC/EP。接下来用户终端设备将 DC/EP 通过商业银行的数字货币系统发送给中央银行数字货币系统。中央银行数字货币系统生成一次性提款代码后发送给用户终端设备并将 DC/EP 的属主信息由用户更改为中央银行。商业银行数字货币系统将用户提供的一次性提款代码再发送给中央银行数字货币系统。中央银行数字货币系统确认一次性提款代码有效后在商业银行账户中增加兑现金额，并向商业银行数字货币系统反馈。商业银行数字货币系统根据反馈信息向商业银行网点系统发出供款指令，银行的网点得到供款指令后向用户提供现金，整个 DC/EP 兑换现金的过程结束。

2. 使用 DC/EP 进行支付

1）终端设备之间的支付

线下支付场景经常涉及终端设备之间的交互，整个支付的流程如下：①付款方终端设备接收外部操作输入的付款金额、收款方标识及取款识别码；②付款方终端设备在付款方数字钱包内选取总金额等于付款金额的 DC/EP；③付款方终端设备将 DC/EP 和取款识别码以近场通信的方式发送给收款方标识所对应的收款方终端设备；④收款方终端设备将 DC/EP 和取款识别码通过网络发送给商业银行数字货币系统；⑤商业银行数字货币系统将 DC/EP 和取款识别码通过网络发送给中央银行数字货币系统；⑥中央银行数字货币系统将 DC/EP 的属主信息由付款方更改为收款方并备注取款识别码。

2）商业银行数字货币系统撮合下的 DC/EP 支付

当支付的场景不支持终端设备之间直接接触时（如线上支付场景），就需要商业银行的数字货币系统在中间撮合。整个支付的过程如下：①第一用户终端根据接收的付款指令，从数字钱包中提取与付款指令所指定的金额相等的 DC/EP，并生成第一请求发送给商业银行数字货币系统，其中，第一请求包括第二用户终端标识和 DC/EP；②商业银行数字货币系统在接收到第一请求后，生成第二请求然后发送给中央银行数字货币系统；中央银行数字货币系统根据第二请求执行预设项目的操作，并将操作成功的指示返回给商业银行数字货币系统，预设项目的操作中包含对 DC/EP 进行属主变更的操作；③商业银行数字货币系统将 DC/EP 发送给第二用户终端。

3. DC/EP 在银行的存储

用户在不需要使用 DC/EP 的时候，可以将其存储在自己的 DC/EP 存款账户中，将 DC/EP 存入存款账户的过程如下：①终端设备接收外部操作输入的存款金额和存款账号；②终端设备在数字钱包内选取总金额等于存款金额的 DC/EP；③终端设备将 DC/EP 和存款账号发送给商业银行数字货币系统；④商业银行数字货币系统将 DC/EP 和存款账号发送给中央银行数字货币系统；⑤中央银行数字货币系统将 DC/EP 的属主信息由用户更改为商业银行，并向商业银行数字货币系统反馈交易成功信息；⑥商业银行数字货币系统根据交易成功信息对存款账号增加存款金额的记账，并向终端设备发出存款成功的通知。

8.1.5　DC/EP 与区块链技术

1. 区块链用于数字钱包地址的管理

根据有关技术信息资料，通过智能合约对交易方基于数字钱包地址发起的交易请求进行验证，若确定验证通过，则对数字钱包地址进行更新并保存至智能合约，这样后续交易可以基于新的数字钱包地址来进行下一轮交易，由于对原数字钱包地址进行更新之后，原数字钱包地址与交易方的真实身份信息之间的绑定关系被强制切断，因此即便外界追踪到了原数字钱包地址，也无法通过该原数字钱包地址查看到与交易方的真实身份信息对应的隐私，从而有效地保护了用户的隐私。

2. 区块链用于交易信息监管

交易信息通过区块链进行监管的方法如下：①从区块链中获取 DC/EP 交易信息，DC/EP 交易信息包括监管用户信息、第一参与用户信息及加密数据；②根据第一参与用户的初始化公钥及监管用户的初始化私钥，利用共享密钥算法生成第一参与用户的第一共享私钥；③利用第一共享私钥解密加密数据，得到监管用户与第一参与用户的 DC/EP 交易信息明文。该监管过程可以实现交易信息对区块链上无关第三方保密。

3. 基于区块链和 DC/EP 的数字票据交易

有关技术资料显示，基于区块链和 DC/EP 的数字票据交易方法如下：首先由区块链接收输入的数字票据交易申请，其中，数字票据交易申请包括出票登记申请、提示承兑申请、提示收票申请、背书转让申请、贴现申请和转贴现申请。接着区块链会执行数字票据交易申请对应的操作。该方法能够在区块链的基础上实现用 DC/EP 进行票据交易。

8.1.6 DC/EP 用于银行间结算

银行间的货币清算结算十分重要，央行数字货币研究部门提供了一种银行间数字货币的结算方法和系统，将银行间的传统结算方式与 DC/EP 的结算方式进行融合，从而提高银行结算选择的灵活性。其具体方法如下：①发起银行系统将 DC/EP 付款给接收银行的报文发送给 DC/EP 系统；②DC/EP 系统根据支付报文执行预设项目的操作，将清算报文发送给清算银行系统，并将操作成功的结果返回给发起银行系统和清算银行系统；③清算银行系统在接收到操作成功的结果后，根据接收到的清算报文，在清算报文中的接收银行在该清算银行的同业账户存款余额中增加与接收到的数字货币金额相等的额度，并将表征清算成功的结果发送给接收银行系统和 DC/EP 系统；④DC/EP 系统将接收到的表征清算成功的结果返回给发起银行系统。

总之，DC/EP 发行和回笼不影响中央银行货币发行总量，不会造成货币超发，对通货膨胀的影响基本中性。DC/EP 的双层运营模式在很大程度上沿用了现有货币的投放渠道。DC/EP 相当于以数字形式提升公众的现金偏好。公众将存款转成 DC/EP，会降低货币乘数，有一定的货币紧缩效应。但这个紧缩效应的规模不会很大，中国人民银行的货币政策完全可以弥补。商业银行用 DC/EP 放贷也不会明显影响贷款产生存款的机制，因此 DC/EP 不会显著冲击商业银行的地位。只要存款不发生显著萎缩，由于 DC/EP 钱包没有消费信用功能，银行卡支付仍有很大市场。未来金融服务市场一定会形成多种 DC/EP 钱包并存的局面，各家商业银行和第三方支付机构可以推出自己的 DC/EP 钱包。但 DC/EP 采取账户松耦合方式，使 DC/EP 钱包的运行管理者与钱包用户之间形成托管关系。在任何 DC/EP 交易中，实际发生资金流动的参与方只有交易双方，资金流不经过 DC/EP 钱包的运行管理者。因此，DC/EP 支付和清结算将与银行卡支付的有显著差异。

另外，DC/EP 交易最终由人民银行记录在 DC/EP 登记中心。DC/EP 交易的结算方式是 DC/EP 系统中最重要的问题之一。DC/EP 交易采取延迟净额结算模式的可能性比较高，因为 DC/EP 交易如果采取全额实时全额结算模式，意味着中国人民银行直接处理 DC/EP 的零售支付，对 DC/EP 系统的安全和效率要求很高。如果出现 DC/EP 托管和支付机构，就相当于实现延迟净额结算模式，能缓解中国人民银行直接处理所有 DC/EP 交易中面临的压力。

DC/EP 有助于推进人民币跨境支付在经常项目下小额结算的需求，但需要研究境外商家和居民开立 DC/EP 钱包时的 KYC 程序和要求，以及在 DC/EP 因市场需求在境外国家应用较多时，如何尊重对方的货币主权。DC/EP 跨境支付的目的主要是增强人民币作为贸易结算货币的功能，而且初期主要用于周边国家小额贸易结算。同时，数字钱包与账户关联度较低，更容易满足非居民在电子商务平台支付的需求。

8.2　数字化人民币在物联网支付应用中的展望

数字化人民币兼具数字货币和法定货币的属性，发展和推行数字化人民币有可能成为支付领域面向未来的一次重大创新改革。这一重大创新改革的深远意义，不仅在于替代纸钞和硬币用于日常生活支付，更重要的是，DC/EP 未来将与物联网深度结合，为人与机器之间、机器与机器之间的交互提供流动性介质，并能结合区块链为全产业链的服务价值交换和人类社会的数字化迁徙，提供广泛信任与协作的金融基础设施。

8.2.1 物联网与物联网支付

物联网把连接从人与人之间扩展和延伸到人与物、物与物之间，形成“万物相连的互联网”。不过，受限于数据采集、处理、应用能力和通信技术等的限制，物联网自诞生以来，一直呈现缓慢发展的状态。直到近年，随着通信（尤其是移动通信）范围的广泛覆盖和通信成本的大幅降低，以及包括云存储、边缘计算、人工智能等在内的数据处理和应用技术的日臻成熟，大量基于物联网的应用场景浮出水面，物联网才随之产生突飞猛进的发展。这其中的典型代表有共享汽车（单车）、智能抄表、资产跟踪器等。

互联网是传播信息和数据的基础设施，人是这些数据的生产者和消费者，而数据在网际流动，从而产生了价值。作为互联网的延伸和扩展，物联网的重要意义在于，它连接了比人类数量更大的数据源——物联网设备。据互联网数据中心《全球物联网设备数据报告》的分析，到 2025 年，全球 IoT 设备数量预计将达到 416 亿台，是全球人数的 5 倍。

数字经济本质上就是以对信息数据的充分利用为基础，实现资源的优化配置，降低社会交易成本，提高产业附加值，从而推动经济向高质量发展。海量的物联网设备将产生海量的数据，因此让海量的数据在网际流动和应用从而产生价值，是物联网数字经济的内生要求。如果把数据比作石油，物联网既是发展数字经济的关键基础设施，也是驱动数字经济的“石油管道”。

1. 物联网交互与物联网支付

从设备交互的角度看，物联网设备之间，一般遵循某种形式的“请求-服务”过程，也就是设备 A 向设备 B 请求某种服务，设备 B 向设备 A 提供其请求的服务。例如，终端设备向云上传数据，就可以视为终端设备向通信基础设施请求数据传输服务，以及向云请求数据存储和处理服务。相应的，通信基础设施响应并向终端设备提供数据传输服务，云则响应并提供数据存储和处理服务。虽然请求和服务的具体内容是差异化的，但从经济活动的角度看，“请求-服务”的过程实际上就是消费与生产的关系。既然是消费与生产的关系，伴随着这个“请求-服务”过程，就一定还有一个“支付-收单”的交易过程。通信基础设施响应终端设备请求为其传输数据，是因为终端设备为此向通信基础设施支付了流量费。云响应终端设备请求为其存储和处理数据，是因为终端设备支付了相应的服务费。

综上，物联网设备的交互，从经济活动的层面看，就是消费和生产用金融术语可以表达为支付和收单。这是物联网支付的基本经济原理。

2. 物联网支付的两种交易模式

物联网支付本质上是物联网设备交互对应的金融表达。根据数据请求服务与货币支付收单的路径，物联网支付可能以以下两种方式体现。

1）机器代理人模式

机器代理人模式是指由机器执行“请求-服务”过程，而机器的控制人执行交易活动的模式。当今大部分物联网支付都以这种形式发生。该模式如图 8-1 所示。

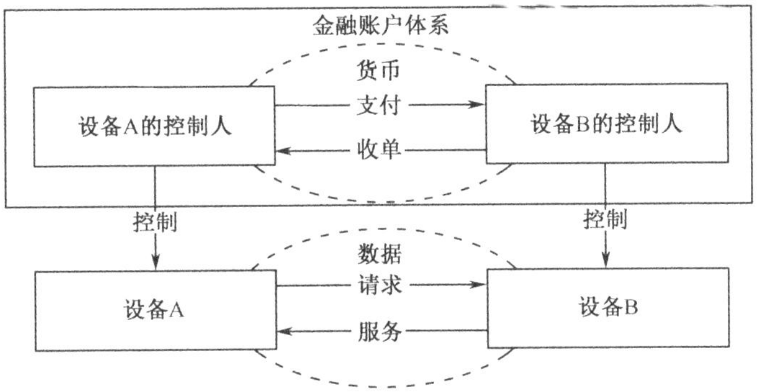

图 8-1　机器代理人模式示意

在机器代理人模式下，尽管“请求-服务”过程发生在机器之间，但实际控制机器执行“请求-服务”的是其背后的控制人（自然人或法人）。相应的“支付-收单”过程，也发生在机器控制人的金融账户之间，而机器本身没有金融账户。例如，终端设备向通信基础设施请求数据传输服务时，设备并没有直接向基站支付货币，而是由设备服务商通过其金融账户，向通信运营商的金融账户支付费用。设备服务商和通信运营商的金融账户并不为特定设备间的交易而设立。

2）机器半自主模式

机器半自主模式是指机器在控制人的预先编程下，按约定程序执行货币支付/收单和服务请求/响应的模式。该模式如图 8-2 所示。

在机器半自主模式下，数据的请求/服务及货币的支付/收单，都在机器之间进行。控制人主要通过预先编程来约定设备的行为（预先编程也包括为控制人直接干预机器行为提供途径）。与机器代理人模式不同，在机器半自助模式下，设备有自身的金融账户，并在设备金融账户之间进行支付交易。尽管设备金融账户有可能是独立账户，也有可能最终会关联到控制人的金融账户，但无论如何，交易行为都是发生在特定设备之间，而不是直接发生在控制人的金融账户之间。这种模式很有可能是未来的一个发展方向。例如，高速公路 ETC 收费就是一种预先编程的机器半自主支付行为。

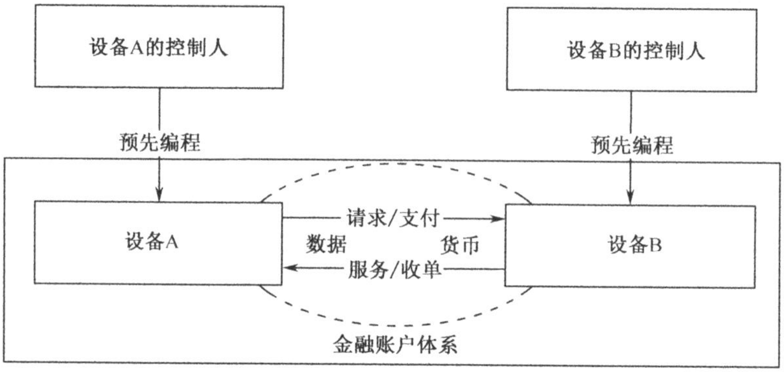

图 8-2　机器半自主模式示意

从设备间的行为看，在机器半自主模式下，机器更像一个具有有限自主行为能力的“机器人”。这种有限的机器自主行为能力本质上仍然是人类意志在机器上的执行，当大量机器的控制人遵循相同（或相容）的价值观和治理规则时，由机器体现的人类意志就可能促成机器间的大规模协作。这也意味着今天在人类社会治理中的大量成熟的经济方法，也可能应用在机器经济中，促成机器间的大规模高效协作。

今天绝大部分的人类经济活动都必须借助一定的机器来实施。广义上，只要是有机器参与的经济活动，都可以归类为物联网经济或机器经济。在两端，这些经济活动体现为人与机器的支付和服务；而在中间过程中，这些经济活动则体现为机器与机器的大规模协作。人与机器共同构成了物联网支付的完整场景。

8.2.2　DC/EP 的设计特点及与物联网支付的互相促进

1. DC/EP 是机器易于接受的流动性载体

如果把物联网的请求/服务和支付/收单交易比作人的末梢毛细血管的氧气和营养交换的话，大规模的物联网经济活动就像人全身的新陈代谢活动，而流动的货币就如同经济体的血液。

大规模的物联网经济活动会产生大量的交易，而大量交易必然对流动性产生很大的需求。在 DC/EP 推出之前，可能承载物联网经济的几种流动性载体都存在一些不足，如表 8-1 所示。

表 8-1　几种流动性载体在物联网支付方面的不足

流动性载体	在物联网支付方面的不足
纸币、硬币	纸币、硬币需要人工装入机器和清点，识别、安全防护等都较复杂，除和人直接交互的自动售货机、自动充值机等需要接收纸币、硬币以外，纸币、硬币显然不是适宜机器支付的流动性载体
银行账户活期资金	银行账户体系是为自然人和法人设计的，机器不具备申请银行账户的资格，只能以代理人模式运行
第三方支付账户余额	第三方支付账户一般采取用户预先充值的方式，账户余额对应的资金名义上属于用户，实际上以支付机构名义存放在中央银行，并由支付机构支配与控制。由于不同的第三方支付机构之间账户余额不通用，使得物联网支付的兼容性得不到保障。如果第三方机构的盈利模式依赖于服务费或手续费，交易还会有额外成本
虚拟货币（比特币、Libra 等）	虚拟货币是未被主权国家认可的非法定货币，通常存在兑换困难、币价极不稳定（比特币等非稳定币）、准备金监管困难（Libra 等稳定币）等缺点。事实上，比特币等虚拟货币更像投资标的而不是电子现金，对机器支付而言，它们也不是理想的流动性载体

对机器来说，DC/EP 恰好是最容易接受和使用的货币流动载体。

首先，DC/EP 是法定货币，不存在价格波动等虚拟货币的问题，也不存在第三方机构账户余额不能通用的问题。其次，DC/EP 是数字形态的法定货币，对机器而言，非常容易通过数字签名等方式实现交易，还可以实现单方或双方离线的交易，流通性非常好。再次，DC/EP 是松耦合的账户，机器通过内置符合央行认证要求的 DC/EP 钱包，就可以拥有 DC/EP 账户。例如，DC/EP 账户用手机号就可以注册开户，安装有 SIM 卡的蜂窝物联网设备在技术上也具备注册 DC/EP 账户的可行性，从而解决了机器无法开设银行账户的问题。因此，DC/EP 是机器比较容易使用，同时机器的控制人也易于接受的货币流动性载体。

2. DC/EP 适合物联网支付小额高频交易

物联网支付具有小额高频的特点，这恰恰是 DC/EP 适宜的交易场景。一方面，相比第三方支付等传统支付方式，DC/EP 没有交易手续费，这使得物联网支付的交易摩擦大为降低。而低交易摩擦将反过来促进交易往更高频发展，如此形成良性循环。第三方支付尽管也存在免手续费的商业模式，但作为营利机构，第三方支付必须有盈利的商业模式，免手续费实际上是以商业模式中其他环节的盈利来补贴手续费。而 DC/EP 作为法定货币，交易直接由央行数字货币登记中心登记，央行不存在基于交易盈利的目的。另一方面，海量物联网设备会产生高频的交易。以区块链为主要技术基础的虚拟货币，在交易性能上明显低于中心化的交易系统，应对高频交易不得不通过 Layer 2 网络、支付通道等方法来缓解。而央行数字货币采用中心化管理，能够很好地应对高频交易带来的交易负荷，非常适合物联网支付。

3. DC/EP 有助于防范物联网经济的金融风险

物联网经济的一个重要特点是参与的设备非常碎片化，同时设备数量非常庞大。而在机器半自主模式下，物联网支付的设备基于预先编程实施支付和服务。大规模交易和半自主机器交易的叠加，使得物联网经济中的交易活动具有如下一些特点：一是交易主要由大量高频、小额且分散的交易构成；二是由同一控制人控制或同一生产商生产的、在特定领域中的批量机器可能具有相似的交易行为特征；三是控制人对机器交易行为的控制体现在预先编程上，机器的具体交易行为可否被控制人干预，以及可被干预的程度取决于编程中的设定。由于这些特点，从监管来看，物联网支付的交易行为往往只能从分散的物联网设备的行为视角观察，而不易从设备控制人的视角观察。

物联网交易对流动性载体的要求，会随着交易量的增加而日益强烈。DC/EP 具有可控匿名的特点，用于物联网支付时，可以通过大数据分析，对物联网设备的交易行为进行识别和分析。相比 DC/EP，如果物联网交易采取如比特币、Libra 等虚拟货币作为流动性载体，不仅会使监管变得困难，而且把实体经济承载在非法定货币上，将带来巨大的金融风险。

4. DC/EP+物联网支付有可能帮助推进人民币国际化

物联网支付伴随着物联网服务而生。随着“一带一路”基础建设的进行，可以预见大量物联网设备将随之输出。这些物联网设备之间的请求-服务过程，将伴随产生跨境或境外的支付-收单过程。如果这些设备的控制人和服务对象均在境内，它们本质上仍然是境内交易。如果控制人或服务对象在境外，这些交易将实质上成为跨境或境外交易，具备 DC/EP 交易能力的物联网设备，将有可能带着人民币数字货币实质性走出去。当然，这可能需要与对方货币当局合作，以尊重对方的货币主权。

8.2.3　物联网设备支持 DC/EP 的技术考量

1. DC/EP 钱包载体的演进

DC/EP 在设备侧的核心是 DC/EP 钱包，DC/EP 钱包的载体可以有多种形态。

1）传统收单机具

传统收单机具的改造是一种相对简单直接的方式。在物联网支付的早期，主要是人和机器进行支付交互，刷银行卡这种支付方式会长期存在，所以传统 POS 机仍然会普遍存在。这些收单机具本身就具有金融安全能力，通过对海量的存量机具进行改造，使之支持央行数字货币收单，就能够利用这些存量机具已有的支付场景，快速拓展数字货币的支付应用。因此，传统收单机具改造，是令物联网支付迈入数字货币时代最简单的途径。当然，传统机具并不是 DC/EP 在物联网设备上最理想的载体。传统机具自身成本高昂，在物联网设备中安装传统收单机具将大大增加其设备成本，这抵消了 DC/EP 自身低交易摩擦带来的好处。

2）蜂窝无线模组

传统机具出于安全等方面的考虑，难以二次开发，这也使得传统机具很难用于机器对机器的支付，因此发展出了一种很自然的演进方式——在物联网设备自有的运算和存储单元中增加 DC/EP 钱包，使设备直接支持 DC/EP。今天，一种很有前景的方案是在物联网设备中的蜂窝无线模组，特别是智能蜂窝无线模组里支持 DC/EP 钱包。由于蜂窝无线网络的广泛覆盖和日趋下降的流量费用，蜂窝无线模组广泛用于广域物联网设备的联网。特别是，智能蜂窝无线模组不仅具有通信能力，还具备与中低端手机相当的处理能力和安全能力，这使得智能蜂窝无线模组非常适合承载物联网金融业务。

2. 安全的考量

DC/EP 安全的核心是公私密钥对和账户数据，保证这些数据的安全是 DC/EP 的重中之重。对物联网设备来说，保证数据安全要从静态和动态两个角度来考虑。

1）静态安全

静态安全就是利用安全容器保护敏感数据。安全容器能够为敏感数据建立物理或逻辑上的隔离，容器外的软硬件仅能通过约定接口才能获得与容器内的敏感数据相关的信息（如用容器内的私钥所做的签名），而容器内的敏感数据本身则不会以明文形式离开容器。

对物联网设备而言，可以应用的安全容器主要包括安全元件（Secure Element，SE）芯片、可信执行环境、SIM 卡，这三种安全容器的对比如表 8-2 所示。

表 8-2　三种安全容器的对比

安全容器类型	特点
SE 芯片	SE 芯片安全等级高，但会增加成本。对于存量物联网设备，若设备原本没有 SE 芯片，则改造设备需要重新开发硬件；若设备原本有 SE 且其能力能够支持 DC/EP 钱包，则可以通过软件升级完成改造
TEE	越来越多的物联网芯片开始支持 TEE。对于支持 TEE 的设备（包括存量设备），可以通过软件升级实现 DC/EP 能力
SIM 卡	对于蜂窝物联网设备，SIM 卡（如插拔式卡或贴片式卡）是必然存在的。SIM 卡本身是 SE 芯片的一种，可以通过在 SIM 卡中增加 DC/EP 钱包应用，使蜂窝物联网设备在不增加物料清单成本的情况下具备支持 DC/EP 能力

2）动态安全

动态安全是指在运行中，服务端对请求端进行认证，确认请求端满足一定的安全条件后，才向其提供服务。动态安全最基本的要求是身份鉴别。请求端利用安全容器内预置的根信任，在与服务端的交互中，对发出的请求进行签名。服务端通过验证签名，确认请求端身份符合安全要求后，向其提供服务。较复杂的系统通常有专门的身份鉴别服务端。请求端首先向身份鉴别服务端请求身份鉴别，身份鉴别服务端鉴定请求端身份后，向其颁发令牌，而后请求端可以凭令牌向其他服务端请求业务服务。除身份鉴别外，请求端还可以采集地理位置、加速度、时间、软硬件版本等信息，经安全容器内的私钥签名后提交给服务端，服务端可以根据这些信息对请求端的状态进行分析，对风险进行评估。

3. 区块链的结合

区块链是一种去中心化的抗篡改账本。过去，区块链主要面向人，衍生出比特币等用于人与人之间进行价值交换的应用。对大规模机器经济活动而言，区块链能够帮助实现以下功能：一是对设备的活动进行记录，使设备在经济活动中的贡献在事后能够被评估和衡量。区块链本身能够保证链上的数据不被篡改，数字货币与区块链两者配合可以实现设备活动被可信记录，从而为经济利益的合理分配提供依据，而合理的利益分配又会促进和激励大规模机器经济活动的开展。二是自动化的经济活动。区块链智能合约有可能结合机器活动和 DC/EP，实现特定条件下 DC/EP 的自动支付。DC/EP 本身只有支付功能，不具备支付条件逻辑控制。例如，要在大规模机器协作中实现去中心化的可信中介，如请求端先为某服务锁定一定金额，直到服务端提供的服务达到约定要求，这笔钱才会转给服务端，这一过程有可能通过 DC/EP 结合区块链智能合约来实现。三是高效解决记账中的差错问题。通常，在大量的交易记账中，难免因为各种原因存在某些记账差错而需要冲账。在没有区块链的情况下，需要交易双方通过中心化的组织交换交易信息或仲裁，此过程往往需要人工处理，效率很低，不适合未来海量的物联网支付场景。在物联网支付中，利用区块链记账，可以使每笔交易都能在交易双方之间可信共享，令记账错误能够有据可查，甚至可以自动地查，大大减少人力和物力投入。

8.3　数字货币国际化的路径和场景

货币产生于分工，分工的演化产生了货币职能的解构，货币的价值尺度、流通、支付、价值储藏和世界货币这五大职能产生分化。过去的经济分工既带来了货币在形态上的不断演化，也使不同国家的主权货币呈现出越来越多的层次，从而使不同国家主权货币的功能因不同的经济禀赋而有所不同。例如，在国际上，美元的价值尺度和价值储藏职能较为突出，流通和支付职能在逐步降低；日元的套利工具角色突出。

随着货币制度进一步演化到数字货币阶段，伴随着金融科技的成熟和数字经济的发展壮大，数字货币作为可编程货币还会进一步细分。例如，按照使用者的层次划分，可分为零售型数字货币和批发型数字货币；按照外汇管理要求划分，可分为经常项目结汇 DC/EP 和资本项目结汇 DC/EP；按照输出方式划分，可分为本币和外币政府间货币互换；甚至还可按照居民和非居民持有，细分为在岸和离岸 DC/EP。这些是主权数字货币的延伸，而非替代。

数字化人民币上线运营后的广泛流通为人民币国际化增加了一条新赛道。数字货币国际化的前提，除应具备国际货币的一般规律外，还应拥有自主安全可靠、功能完善的 DC/EP 金融基础设施；DC/EP 在国内市场广泛流通和在群众中普及；国内外数字经济不断发展的趋势不变；跨国的网络线上平台的国际化扩张；货币发行地建立了便利、高效和具有吸引力的货币流出和回流机制，以满足非居民的需求。本节主要从货币国际化的路径场景角度对 DC/EP 未来实现国际货币功能进行分析。

8.3.1 跨境电子商务

从 2012 年开展跨境电商试点以来，我国已经成为全球跨境电商规模最大、发展速度最快的市场，2019 年我国跨境电商交易规模突破 10 万亿元，跨境电商保持了 33.19%的复合增长率。我国跨境电商主要以 B2B 为主，占比达到 80%以上，但随着智能手机、网购消费的兴起，以及物流、支付系统的完善，跨境零售电商（B2C、C2C）增长势头强劲。近年来，我国跨境零售电商一直保持高速增长，据海关统计，2018 年我国跨境电商零售进出口总额达到 1347 亿元，同比增长 49.3%。跨境电商使传统国际贸易呈现出外贸业务内贸化、批发业务零售化的特征和趋势。跨境电商已经成为国际贸易领域极具竞争力的新引擎，是落实“一带一路”倡议的重要抓手，也是推进人民币国际化、提升人民币国际地位和影响力的重要选择。

跨境电商也存在诸多难题，现实世界不同主权管辖范畴间货物流转和资金收付相互脱节的特征渐趋明显。跨境电商是“物”的数字化、网络化，提升了物流的效率，能够加速扩充信息接入从而提高网络价值，满足了海关、质检、税务等部门对具体商品的监管要求。跨境电商的货币收付环节由于基于账户管理的货币在结算、清算、汇率换算等方面的问题，降低了货币流的效率，增加了货币支付成本。跨境电子商务“破困突围”，在“物”的数字化、网络化条件下，实现了货币的数字化、网络化，DC/EP 在跨境电商中的应用前景广阔。

8.3.2 跨境移动支付场景

中国移动支付的普及率达到 86%，是全世界平均水平的 3 倍，在世界上遥遥领先。长远来看，跨境旅游是经常账户服务贸易项下的重要组成部分，跨境支付给移动支付在跨境人员中的往来带来了巨大的场景应用，这也是民间力量促进人民币国际化的途径。2019 年我国内地居民出入境 3.5 亿人次，港澳台居民入出境 2.26 亿人次，外国人入出境 9767.5 万人次。2018 年中国居民境外消费达到 2773 亿美元，出境旅游消费已经超过全世界旅游消费总额的 1/5，排名世界第一。国外的机场免税店、连锁店、大型商场等主要消费场所为吸引中国游客，会逐渐加强与中国移动支付的合作。随着我国移动支付技术的不断提升，继扫码支付普及之后，闪付、生物识别、ETC 等技术与网络支付业务深度融合，催生了更多移动支付方式，有以上场景为基础，为 DC/EP 在全球的推广普及创造了条件。

以支付宝、微信支付为代表的支付机构，由于大多需要绑定境内银行账户和境内身份证明，其跨境服务对象主要还是境内居民。对港澳台地区和外国非居民在境内和境外的支付，虽然支付宝和微信支付采取了一些技术解决方案，但对非居民的影响力和普及率并不高。例如，支付宝和上海银行合作，推出面向外国游客的支付宝“海外版”，微信与 Visa、Mastercard、JCB 三家国际发卡合作，这些方案都没有脱离账户的约束。而 DC/EP 具有人民币国际化的天生优势，可以打破居民和非居民的界限，只需 DC/EP 数字钱包开放对非居民数字身份的确认，就可以完成货币的收付，为 DC/EP 在国际上的流通打开了广阔的空间。

8.3.3　资本项目可兑换

自从 1996 年我国实现人民币经常项目可兑换之后，外汇管理体制改革的重点就落到人民币资本项目可兑换之上。伴随着对外开放的深入和金融改革的深化，我国资本项目的开放力度正在逐步加大，目前只有少数涉及个人项下的资本项目还没有开放，其他大部分资本项目已经得到较高程度的开放。如果按照 IMF 的资本项目交易分类标准（七大类 43 项），目前人民币资本项目达到可兑换和部分可兑换的项目已有 37 项，实际上人民币已经是资本项目基本可兑换货币。但我国目前在资本项目管理方面的模式还比较分散，如 QFII、沪港通、深港通等还都是“管道式”的开放。DC/EP 作为可编程的货币，可以按照数字货币中加密合约的性质来区分。例如，主要投资境内交易所债券市场的 QFII 和 RQFII，主要投资银行间市场的债券通，以及外资进入股票市场的沪深股通等，均可按照资金的性质实施管理。DC/EP 还可以简化资本项目名目繁多的可兑换“毛细管道”。例如，利用 DC/EP 可编程的功能，将 FDI、ODI、QDII、RQDII、QFII、RQFII 等进行功能化区分，不同功能的货币投资不同的市场，从而改变由金融机构代理监管的模式，监管模式从间接监管向直接监管和智能监管过渡，避免金融机构执行政策的偏差和人为因素造成的风险，减轻事中、事后监督检查工作的压力。DC/EP 全面进入流通系统后，人民币资本项目可兑换可走出一条独特的路线——率先进行资本项目的本币开放，让 DC/EP 在国际间流动起来，然后实现资本项目本币对外币的完全可兑换。

8.3.4 货币互换中的应用

目前，我国内地已与中国香港、韩国、马来西亚、欧洲、瑞士、俄罗斯等 50 多个国家和地区的中央银行或货币当局签署了双边本币互换协议，总金额 3.48 万亿元人民币。双边本币互换安排是国家间经济金融领域合作深化的表现，有利于便利双方贸易投资中使用本币，规避汇率风险。中央银行间的本币互换也在维护金融市场稳定，为金融市场提供紧急流动性支持方面发挥了重要作用。与此同时，由于新兴市场国家基本是“汇困国”，其货币大多是非主流货币，通胀高且汇率不稳定，很容易在国际货币市场上将互换货币用来“三角套汇”，背离货币互换的初衷，从而间接影响人民币汇率走势，甚至使其成为国际炒家手中的筹码。DC/EP 在防止货币互换对手方“脱实向虚，套汇套利”方面拥有天然的优势。例如，对发起人民币互换方的用途可以在 DC/EP 中设定加密合约，只有满足双边贸易和投资或双方约定的用途才可实施撮合互换，以防国际炒家利用离岸市场操纵人民币汇率。

8.3.5 离岸人民币的监测

人民币离岸市场的建设能够推进人民币国际化的进程，而在第二国、第三国之间的转口贸易和离岸贸易中起到计价结算作用，是人民币国际化的显著标志。中国能否最终实现与自身经济贸易地位相匹配的货币地位，归根结底还是取决于非居民使用和持有人民币的意愿与程度。不断丰富在岸、离岸金融市场中的人民币金融产品，提供必要的流动性支持，增加人民币资金的可获得性，提高人民币自由使用的程度，实现离岸与在岸金融市场的良性互动和深度整合，是提高人民币国际化指数的关键。同时离岸人民币（CNH）的汇率和利率变化会对国内在岸金融市场产生影响。如何实时监测离岸人民币在国际金融市场间的流向和流量是货币当局监管的难点。货币数字化中包含的智能合约和中央银行集中后台式管理，可将离岸货币的“暗牌”打成“明牌”。DC/EP 可以根据数字钱包持有人数字身份的确认来区分人民币的离岸与在岸，同时在资本项目未完全可兑换的条件下，将离岸货币对跨境资本流动管理框架形成的冲击降到最小。本国居民与非本国居民的金融业务和资金往来，由各国监管部门按照各自的资本账户开放政策和跨国金融监管政策进行规制。各国居民之间的金融业务服从各国的 KYC、AML/ATF 及各类金融监管规则。由此，监管部门就不用担心跨境宏观审慎管理和金融监管的失效。可以通过数字钱包地址和数字身份归集本国居民，划定数字货币司法辖区，开展跨国资本流动管理。

8.4　数字人民币跨境服务和国内监管的转型

货币作为公共产品，是整个经济社会运行的重要媒介，主权货币参与全球公共服务体系是国际货币金融体系的核心。目前以 WTO、美联储、欧洲中央银行、国际清算银行、金融稳定理事会、IMF 和世界银行等为代表的机构形成了国际货币金融体系的顶层治理格局。数字人民币主动融入全球公共服务体系，是我国对现有的国际金融秩序和全球治理体系改革的创新和探索。数字人民币的跨境使用涉及 WTO 的服务贸易跨境金融服务条款，也涉及新的数字货币基础设施。数字货币国际基础设施的建立能够打破国际货币体系顶层治理的垄断格局，促进国际货币的生态体系朝着更加公正、合理的方向发展。数字人民币加入国际货币生态系统，可分散国际货币在流通路径、存储账户及金融制裁与反制裁上的风险，同时也需要国内以国际货币为监管对象，在监管方式、监管手段和监管工具上转型升级。

8.4.1　WTO 框架下的数字货币跨境金融服务环境

WTO 作为一个独立于联合国的永久性国际组织，其成员国可以对服务贸易总协定（General Agreement on Trade in Services，GATS）跨境服务贸易的四种模式做出不同程度的市场准入承诺。WTO 的职能是调解纷争，加入 WTO 并不算签订了一种多边贸易协议。虽然当前 WTO 在区域和跨区域多边贸易合作机制纷纷建立的冲击下，其作用有所降低，但它仍然是贸易体制的组织基础和法律基础，还是众多贸易协定的管理者、各成员贸易立法的监督者，为贸易提供解决争端和进行谈判的场所。互联网的世界是现实世界的映像，互联网全球化是经济、贸易、金融服务全球化的一个缩影，GATS 作为“前互联网时代”的多边贸易规则，是 WTO 协定不可分割的一部分，GATS 对服务贸易的定义已被各国普遍接受，广义上的服务贸易的四种模式——跨境交付、境外消费、商业存在和自然人流动，同样适用于数字货币的跨境金融服务。

1. 跨境交付模式

跨境交付（Cross-border Supply）模式即服务提供者在 WTO 某成员国的领土内向另一成员国领土内的消费者提供服务。我国金融科技的发展促进了跨境交付模式金融服务的对外输出，极大地便利了市场主体和境内外消费者。例如，网上银行、手机银行、第三方支付等的快速发展，便利了中国居民的跨境消费和交易；境外的亚马逊等购物平台，不仅支持境内银行发行的外币信用卡，也越来越多地支持中国银联等境内银行发行的本币信用卡。同时，支付宝、微信在境外多个旅游热点国家与地区的应用范围日益广泛，客户在境外移动端的消费逐渐普及。我国在支付科技方面的金融创新，在便利了境内外跨境支付服务的同时，也使中国的金融服务深度参与到国际竞争中。

目前，各国对跨境交付模式的开放程度相对较低，原因在于各国对提供跨境交付金融服务的境外机构难以监管，如果一国监管能力跟不上而贸然开放跨境交付领域，有可能影响该国自身金融安全。许多国家针对某些金融服务，要求境外机构以设立商业存在的方式提供，即暂不开放其跨境交付模式。随着数字经济的发展，从中长期来看，跨境交付模式下的跨境金融服务开放程度会进一步提高，未来各国有可能将更多的跨境交付模式下的金融服务的开放度提高至与境外消费模式一致。在跨境交付相互开放的成员之间，数字货币涉及的数字钱包的下载、认证注册、交易及货币兑换等服务，可以在线上实现交付。

2. 境外消费模式

境外消费（Consumption Abroad）模式即服务提供者在 WTO 某成员国的领土内向来自另一成员国的消费者提供服务。这种服务提供模式的特点是，消费者到其他成员国领土内享受其他成员国服务提供者的服务。各国对金融服务下的境外消费模式的开放承诺最高，基本没有限制，这些国家主张的认定标准，实质上是希望推动通过数字平台提供跨境金融服务开放度的提高。而对另外一些发展中国家来说，可能其监管能力尚不健全，或者本国电子商务不发达，一般主张应以消费者是否移动出境为标准判断境外消费和跨境支付，强调基于数字平台的跨境服务贸易，即消费者并没有移动到境外，而是服务实现了跨境，所以应该认定为“跨境交付”而非“境外消费”。因此，对未开放跨境交付模式的成员国的消费者来说，涉及数字货币的金融服务，如数字钱包的注册认证，只能在数字货币服务提供者所在国完成。以上消费者回到境内后，通过数字钱包、手机等接受境外提供的数字货币服务。表面上看，钱包注册认证环节是在境外消费模式下完成的。但实际来看，境外机构提供的数字货币服务（数字钱包是实现这些金融服务的前提）主要通过跨境交付模式完成。

3. 商业存在模式

商业存在模式（Commercial Presence）即 WTO 某成员国的服务提供者通过

在其他成员国设立商业实体的方式提供服务。一般来说，各国商业存在模式的跨境金融服务的开放度不同，有的国家承诺开放度很低，但整体趋势是开放度不断提高。我国在加入 WTO 之初，关于金融服务市场的准入承诺，多集中在商业存在模式下。之后，中国不断扩大商业存在模式下金融业的开放程度，强调在金融业的对外开放中坚持“内外资一致”的原则，逐步放宽或取消外资持股比例限制，取消外资机构进入中国相关金融领域的总资产规模限制，放宽外资设立机构条件，扩大外资机构业务范围，放宽外资市场准入条件等。当然，我国金融业的开放不能搞自我单方面的开放，而是“以开放换开放”，尤其是要为未来数字货币服务机构的境外市场准入留出可交换的“筹码”。

4. 自然人流动模式

自然人流动模式（Presence of Natural Persons）即 WTO 某成员国的服务提供者以自然人身份进入另一成员国的领土内提供服务，由于提供金融服务的为境外自然人，因此监管难度较大，GATS 各成员国对该模式一般是有限开放。

上述四种模式的金融服务，具有服务跨境、消费者跨境、服务提供者跨境等不同特点，是跨境金融服务的具体表现形式，对于数字货币的跨境使用环境具有参考意义，具体实施需要在数字货币的实践中不断探索。

5. WTO 的新金融条款

WTO 框架下“关于金融服务承诺的谅解”中的“新金融条款”（New Financial Services），即“一成员应允许设在其领土内的任何其他成员的金融服务提供者在其领土内提供任何新的金融服务”。“新的金融服务”是指具有金融性质的服务，包括与现有和新的产品有关的服务或跨境交付方式，此类服务在某特定成员国领土内没有任何金融服务提供者提供，但在另一成员国领土内有所提供。这意味着，如果某成员国允许开展某类金融服务，则也可在其他成员国开展此类金融服务，即使其他成员国境内并无开展此类金融服务的先例与经验。

WTO 的“新金融条款”开放度较高，其目的是促进成员国对新金融服务持更加开放的态度。“新金融条款”的推动者主要为发达经济体，中国尚未签署此条款。随着我国数字技术的迅猛发展，借助数字平台提供的跨境金融服务日益增多，最新的多双边国际协定框架下的金融服务自由化，一定程度上代表了未来跨境金融服务的高水平开放标准，正在推动在全球进一步形成高水平开放标准的金融服务一体化市场。在数字货币推动金融开放的进程中，我们应积极、审慎、理性地参与多双边国际协定中的“跨境金融服务条款”和“新金融条款”。在基于数字货币平台的跨境金融服务中，服务者和消费者分别在不同国家，二者均不“移动”，而仅是服务“跨境”，因此跨境交付模式更符合数字货币跨境金融服务的本质特征。

8.4.2 数字化转型推动外汇监管向国际货币监管转型

改革开放前，我国一直将外汇作为国际资源配置的稀缺资源。随着改革开放和加入 WTO，我国在全球经济和国际金融、投资及贸易中的地位不断上升，国家外汇储备升至世界第一位。以 2015 年 12 月我国加入 IMF 的 SDR 为标志，人民币已经成为事实上的国际货币，人民币在 SDR 中的份额和在国际金融、投资、贸易中的作用不断提高。以人民币报价的原油期货、黄金、铁矿石等大宗资源的定价和结算能力不断增强。2019 年，人民币跨境使用规模近 20 万亿元，是 2009 年的 5000 多倍，国际化指数上涨了 150 倍。随着人民币国际化程度的不断加深，我国的国际资源配置手段已经形成外汇和人民币“双轮驱动”的局面。

随着未来我国主权数字货币 DC/EP 参与国际间流通和人民币国际化进程的加速，外汇管理的广度和深度将远远超出现有的范围。DC/EP 的国际流通，除遵循人民币现钞流通“先周边化、后区域化”的规律之外，还增加了网络化的延伸扩张的巨大空间。无论狭义的外汇概念还是广义的外汇概念，已经无法包含人民币国际化的内涵和外延，境外流通的离岸人民币将成为外汇监管的重要组成部分。外汇管理体制向国际货币管理体制升级成为必然选择。

国际货币管理重点不仅包括现有的国际收支、国际储备、经常项目、资本项目和外汇检查等内容，还应该包括：①观测各国货币比价的变化，包括汇率确定的原则、波动的区间、调整的幅度及对人民币的利率和汇率的影响；②跟踪各国货币的可兑换性和平衡国际收支所采取的措施，研究观测主要贸易投资伙伴国的货币政策和汇率、利率的实时变化，以便采取相应的对策；③承担居民持有境外资产和非居民持有境内资产的金融监管职责；④对不同国家的国际收支顺差或逆差，选择差异化的调节方法和手段；⑤通过重要金融基础设施采集离岸人民币数据，强化预警分析能力；⑥参与国际金融事务的协调、磋商和有关的管理工作等。

数字技术带来的人工智能、大数据等创新技术增强了金融监管能力，增加了国际货币管理的技术含量，数字化货币使监管规则数字化成为可能。将国际货币收支、清/结算、结/售汇等量化指标结合国内监管规则，借助人工智能、区块链、API 等新技术手段，将规则与指标转换成智能合约，建立监测分析模型，实现监管要求的数字化存储、应用和预警系统。同时，开放数字化监管规则的标准接口，降低金融机构的合规成本与风险。探索在数字金融和数字货币条件下如何推进外汇管理向国际货币管理升级，将成为我国国际货币监管的未来使命。

参考文献

[1] 周小川. 关于改革国际货币体系的思考 Some Contemplations on International Monetary System Reform[J]. 中国金融, 2009(7):8-9.

[2] 胡晓炼. 跨境人民币业务政策解读与实务指引[M]. 北京：中国金融出版社, 2010.

[3] 李东荣. 人民币跨境计价结算：问题与思路[M]. 北京：中国金融出版社，2009.

[4] 潘功胜. 人民币国际化十年回顾与展望[J]. 中国金融，2019(14):9-11.

[5] 连平. 离岸金融研究[M]. 北京：中国金融出版社，2002.

[6] 巴曙松, 郭云钊. 离岸金融市场发展研究：国际趋势与中国路径[M]. 北京：北京大学出版社, 2008.

[7] 原毅军，卢林. 离岸金融中心的建设与发展[M]. 大连：大连理工大学出版社，2010.

[8] 连平. 资本流动自由化中离岸金融业的风险及管理[J]. 国际经济评论，1999(1):43-45.

[9] 李稻葵，刘霖林. 人民币国际化：计量研究及政策分析[J]. 金融研究，2008(11):5-20.

[10] 范一飞. 中国央行数字货币应采用双层投放体系[J]. 金融博览，2018(05).

[11] 陶士贵. 人民币的“国际可接受性”策略研究[J]. 当代财经, 2009(09):68-74.

[12] 何帆, 张斌, 张明, 等. 香港离岸人民币金融市场的现状、前景、问题与风险[J]. 国际经济评论, 2011(03):6+85-109.

[13] 马骏. 人民币离岸市场发展对境内货币和金融的影响[J]. 国际融资，2011(05):55-59.

[14] 殷剑峰. 人民币国际化:“贸易结算＋离岸市场”，还是“资本输出＋跨国企业”？——以日元国际化的教训为例[J]. 国际经济评论, 2011(04):53-68.

[15] 王景武. 发挥人民币跨境计价功能[J]. 中国金融, 2013(06):21.

[16] 裴长洪，余颖丰. 人民币离岸债券市场现状与前景分析[J]. 金融评论，2011(02):44-57+128.

[17] 夏斌，陈道富. 人民币区域化的路径及相关风险防范[J]. 国际金融，2011(04):5-9.

[18] 易纲，汤弦. 汇率制度“角点解假设”的一个理论基础[J]. 金融研究，2001(8).
[19] 李晓. 现阶段人民币国际化的进展及面临的问题[J]. 中国市场，2011(20): 14-25.
[20] 斯琴图雅. 对当前人民币资本项目自由兑换条件的重新思考[J]. 武汉金融，2009(06):27-29.
[21] 姜莉莉. 发展香港人民币离岸市场可行性研究[J]. 改革与开放，2011(10):76-77.
[22] 李黎明，尹兴中. 结算货币与证券市场的国际化[J]. 财政研究，2011 (08):51-56.
[23] 王华庆. 国际货币、国际货币体系和人民币国际化[J]. 复旦学报：社会科学版，2010(01):22-29.
[24] 阵雨露，王玉. 中国应当实施托宾税吗？[J]. 税务研究，2007(11).
[25] 张光平. 人民币国际化和产品创新[M]. 北京：中国金融出版社，2013.
[26] 褚振光. 对构建人民币离岸金融市场的研究[D]. 西南财经大学，2008.
[27] 刘冠洲. 人民币国际化过程中的人民币离岸金融市场建设[D]. 吉林大学，2010.
[28] 张瑞军，孟浩. 香港人民币离岸市场对内地金融市场风险的度量与预测研究[J]. 区域金融研究，2012(04):53-56.
[29] 马俊. 人民币国际化过程中离岸市场的不可替代性，财经网马俊博客.
[30] 罗伯川. 人民币“一国两制”，财经网《财经》评论.
[31] 巴曙松，郭云钊. 离岸金融市场发展研究：国际趋势与中国路径[M]. 北京：北京大学出版社，2008.
[32] 张晓峒. 应用数量经济学[M]. 北京：机械工业出版社，2009.
[33] 刘振芳. 离岸金融市场[J]. 扬州大学税务学院学报，1997(3):56-60.
[34] 王信. 经济金融全球化背景下国际货币博弈的强与弱[J]. 国际经济评论，2009(04):15-19.
[35] 左连村. 国际离岸金融市场理论与实践[M]. 广州：中山大学出版社，2002.
[36] 原毅军，卢林. 离岸金融中心的建设与发展[M]. 大连：大连理工大学出版社，2010.
[37] 马骏. 人民币离岸市场与资本项目开放[J]. 金融发展评论，2012(04):4-44.
[38] 曾之明. 人民币离岸金融中心发展研究[D]. 经济科学出版社，2011.
[39] 鲁国强. 当代国际离岸金融市场的特征分析[J]. 对外经贸，2007 (11):64-67.
[40] 刘明显，杨淑娟. 离岸金融中心研究综述[J]. 中外企业家，2011 (14):91-92.

[41] 司彧钰. 从离岸账户监管看离岸金融市场的监管问题[J]. 云南社会科学. 2013(02).

[42] 高海红，余永定. 人民币国际化的含义与条件[J]. 国际经济评论, 2010(01):43-61.

[43] 周小川. 国际金融危机:观察、分析与应对[M]. 北京:中国金融出版社, 2012.

[44] 马骏，徐剑刚. 人民币走出国门之路：离岸市场发展与资本项目开放[M]. 北京：中国经济出版社, 2012.

[45] 宋敏，屈宏斌，孙增元. 走向全球第三大货币：人民币国际化问题研究[M]. 北京：北京大学出版社, 2011.

[46] 刘力臻，徐奇渊. 人民币国际化探索[M]. 北京：人民出版社, 2006.

[47] 金艳平，王家辉. 跨境人民币结算对货币供应量和基础货币统计的影响[J]. 新金融, 2012(07).

[48] 王益明. 人民币国际化下内外经济均衡问题研究[D]. 东北师范大学, 2005.

[49] 何国华. 西方货币国际化理论综述[J]. 经济评论, 2007(04):156-160.

[50] 陈蓉，郑振龙，刘琛. 澳大利亚外汇衍生品市场发展历程探究及其对我国的启示[J]. 商业经济与管理, 2009(02):59-64.

[51] 陶士贵，别勇杰. 大宗商品定价权与货币国际化互动关系研究——基于美国数据的实证分析[J]. 上海经济研究, 2019(5):103-117.

[52] 卢志强，葛新锋. 区块链在跨境支付中的应用研究[J]. 西南金融, 2018(02).

[53] 中国人民银行金融稳定分析小组. 中国金融稳定报告[M]. 北京：中国金融出版社, 2018.

[54] 黄益平. 积极、稳健地开放中国金融业——《2017 径山报告》· 综合[J]. 新金融评论, 2017(5).

[55] 李永宁，郑润祥，黄明皓. 超主权货币、多元货币体系、人民币国际化和中国核心利益[J]. 国际金融研究, 2010(07):30-42.

[56] 范一飞. 中国法定数字货币的理论依据和架构选择[J]. 中国金融, 2016(17):10-12.

[57] 姚前. 中国法定数字货币原型构想[J]. 中国金融, 2016(17):13-15.

[58] 王永红. 数字货币技术实现框架构想[J]. 中国金融, 2016(08):14-16.

[59] 刘向民. 央行发行数字货币的法律问题[J]. 中国金融, 2016(17):17-19.

[60] 谢众. 央行数字货币使用环境建设[J]. 中国金融, 2016(17):20-21.

[61] 王信，任哲. 虚拟货币及其监管应对[J]. 中国金融, 2016(17):22-23.

[62] 温信祥, 张蓓. 数字货币对货币政策的影响[J]. 中国金融, 2016(17):24-26.
[63] 熊俊. 非法定数字货币的界定与监管[J]. 中国金融, 2016(17):26-27.
[64] 张正鑫, 赵岳. 央行探索法定数字货币的国际经验[J]. 中国金融, 2016(17):28-30.
[65] 徐忠, 姚前. 数字票据交易平台初步方案[J]. 中国金融, 2016(17):31-33.
[66] 徐忠, 汤莹玮, 林雪. 央行数字货币理论探讨[J]. 中国金融, 2016(17):33-34.
[67] 聂舒, 张一锋. 从 SDDS 看区块链技术的应用[J]. 中国金融, 2016(17).
[68] 姚前, 李连三. 大数据分析在数字货币中的应用[J]. 中国金融, 2016 (17):37-38.
[69] 穆长春. 金融科技前沿：Libra 与数字货币展望[EB/OL]. 得到 App，2019.12.27.
[70] 穆长春. 央行数字货币已经呼之欲出了[EB/OL]. 第三届中国金融四十人伊春论坛, 2019.08.10.
[71] 孙立坚, 杜建徽. 数字货币和分布式记账技术对我国货币金融政策的启示[J]. 上海金融, 2017(06):3-9.
[72] 王永利. 央行数字货币落地运行的挑战[N]. 中国证券报, 2019.08.25.
[73] 盘和林. 央行表达数字货币，在数字货币领域掌握国际主动权[N]. 上海证券报，2019.08.19.
[74] 盘和林. 央行数字货币主要用于小额零售高频业务场景. 新浪财经, 2019.08.20.
[75] 龙白滔. 数字货币金融理论的本源探析[J]. 清华金融评论，2020(04).
[76] 世界知识产权组织专利数据库.
[77] 01FINDS. 金融科技专利数据库.
[78] 2009—2018 金融科技专利趋势报告[EB/OL]. 零壹智库. http://www.01caijing.com/article/45601.htm.
[79] 中国人民银行数字货币研究项目组. 区块链的优劣势和发展趋势[J]. 中国金融, 2016(17):39-40.
[80] 中国人民银行数字货币研究项目组. 移动支付安全技术对数字货币的借鉴[J]. 中国金融, 2016(17):41-42.
[81] 中国人民银行数字货币研究项目组. 从 SWIFT 黑客事件看金融网络安全[J]. 中国金融, 2016(17):43-44.
[82] 中国人民银行数字货币研究项目组. 法定数字货币的中国之路[J]. 中国金

融, 2016(17):45-46.

[83] 智能手机 TEE:央行数字货币离线应用助推器[EB/OL]. http://www.8btc.com/article/526302.

[84] Hilton McCann. Offshore Finance[M]. Cambridge:Cambridge University Press, 2006.

[85] Ahmed Zoromé. Concept of Offshore Financial Centers; In Search of an Operational Definition[J]. Imf Working Papers, 2007, 9(2):1-32.

[86] Philipp, Hartmann. The Currency Denomination of World Trade after European Monetary Union[J]. Journal of the Japanese and International Economies, 1998,12(4):424-454.

[87] Barry Eichengreen. Globalizing Capital: A History of the International Monetary System.[J]. Princeton University Press; 2nd Revised edition, 2008(09).

[88] Hannah, L. Youssef Cassis, Capitals of Capital: a History of International Financial Centres, 1780-2005[J]. Financial History Review, 2008.

[89] Dr Wensheng Peng, Chang Shu. Currency Internationalization: Global New York: Experiences and Implications for the Renminbi[M]. 2010(10).

[90] George S. Tavlas ,Yuzuru Ozeki.The Internationalization of Currencies: An Appraisal of the Japanese Yen[M]. International Monetary Fund.1992(01).

[91] Philip Hartmann. Currency Competition and Foreign Exchange Markets: The Dollar, the Yen and the Euro[M]. 1st edition. Cambridge: Cambridge University Press. 2008(01).

[92] He D , Mccauley R . Offshore Markets for the Domestic Currency: Monetary and Financial Stability Issues[J]. Bis Working Papers, 2010, 53(1002):301-337.

[93] ChitU L , Eichengreen B , Mehl A . When did the Dollar Overtake Sterling as the Leading International Currency? Evidence from the Bond Markets[J]. Journal of Development Economics, 2014, 111:225-245.

[94] Camera G , Craig B , Waller C J . Currency Competition in a Fundamental Model of Money[J]. Journal of International Economics, 2004, 64(2):0-544.

[95] Takatoshi Ito, Satoshi Koibuchi, Kiyotaka Sato,etc.Determinants of Currency Invoicing in Japanese Exports: A Firm-level Analysis[J]. Research Institute of Economy, Trade and Industry, Discussion Paper series 10-E-034, 2010(6).

[96] Engel DC. Monetary Policy in the Open Economy Revisited: Price Setting and

Exchange-Rate Flexibility[J]. Review of Economic Studies, 2003, 70(4):765-783.

[97] Gopinath G, Itskhoki O, Rigobon R. Currency Choice and Exchange Rate Pass-through[J]. Working Paper Series. Monetary Economics, 2007(13432):p.C2-C2,1-43.

[98] Mora CT, Nor TM. Reserve Currency Blocs: A Changing International Monetary System?[J]. Social Science Electronic Publishing, 2018, 18(20):1.

[99]Kahn CM, Rivadeneyra F, Wong R. Should the Central Bank Issue E-Money?[J]. Social Science Electronic Publishing.

后　记

如果从 2018 年 4 月国家金卡工程协调领导小组办公室组织召开的“物联网在中国”系列丛书第二届编委会成立算起，本书的起草编写历时两年有余。2017 年 8 月，我接任经济日报《经济》杂志社金融创新研究院院长一职后，就曾将此书的研究内容以课题形式向主管机关做了申报，选题受到当时数字货币和区块链技术热度的影响，书名定为《数字人民币国际化研究》，当时还属于前瞻性研究课题。在编写此书的两三年间，国际国内发生了许多和本书内容相关的大事，如中美贸易摩擦升级为“贸易战”，新冠肺炎病毒全球肆虐，脸书推出 Libera 加密货币，中国人民银行发行的数字人民币在四个试点城市开始公测，WTO 框架下欧盟不承认中国的市场经济国家地位，美国毁约退群，经济全球化回潮，美国针对中国的制裁不断加码及金融制裁的味道逐渐加浓等，人民币能否“走出去”，如何“走出去”，成为紧迫的课题。为了不受国内外突发事件的影响，本书力争总结归纳货币国际化和数字货币流通的一般规律和通识性的惯例，以期对金融从业者、金融科技人员和对金融感兴趣的读者，起到学习、研究和普及的作用。

人民币国际化的国际金融市场必定需要大量高素质的金融人才来支撑，如同华尔街金融精英支撑了美元的国际地位一样，我国的金融精英队伍能否支撑未来人民币的国际地位？我曾在中国人民银行原教育司和外汇局从事教育培训工作，多年来接触了各类金融机构的国际业务人员，发现许多从业人员的国际视野和知识结构远远达不到未来人民币作为国际强势货币的要求。世界排名靠前的金融机构大都集中在中国，这只能说明我国是地地道道的金融大国，远非金融强国。人民币国际化的竞争是一场看不见硝烟的战争，我们既需要大量从事“金融战”的“战士”，也需要一批可以驰骋在国际金融市场的“特种兵”。

我国的金融科技创新尤其在互联网金融和支付科技方面的创新走在了世界的前列，为提高金融效率、降低金融服务成本和发展普惠金融做出了重要贡献。这得益于前几年宽松的金融创新环境，激发了广大金融科技工作者的创业热情和活力。但是，金融科技行业的许多从业人员知识结构单一，大多是从通信、信息、计算机、区块链、人工智能等 IT 行业转行金融业的，没有金融业的从业背景，缺乏金融专业知识。这批人在金融产品的架构设计、开发和推广上，难免违背金融管理和运行的基本规律和规则，在金融创新的“供给侧”出现问题，给金融创新领域造成很大的“阴影”，在后期的金融整治中，我们为此付出了巨大的社会成本和管理成本。因此，我国需要在金融科技领域补足金融知识的短板，数字经济时代的人民币国际化更需要大量懂金融、懂科技的复合型人才。

传统认识上的科普教育大多只涉及自然科学、基础科学和应用科学，金融科普认识一直没有上升到各级政府监管部门和相关机构的培训日程。近年来各种金融骗局高发，这与民众金融科普的匮乏不无关系，尤其是随着通信网络和社交媒体的发展，集资类诈骗、贷款类诈骗和金融类凭证诈骗涉及的金额和受害民众的数量越来越大，对我国的金融稳定和金融安全造成了严重影响，甚至影响了社会稳定。大力推广金融科普可以提高广大民众对金融机构、金融产品和金融服务等的识别鉴别能力，在金融行业的“需求侧”建立金融科普的拦截保护网，提高广大民众的“抵抗力”和“免疫力”。

科技强国和金融强国是国家强大的重要基础。从金融科普的源头抓起，提高金融业从业人员的金融素质，提高全民的金融素养，是宣传、出版、教育界的使命所在。本书能够列入“国之重器出版工程·物联网在中国系列丛书”出版，作为作者，我在深感荣幸的同时，也深感自己的知识结构和学术水平的欠缺，尤其在数字货币这个新兴事物面前，我更是个半路出家的“小白”，将“人民币国际化”与“数字货币”结合在一起研究出书，目的是希望吸引更多国际金融领域的学术大家和金融科技行业的“大咖”来关注这一问题的研究。如果能够为这一领域的跨学科研究起到抛砖引玉的作用，能够为金融科普尽绵薄之力，本书的目的也就达到了。书中如有不足之处，欢迎大家批评指正。

本书编写期间，正值新冠肺炎疫情突然爆发，全国人民奋力抗疫。在这期间，我有了充足的时间阅读、收集、整理资料。得益于编写本书，我在上海有关方面的研究工作有了明确的任务目标和使命。本书的编写，得益于我在河北银行学校所受的金融启蒙教育、中国人民银行干部管理学院对我的专业培养，以及中国社会科学院研究生院的学术研究，感谢王顺、王杰华、刘泽军、戈欣、杨文英、李扬、陈东琪等恩师的教诲。本书的编写，还得益于我在中国人民银行秦皇岛市中心支行的工作锻炼，以及我在中国人民银行原教育司和外汇局杂志社的工作经历，感谢王景武、陆光慧、胡晓炼、魏本华、邓先宏、穆志谦、杜鹏等领导的关怀和信任。此外，本书的编写还得益于原来从事金融学术研究工作的秦池江、赵海宽、王宇、邹平座及中国银行系统的谭雅玲等资深金融学者对我潜移默化的影响。

本书能够出版发行，得益于2018年年初国家金卡办召开的“物联网在中国”出版工程动员会；得益于张琪司长极具号召力的动员报告，得益于国家互联网金融工作委员会李贻良主任的推荐；得益于中工信集团陈宝董事长无保留地贡献他的人生智慧；得益于《经济》杂志社陈志强社长在课题进展艰难时给予的帮助。感谢课题组成员李永宁、于小丽、温明笙，为本书的出版所付出的心血。还要感谢电子工业出版社的编辑两年来尽职尽责的工作。一本书的出版发行是集体劳动和智慧的结晶，需要感谢的人还有许多，在此不再一一列举。在此，我欣慰地告诉大家，我们辛勤的劳动终于要开花结果了！我们更期盼数字人民币早日结出国际化的硕果！

郑润祥

2020年8月

反侵权盗版声明

举报电话：（010）88254396；（010）88258888

传　　真：（010）88254397

E-mail:　　dbqq@phei.com.cn

通信地址：北京市万寿路 173 信箱

电子工业出版社总编办公室

邮　　编：100036